イタリア憲法の
基本権保障に対する
EU法の影響

東　史彦

国際書院

Influence of EU Law
over Human Rights Protection under the Italian Constitution
by
Fumihiko Azuma
Copyright © 2016 by Fumihiko Azuma
ISBN978-4-87791-278-9 C3032 Printed in Japan

目次

イタリア憲法の基本権保障に対する EU 法の影響

目　次

はじめに　本研究の問題意識と目的……………………………………9
　第1節　問題の所在　9
　第2節　先行研究の状況と本研究の特色　11
　第3節　本研究の射程と構成　13
　第4節　用語の整理　15

第1章　イタリア憲法における基本権保障……………………………23
　第1節　司法制度　23
　　1　イタリアの裁判所組織　23
　　2　イタリア憲法裁判所　24
　第2節　イタリア憲法の基本原理　26
　　1　イタリア憲法第2条　26
　　2　イタリア憲法第3条　30
　第3節　イタリアにおける国際人権条約による基本権保障　34
　　1　国際法と国内法の関係の一般理論　34
　　2　国際法の国内的実現　37
　　3　イタリアにおける国際（人権）条約の国内的実現　42
　　4　イタリアにおける国際機関の法的行為の国内的性質　56
　小括　59

第2章　EU法理論とEU法における基本権保障………………………71
　第1節　EU法理論　71
　　1　EU法の根拠　72
　　2　EU法の適用—EU法の直接効果—　73

　　　　3　EU法の序列―EU法の優越性―　76

　　　　4　EU法の直接適用可能性　80

　　　　5　EU法の優越性および直接効果の帰結　82

　　　　6　EU法のその他の効果　83

　　　　7　EU法上の権利の国内手続法による実現　86

　　　　8　EUが締結した国際条約　89

　　第2節　EU法における基本権保障　93

　　　　1　リスボン条約前における基本権保障　94

　　　　2　リスボン条約後における基本権保障　100

　小括　107

第3章　イタリア憲法とEU法 …………………………………… 117

　第1節　イタリアにおける当初のEU法の位置づけ　117

　　　　1　国内効力　117

　　　　2　国内適用　118

　　　　3　国内序列　119

　第2節　イタリア判例のEU法への適応（adattamento）　122

　　　　1　EU基本条約の国際条約への類推　122

　　　　2　EU法とイタリア法の分離理論の確立　125

　　　　3　EU規則と通常法律の抵触の解決　130

　第3節　EU法とイタリア法の関係―Granital判理―　136

　　　　1　EU法とイタリア法の分離理論　136

　　　　2　EU法に抵触する国内法の適用排除　137

　　　　3　イタリア憲法裁判所によるEU法違反の国内法の違憲無効化　142

　　　　4　「対抗限界（controlimiti）」　149

　第4節　イタリア憲法改正後のEU法とイタリア法の関係　153

　　　　1　イタリア憲法第2部第5章改正　153

　　　　2　改正イタリア憲法第117条によるEU法と国際条約の性質
　　　　　　　　　　　　　　　　　　　　　　　　　　　　　154
　　小括　155

第4章　イタリア憲法と欧州人権条約……………………………167
　第1節　欧州人権条約とイタリア法　168
　　　　1　イタリアと欧州人権条約　168
　　　　2　欧州人権条約の批准・施行　169
　　　　3　欧州人権条約の序列の問題　169
　　　　4　欧州人権条約の「EU法化」　171
　第2節　双子判決以前のイタリア憲法と欧州人権条約の関係に関する判例
　　　　　　　　　　　　　　　　　　　　　　　　　　　　　172
　　　　1　イタリア憲法第117条改正以前の判例　172
　　　　2　イタリア憲法第117条改正以後の判例　177
　第3節　イタリア憲法裁判所の双子判決　181
　　　　1　事案　182
　　　　2　判決　184
　　　　3　考察　193
　第4節　双子判決以降のイタリア憲法と欧州人権条約の関係に関する判例
　　　　　　　　　　　　　　　　　　　　　　　　　　　　　195
　　　　1　双子判決以降のイタリア判例　195
　　　　2　リスボン条約以降のイタリア判例　198
　　　　3　2011年イタリア憲法裁判所判決第80号とそれ以降の判例
　　　　　　　　　　　　　　　　　　　　　　　　　　　　　203
　　小括　213

第5章　イタリア法の射程とEU法の射程の関係………………227
　第1節　EUの権限　227

        1 個別授権原則　227
        2 EU 権限の類型化　228
        3 補完性原則と比例性原則　230
    第 2 節　EU 法の基本権の適用範囲　230
        1 リスボン条約以前の EU 法の基本権にもとづく審査権の範囲　230
        2 リスボン条約以降の EU 法の基本権にもとづく審査権の範囲　236
    第 3 節　EU 法の基本権に関するイタリア判例　239
        1 2010 年イタリア憲法裁判所決定第 28 号　239
        2 2010 年イタリア憲法裁判所判決第 138 号　240
        3 2011 年イタリア憲法裁判所決定第 31 号　242
        4 2011 年イタリア憲法裁判所決定第 138 号　244
        5 2011 年イタリア憲法裁判所決定第 245 号　245
        6 2012 年イタリア憲法裁判所判決第 31 号　246
        7 2012 年イタリア憲法裁判所判決第 236 号　247
    第 4 節　EU 法の適用範囲外の加盟国の行為　249
        1 「全く国内的な状況」に関する EU 司法裁判所判例　249
        2 「全く国内的な状況」に関するイタリア裁判所判例　252
    第 5 節　EU 法の適用範囲に対するイタリア憲法上の統制　262
        1 対抗限界　262
        2 「国民の一体性」としての対抗限界　266
        3 立憲的多元主義　269
    小括　270

終章　結論 …………………………………………………………… 277
    第 1 節　総括　277
    第 2 節　考察　284

        1 一般的な条約とEU法との相違　284
        2 EU法に内在する基本権保障の問題　286
        3 EU法の基本権保障がイタリア憲法の基本権保障に与える影響
                                                            288
        4 日本法にとっての示唆　289
   第3節　おわりに　291

あとがき……………………………………………………………… 293

裁判例一覧…………………………………………………………… 295
法令一覧……………………………………………………………… 305
参考文献一覧………………………………………………………… 307
索引…………………………………………………………………… 321
著者紹介……………………………………………………………… 323

はじめに　本研究の問題意識と目的

第1節　問題の所在

　2度もの未曾有の世界大戦の主戦場となり、著しい人権侵害の場ともなったヨーロッパは、国際連合やGATT1947の経済的繁栄を通じた平和追求等の、世界規模の国際的制度への参加のみならず、EUや欧州人権条約制度等の地域的経済統合法、地域的人権保障制度を確立してきた。国際連合による世界の平和の推進やWTO協定による国際経済活動の自由化等の、国際法に基づいた世界規模での活動は、必ずしも問題なく進んでいるとは言い難いが、EUでは、最近の経済危機・難民危機を別にすれば、確かに半世紀以上に渡って戦争が起こっておらず、EUの人権保障の先導者としての地位も確立してきている。EU加盟国は、国際連合やWTO等の世界規模の組織のみならず、EUや欧州人権条約等の地域的な法制度を確立し、平和、経済、人権の問題に重層的に取り組み、一定の成功を収めてきたといえよう。EUは、この成功を、国内法、国際法のみならず、EU法という新たな法秩序によって果たしてきた。

　一方、日本は、EUや欧州人権条約制度に匹敵する地域的経済統合、地域的人権保障の制度がアジア地域で未だ発足していないため、国際連合やWTO協定等の世界規模の国際制度への参加の他には、一部2国間の自由貿易協定、経済連携協定を締結しているのみである。とはいえ、昨今のTPP協定の交渉参加等にみる日本をとりまく状況をみると、日本にもさらなる地域的経済統合の波が急速に押し寄せてきているようである。これに対し、日本でも、地域的経済統合法が日本では、また他の参加国では憲法上どのような法的性質を有するのかという問題や、地域的経済統合法が設置する紛争解

決機関の判断が、事業者にとってどのような影響力を有するのかという問題についての意識が、次第に高まってきている。これらは、日本法と地域的経済統合法とがどのような関係を有するか、という問題である。

これまでこうした問題は、日本法と国際条約との関係に関する伝統的な国際法の理論の枠組の中で考えられるのが一般的な傾向であったように思われる。つまり、こうした問題を議論する際にEU法を参考事例として示すと、EU法はヨーロッパ固有のものであり、世界の他の地域にとっての普遍性が低い現象であるとして、重要視されないのである。しかし、ヨーロッパで起こっている法現象は、本当に普遍性が低いのだろうか。日本の今後の地域的経済統合は、EUの経験から学ぶ必要なく、従来の国際法の枠組で進むのか、進むべきなのか、それともEU法のような固有の法秩序を創設して進むのか、進むべきなのか。前者であれ後者であれ、もっとも進んだ地域的経済統合法がどのような性質を有し、どのような問題を生じうるかを、EU加盟国に学ぶべきではないのだろうか。

本研究は、このような問題意識を背景に、イタリア憲法の基本権保障に対してEU法がどのように影響を与えたかを示し、日本法への示唆を得ることを目的とする。そのために、固有の法秩序たるEU法の性質と、伝統的な国際法の枠組における国際条約の性質とが、主権の制限の有無の点で異なることを示し、また、主権国家がEU法のような主権の制限をともなう固有の法秩序を受け入れた場合、基本権保障に関して問題が生じうることを確認し、実際にEU法がイタリア憲法の基本権保障に対して影響を与えていることを、イタリアにおいてイタリア憲法と国際条約、イタリア憲法とEU法、およびイタリア憲法と欧州人権条約の関係が検討された判例を素材に考察する。

イタリア法を題材とする理由としては、次の諸点が挙げられる。

イタリアは古代ローマから現代にいたる長く豊かな法文化の伝統をもっており、社会生活のあらゆる領域に成文法の規制が張り巡らされた国でる。しかし国家の定める諸法規が全体として整合性を欠き、見通しのきかないジャ

ングルのような状態になっている。人びとは自分（と家族・友人）にとって好ましい法規のみを援用し、その結果、法体系は個別特権の集合のようになってしまう。このことは法の適用に直接あたる官僚・役人についてもあてはまり、むしろ官庁その他の公的機関においてこそ最も著しい。イタリアの役所の非能率の原因は、公務員の能力だけにあるのではなく、高級官僚から守衛まですべての公務員がそれぞれの「裁量」の特権を行使するために、官僚機構に不可欠な予測可能性が小さいためであるとされる[1]。その結果、イタリア法は、EU の他の加盟国に比べても、国内法と EU 法との関係[2]、および国内法と欧州人権条約法[3]との関係に関する判例が極めて豊富である。このことは、地域的経済統合においてイタリアが様々な法的問題に対応してきていることを示しており、日本法にとっての示唆にも富んでいると考えられる。

また、イタリア法は、以上のような豊富な題材を提供しているにもかかわらず、EU 加盟国の中でも、ドイツ、フランス、イギリス等に比べると、日本において紹介される機会が比較的少ない。しかし、イタリア法は、明治時代に日本が独仏英等と並んで法制度を継受する元となった法の一つでもある[4]。またイタリアは、日本と同様、第 2 次大戦後、共に国際社会に復帰するために平和的・国際的な憲法を掲げ[5]、度重なる憲法解釈の変更と、比較的少ない憲法改正を通じて EU 統合に参加してきた。このような点に鑑みても、イタリア法の比較法学的示唆は、日本法にとってけして少なくない。本論は、そのようなイタリア法の情報を日本で提供する一助としたい。

第 2 節　先行研究の状況と本研究の特色

まず、イタリア憲法と EU 法との関係については、日本では、EU 法における EU 法と国内法との関係に関する講学上の「模範」事例とされている判例にイタリアのものが多いため、EU 法の研究の一部としてイタリア法の事例に触れている研究は数多くある。一方イタリア法の視点に重点を置いたも

のとしては、EU 法とイタリア法の関係の関係性構築の道程の序盤の部分については曽我秀雄先生[6]が、前半の包括的な部分について伊藤洋一教授が詳細な研究を行われている[7]。また、重要な論点については、伊藤洋一教授[8]、須網隆夫教授[9]が、また最新動向については江原勝行准教授が[10]、折に触れて研究を行われている。しかし、EU 法とドイツ法やフランス法、イギリス法との関係に関する研究と比較すると、その層は圧倒的に薄い。そこで著者は、EU 法とイタリア法の関係に関する包括的な研究を修士課程で行った。その研究も当時から 10 年以上が経過し、イタリア憲法と EU 法の関係にも進展があったため、現時点の視点にもとづく修正・加筆を行い、本論における考察の基礎としている。

　また、イタリア憲法と EU 法との関係についての EU における研究は、イタリア以外の研究は、やはり EU 法の研究の一部としてイタリア法の事例に触れているものがほとんどであり、イタリア法の視点に重点を置いたものはイタリアの研究者による研究である。本論のイタリア憲法と EU 法との関係に関する考察は、こうしたイタリアの研究者の研究によるところが大きい。

　イタリア憲法と国際条約の関係については、無論、イタリアの研究者の研究が無数に行われているが、日本では、皆川洸先生が、広く国際法とイタリア法という視点から研究を行われている[11]。本論のイタリア憲法と国際条約の関係については、これらの先行研究を基礎としている。

　イタリア憲法と欧州人権条約との関係については、日本では、江原勝行准教授が最新動向について研究を行われている[12]。EU では、主にイタリアの研究者が、イタリア憲法と EU 法との関係をも踏まえて、数多くの研究を行っている。イタリア憲法と欧州人権条約との関係は、もはや EU 法との関係を抜きにしては考察できないものになっている。

　右のような先行研究との関係における本研究の特色は、イタリア憲法と EU 法、国際条約、欧州人権条約の関係を、基本権保障の観点から総合的に考察する点にある。

第3節　本研究の射程と構成

　本論は、イタリア憲法と国際条約、イタリア憲法とEU法、およびイタリア憲法と欧州人権条約法の関係が検討された裁判例を検討の対象とし、イタリア憲法の基本権保障に対するEU法の影響を考察する。
　そのための視座を得る目的で、まず、第1章では、イタリア憲法における基本権保障がどのように行われているかを考察する。まず、イタリアの基本権保障を実現するための基本的な司法制度を外観し、次に、イタリア憲法の基本権保障の根幹であるイタリア憲法第2条および第3条の原則を確認し、若干の判例に触れる。その後、主権国家としてのイタリアが締結している国際人権条約による基本権保障を、判例を通じて考察し、一般的な国際条約の国内的性質が当該締約国の憲法秩序によって決定されること、ないしイタリアにおける基本権保障が、最終的にはイタリア憲法により行われていることを確認する。
　次に第2章でEU法の性質について確認し、EU法秩序における基本権保障の発展の経緯およびメカニズムを考察する。EU法は、国際条約に基礎を置く地域的経済統合法とはいえ、今やその適用範囲において各加盟国国内法の憲法に対してまで優越し、国内の実体法の分野に広く影響を与えている。すなわち、EU法は各加盟国の主権の制限をともなう自律的な新しい法秩序であり、EU法の性質はEU法自体によって決定される。そのようなEU法は、当初、基本権目録を備えていなかったが、まず判例を通して基本権がEU法の一般原則の不可欠の一部であることを示し、その内容を明確化するために、加盟国の憲法的伝統や欧州人権条約等を参照するようになった。そうした判例法の原則は、EU基本条約（本書では適宜、現行基本条約以前のものをも含む表現として使用する）に明文化もされ、さらに2009年のリスボン条約による基本条約改正では、EU基本権憲章にEU基本条約と同等の法的効力が付与され、またEUによる欧州人権条約への加入も規定されるこ

ととなった。その結果、現在では、EU法においては重層的な基本権保障枠組みが存在する。

　第3章では、イタリア憲法規範がどのようにEU法を受容してきているかを確認する。EU法は各加盟国の主権の制限をともなう自律的な新しい法秩序であり、その適用範囲においては加盟国憲法に対しても優越する。つまり、EU法の適用範囲においては、原則として、各加盟国が自国の憲法にもとづく基本権保障を及ぼすことはできない。しかし、EU法は当初基本権目録を備えていなかったため、EU法の適用範囲において基本権保障の空白が生じる可能性があった。そこで、イタリア憲法裁判所は、EU法のイタリア法に対する優越性を受け容れる際、同時に、EU法がイタリア憲法の基本原則および不可侵の人権を侵害する場合にはEU法の優越性を否定するという、「対抗限界」を設ける。一方EU法は、イタリア憲法裁判所等のこうした姿勢に対する対応として、加盟国の憲法的伝統や欧州人権条約に含まれる基本権をEU法の一般原則として保障するという、独自の基本権保障を確立することとなる。その結果、実際にイタリア憲法裁判所が対抗限界に依拠したことは今までなく、EU法により規律される領域においては、原則として基本権保障がEU法に委ねられ、例外的に、重大な看過しがたい人権侵害がEU法によって生じる場合にのみ、EU法により規律されるはずの領域において、イタリア憲法にもとづく人権保障を行う可能性が排除されてはいないという、均衡関係が保たれている。

　第4章では、EU法の受容の結果、イタリア憲法と欧州人権条約法との関係にいかなる変化が生じたかを確認する。イタリア憲法秩序は、当初、欧州人権条約を一般的な国際条約として捉えていたが、欧州人権条約法は、次第にEU法の一部にも取り込まれてきたために、EU法の射程外ではイタリア憲法秩序にとって一般的な国際条約の一であると同時に、EU法の射程内ではイタリア憲法秩序にとってEU法の一部であるというように、2面性を有することとなる。その結果、EU法の射程内外で、欧州人権条約法の扱いが異なることになる。この点について、EU法は問題としていないが、イタリ

アの学説のなかには問題視するものがあり、EU 法の射程外における欧州人権条約法の扱いを、EU 法の射程内における EU 法の一部としての欧州人権条約法の扱いに準ずるべきとの主張がでてくることとなる。

　第5章では、EU 法の適用範囲および国内法の適用範囲はどこまでなのか、それぞれの適用範囲が衝突した場合にはどのように調整されるのかを考察する。EU 法の適用範囲は、基本条約により EU に付与された権限の範囲であるが、最近の EU 判例を概観すると、EU 法の射程が広がり、国内法の射程が狭められてきている状況がある。そのような中、EU 司法裁判所もイタリア憲法裁判所も EU と加盟国との権限配分を判断する権限を主張し、両者の判断が抵触する可能性がある中で、双方が互いをけん制し合いつつ尊重し合うという関係が構築されている。

　終章では、以上を総括し、イタリア憲法が基本権保障に関して EU 法によりどのように変容してきているかを考察する。

第4節　用語の整理

　次に、本論における用語の整理を行う。

1　「EU」

　1951 年 4 月 18 日の ECSC 条約調印により「ECSC」（欧州石炭鉄鋼共同体（The European Coal and Steel Community））が 1952 年 7 月 23 日より発効し、それに続いて 1957 年 3 月 25 日、EEC 条約調印により「EEC」（欧州経済共同体（The European Economic Community））が、および EAEC 条約調印により「Euratom」（欧州原子力共同体（The European Atomic Energy Community））が、1958 年 1 月 1 日より発効した。3 つの共同体は合わせて複数形の欧州共同体（The European Communities）「ECs」で表された。その後 EEC の呼称が単数形の欧州共同体（The European Community）「EC」に変更されたため、「ECs」とは「ECSC」、「EC」および「Euratom」

の総称となった(その後、2002年7月23日をもってECSCは終了した)[13]。

1992年2月7日には欧州連合(EU)条約すなわちマーストリヒト条約が調印され、1993年11月1日に発行した。同条約により、ECsを第1の柱、共通外交・安全保障政策(the Common Foreign and Security Policy：CFSP)を第2の柱、司法内務協力(Cooperation in the fields of Justice and Home Affairs：JHA)を第3の柱とする3本柱構造が導入された[14]。第1の柱は主権の制限を伴なう超国家的法秩序を構成する「EC法」(ないし「共同体法」)により規律され、第2・第3の柱は主権の制限を伴わない政府間協力にもとづく「狭義のEU法」により規律された[15]。

1997年10月2日にはマーストリヒト条約を改正するアムステルダム条約が署名され、1999年5月1日に発行した。同条約により、第3の柱の1部が第1の柱のECへ移行し、その結果、第3の柱は警察刑事司法協力(Police and Judicial Co-operation in Criminal Matters：PJCC)となった。

2007年12月13日にはリスボン条約が署名され、2009年12月1日に発行した。これにより、単一のEUの下で3本柱構造が廃止され、マーストリヒト条約から始まったEUが制度的に完成したといえる[16]。結果として、以前は法的性格を異にしたEUとECが並存する法体系が結合されて、単一の法秩序が創出されている。このような単一の法秩序を成すEUにおいては、(ECから引き継がれた)超国家性が支配的である。ただし、これは政府間主義が廃止されて、すべての事項が「共同体化」されることにより超国家的な性格を帯びるというわけではない。とくに共通外交・安全保障政策(CFSP)との関係でEUは事実上の2本柱構造となっている[17]。

このような経緯を踏まえた上で、本論では「EU法」という用語を使用するが、それは、従来より、主権の制限を伴なう超国家的法秩序として第1の柱を規律してきた以前の「EC法」(または「共同体法」)を意味することとする。

2 直接適用可能性、自動執行性、直接効果

本論では、条約の「自動執行性」とEU法の「直接効果」は、重なり合う部分があるとは言うものの、同一ではない別個の概念であるとの前提で[18]、以下の用語を定義する。

（1）「自動執行性（to be self-executing）」

本論では、国際条約の「自動執行性」を、「当該条約が国内においてそれ以上の措置の必要なしに適用されうる」こと[19]、すなわち、「条約のまま実施が可能なために国内立法が必要ではな」く、「『独立の』裁判基準として裁判所が用いることができる」[20]条約規定という意味で用いることとする。条約が国内において自動執行性を有するか否かを決定するのは、国内法である[21]。

この概念を本論の事例に当てはめると、イタリア法秩序において、国際条約規定が「自動執行性」を有する（それ以上の措置の必要なしに適用されうる）か否かは、イタリア法秩序にもとづき決定される、ということになる。

このような条約の自動執行性の概念は、「直接適用可能性」という用語で示されることも一般的であるが、本論では「自動執行性」という用語で統一する。その理由は、便宜上、次の、EU法秩序における「直接適用可能性」の概念との区別を容易にするためである。

（2）「直接適用可能（directly applicable）」、「直接適用可能性（direct applicability）」

本論では、「直接適用可能」または「直接適用可能性」の用語を用いて、「国際法規範が国内法秩序において法規範としての地位を有すること」を意味することとする[22]。

EU法における「直接適用可能性」とは、EU法の「規定が国内法において適用されること」[23]、「国内法に受容され『その地の法』となること」[24]、またはEU法規定が「『効力を有し、連合諸機関によるだけでなく加盟国法秩

序においても、広義の意味において適用されなければならない」[25] ことを意味するとされるとされるが、本論では、「EU 条約・EU 機能条約や派生法が加盟国国内法秩序において法規範としての地位を有すること」[26] との意味で用いる。

　この概念を本論の事例に当てはめると、イタリア法秩序において、EU 法規定は「直接適用可能」(国内法において法規範としての地位を有する) ということになる。

　(3)　「直接効果」(direct effect)
　EU 法の直接効果[27] とは、「[EU] 法が加盟国の領域において法源となり、[EU] 諸機関および加盟国だけでなく [EU] 市民にも権利を付与しおよび義務を課し、ならびに、特に国内裁判官の前において [EU] 法から権利を引き出しかつ同法に適合しない全ての国内法規定を排除させるために [EU] 市民により援用されることができる能力をいう」[28]。EU 法規定が直接効果を有するとされる場合、「国内裁判所が認めなければならない個人の権利を創設すること」が表裏一体のものとして不可分の関係にあることが前提とされている[29]。なお、EU 法規定が私人に向けられた特定の権利を創設していない場合でさえ、当該規定が裁判所で考慮され、遵守確保されることができるほど「無条件かつ十分に明確」な義務を創設しているならば、国内裁判所で直接に遵守確保が可能である[30]。

　EU 法が「直接効果」を有するためには、「直接適用可能」でなければならない[31]。

　また、直接効果の有無に関しては、司法裁判所が独占的な解釈権を有する。国内裁判所が独自に判断することはできない[32]。

　この概念を本論の事例に当てはめると、イタリア法秩序において、EU 法規定は「直接適用可能」(国内法において適用される) であり、司法裁判所の判断により「無条件かつ十分に明確」な義務を創設しているならば、イタリア国内裁判所で直接に遵守確保が可能である。

以上の「自動執行性」、「直接適用可能性」および「直接効果」は、判例や学説において相互互換的に使用されることが多々あるが、特に、伝統的な「自動執行性」は国内法秩序の基準によって判断される事項であるのに対して、「直接効果」は外部の法によって判断される事項であるという点で異なる点[33]に注意しつつ、本論では、「自動執行性」、「直接適用可能性」、「直接効果」の使い分けについて、裁判例からの引用部分では原文のまま引用し、その他の部分においては、右で定義した意味で使用することとする。

注

1　馬場康雄「イタリア人と政治」馬場康雄・岡沢憲芙編『イタリアの政治』早稲田大学出版部（1999年）、28頁。
2　一方で欧州統合を熱烈に支持しながら、他方においてEU法を履行しないとい矛盾の原因の一つは、EU法とイタリア法の関係をめぐる二元論が一定の影響を及ぼしたという指摘がある（曽我秀雄「EC法とイタリア法」松井・木棚・薬師寺・山形編『グローバル化する世界と法の課題』東信堂（2006年）、79頁。
3　イタリアに対する欧州人権裁判所への申立が多い原因として、イタリア憲法上（欧州人権）条約が法律に優位せず、直接適用が行われず、個人のイタリア憲法裁判所への申立手続がない点が指摘されている（Soriano, Mercedes Candela, "The Reception Process in Spain and Italy", Keller & Stone Sweet, eds., *A Europe of Rights: The impact of the ECHR on national legal systems*, Oxford Unversity Press, 2008, pp. 417-8)。
4　大島俊之「イタリア旧民法規定を継受したわが物権法規定」『神戸学院法学』第24巻3・4号（1994年）、171頁。
5　阿部照哉「イタリア共和国憲法」阿部照哉・畑博行編『世界の憲法集（第3版）』有信堂（2005年）、18～9。
6　曽我秀雄［2006］、79～99頁。
7　伊藤洋一「EC条約規定の直接適用性」『法学教室』263号（2002年）、106～112頁。伊藤洋一「EC法の国内法に対する優越（1）」『法学教室』264号（2002年）、107～111頁。伊藤洋一「EC法の国内法に対する優越（2）」『法学教室』265号（2002年）、113～120頁。
8　伊藤洋一「EC判例における無効宣言判決効の制限について（1）」『法学協会雑

誌』第 111 巻 2 号（1994 年）、161～217 頁。
9 須網隆夫「イタリア憲法と EU 法の優位—イタリア憲法裁判所 2008 年 2 月 12 日判決—」『貿易と関税』第 58 巻 1 号（2010 年）、65～72 頁。
10 江原勝行「イタリア憲法—超国家的・国際的法規範の受容と主権の制限の意味—」中村民雄・山元一編『ヨーロッパ「憲法」の形成と各国憲法の変化』信山社（2012 年）、109～128 頁。
11 皆川洸「国際法と国内法」『国際法研究』有斐閣（1985 年）。
12 江原 [2012]。
13 庄司克宏『EU 法 基礎編』岩波書店（2003 年）、2 頁。
14 庄司克宏『EU 法 新基礎編』岩波書店（2013 年）、15 頁。
15 庄司 [2003]、3～5 頁。
16 庄司 [2013A] 15 頁。
17 同上。
18 須網隆夫「EC における国際条約の直接効果」『早稲田法学』第 76 巻 3 号（2001 年）、85 頁。
19 岩沢雄司『条約の国内適用可能性』有斐閣（1985 年）、291 頁。須網 [2001]、59 頁。
20 小寺彰「条約の自動執行性」『法学教室』251 号（2001 年）、134 頁。
21 岩沢 [1985]、321～324 頁。Cannizzaro, E., "The Effect of the ECHR on the Italian Legal Order: Direct Effect and Supremacy", *The Italian Yearbook of International Law*, Vol. 19, 2009, p. 173.
22 酒井他『国際法』有斐閣（2011 年）、386 頁参照。ただし、同書においては、「国際法規範が国内法秩序において法規範としての地位を有すること」に「直接適用可能性」の用語は使用されておらず、「直接適用可能性」の用語は「国内法秩序において国際法規範を適用する際、国内法上の措置（立法など）を介在せずに適用がなされること」の意味（本論における「自動執行性」）で使用されている。
23 Edward, David O. A., "Direct Effect: Myth, Mess or Mystery?", Prinssen, J. M. and Schrauwen, A. eds., *Direct Effect: Rethinking a Classic of EC Legal Doctrine*, European Law Publishing, 2004, p. 6.
24 Winter, J. A., "Direct Applicability and Direct Effect, Two distinct and Different Concepts in Community Law," *Common Market Law Review*, Vol. 9, 1972, p. 425.
25 Rosas, A., and Armati, L., *EU Constitutional Law: An Introduction*, Hart

Publishing, 2010, p. 63.
26 酒井他［2011］、387 頁。
27 庄司克宏「欧州司法裁判所と EC 法の直接効果」『法律時報』第 74 巻 4 号（2002 年）、14〜20 頁。
28 Dony, Marianne, *Droit de la Communauté et de l'Union Européenne*, Quatrième edition, Edition de l'université de Bruxelles, 2001, p.117. 庄司［2003］、120 頁に引用。
29 Winter［1972］, p. 425-438.
30 Cases C-246/94, C-247/94, C-248/94and C-249/94, *Cooperativa Agricola Zootecnica S. Antonio and Others v. Amministrazione delle Finanze dello Stato*,［1996］ECR I-4373, para.18. 庄司［2003］、122 頁。
31 庄司［2013A］、246 頁。Edward［2004］, p. 6.
32 庄司［2013A］、248 頁。De Witte, Bruno, "The Contituous Significance of Van Gend en Loos", Maduro, M. P., and Azoulai, L., *The Past and Future of EU Law*, Hart Publishing, 2010, p. 10.
33 Cannizzaro［2009］, pp. 173-4.

第1章　イタリア憲法における基本権保障

　本章では、イタリア憲法における基本権保障がどのように行われているかを考察する。まず、イタリアの基本権保障を実現するための基本的な司法制度を外観し、次に、イタリア憲法の基本権保障の根幹であるイタリア憲法第2条および第3条の原則を確認し、若干の判例に触れる。その後、イタリアにおける国際条約の位置付けを確認し、主権国家としてのイタリアが締結している国際人権条約による基本権保障がイタリアにおいてどのように行われているかを考察する。

第1節　司法制度[1]

　イタリアの現行の司法制度は、1955年に設立された[2]憲法裁判所（Corte costituzionale）を頂点とする[3]。

1　イタリアの裁判所組織

　裁判権は、通常、行政、会計、軍事、租税の5つに区別される。民事（商事、労働を含む）と刑事の通常事件は、簡易裁判所に当たる治安裁判官裁判所（Ufficio del giudice di pace）、地方裁判所（Tribunale）、日本の高等裁判所に当たる控訴院（Corte di appello）および日本の最高裁判所に当たるイタリア破毀院（Corte suprema di casazione）で取り扱われる。行政事件は州行政裁判所（Tribunale amministrativo regionale: TAR）とその上訴審としてのイタリア国務院（Consiglio di Stato）が、会計事件は会計検査院（Corte dei conti）が、軍事事件は軍事裁判所が、そして租税事件は租税委員会（Commissioni tributarie）が管轄権を有する[4]。

　例えば民事事件の場合、通常、事件の規模や性質、管区等に応じて、簡易

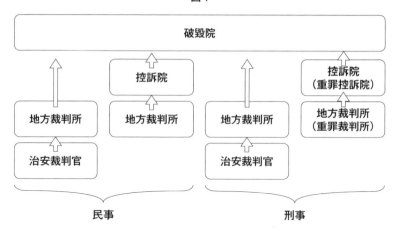

―図1―

裁判所に当たる治安裁判官裁判所または地方裁判所のいずれかが第一審となる。第一審が治安裁判官裁判所の場合、控訴審は地方裁判所である。第一審が地方裁判所の場合、控訴審は控訴院である。法律問題に関し、控訴審判決について不服がある場合、最終審であるイタリア破毀院に上告ができる（図1)[5]。

2 イタリア憲法裁判所

イタリア憲法裁判所は任期9年の15人の裁判官により構成される（再任不可）。その裁判官の3分の1は大統領により、3分の1は国会により、3分の1は通常および行政上級裁判官により指名される。イタリア憲法裁判所の主たる任務は法律がイタリア憲法に違反しないように監視することである。イタリア憲法第134条によれば、国と州の法律および行為の合憲性についての争訟、国と州の権限争議、そして大統領および大臣に対する弾劾に関して裁判を行う[6]。

憲法裁判の方式には、特定の機関（憲法裁判所等）が具体的問題と離れて特別の機関により提起された法律等の合憲性を審査する「オーストリア・ドイツ型」と、通常の裁判所が具体的問題に付随して法律等の合憲性を審査す

―図2―

```
          憲法裁判所
   破毀院 ←――→   ↑ ↑
           違憲?  ↑ ↑
   控訴院 ←―→    ↑ ↑
                  ↑ ↑
   地方裁判所 ←――→ ↑
                   ↑
   治安裁判官 ←―――→
```

る「アメリカ・日本型」がある。イタリアの場合には両者を折衷する方式を採用した。すなわち通常裁判所または行政裁判所等に係属中の具体的問題の審理中に、当事者の申立てまたは裁判所の職権により当該事件に適用される法律の合憲性の問題を提起し、憲法裁判所の判断を求めるという方式である[7]。これは「具体的審査 (giudizi in via incidentale)」と呼ばれる。また、権限を有する機関により提起された法律等の合憲性を、イタリア憲法裁判所が具体的問題と離れて直接審査する「抽象的審査 (giudizi in via principale)」がある。

イタリアの具体的違憲審査手続の流れは次である（図2）。

まず、通常の裁判（行政裁判を含む。以下同）の際に当事者が法律等の合憲性の問題を提起する。通常の裁判所（行政裁判所を含めるものとする。以下同）は事件が合憲性の問題と独立に解決できないとき等には手続を停止して事件をイタリア憲法裁判所に回付する。イタリア憲法裁判所は事件受理から20日以内に当事者のほか首相ないし州政府長官からも意見を聴取する。イタリア憲法裁判所はその後更に20日以内に審理のため裁判を召集する。イタリア憲法裁判所の定足数は11名であり評決はその過半数をもって行う（可否同数の場合には長官が裁定)[8]。

イタリア憲法裁判所が法律の規定の違憲性を宣言した場合、イタリア憲

第 136 条によれば、その規定は判決の公布の日の翌日から効力を失うものとされており、いわゆる一般的効力が認められている。また、イタリア憲法第 137 条によれば、イタリア憲法裁判所の判決に対しては、上訴することができない[9]。

イタリア憲法裁判所は、国会における関連法規の成立の遅れ、国会選任の判事の登用をめぐる政党間の駆け引き等もあり、1956 年に発足した[10]。

第 2 節　イタリア憲法の基本原理

イタリア憲法は本文 139 カ条、「経過および補足規定」18 カ条からなり、本文は「基本原理」12 カ条、第 1 部「市民の権利および義務」42 カ条、第 2 部「共和国の組織」85 カ条に 3 分されている。イタリア憲法の人権規定の特色は、その人権カタログが豊富なこと、伝統的な自由権と社会権という発想を捨てて、人間の具体的生活関係に即して人権を分類している（市民的関係、倫理的社会的関係、経済的関係、政治的関係）ことに現れているとされるが[11]、次では、イタリア憲法の基本原理のうち本論の考察に関連する主な原則を確認する。

1　イタリア憲法第 2 条

イタリア憲法第 2 条は次のように定める。

「共和国は個人としての、またその人格が発展する場としての社会組織においての人間の不可侵の権利を承認し保障するとともに、政治的、経済的および社会的連帯の背くことのできない義務の遂行を要請する。」

イタリア憲法第 2 条に関して生ずる問題としては、イタリア憲法第 2 条に言及されている「不可侵の人間の権利」は、イタリア憲法第 1 部に列挙された権利に限定されるのか、それとも、イタリア憲法第 2 条はイタリア憲法裁判所が法の発展過程において新たな基本権を発見するための根拠として「開かれた」規定であるのか、という問題がある。すなわち、イタリア憲法が保

障する憲法上の権利は、イタリア憲法裁判所により拡張されうるのか、それともイタリア憲法規定の「本来の意図」に忠実に解釈するべきかという問題である[12]。

(1) イタリア憲法規定の「本来の意図」にもとづく解釈
① 1962年3月22日イタリア憲法裁判所判決第29号
同問題について扱った初期のイタリア憲法裁判所判例にとしてまず、1962年3月22日イタリア憲法裁判所判決第29号[13]が挙げられる。

本件で問題となったのは、刑事訴訟法第135条、第136条および第586条後段規定の換刑処分の、イタリア憲法第2条、平等を規定する第3条および身体の自由を規定する第13条1項との関係における違憲性であったが、その理由は、換刑処分が経済的状況により懲役を免れられる者と免れられない者の間に差別を生ぜしめているというものであった。

本件につき、イタリア憲法裁判所は次のように判示した。

「イタリア憲法規定から、刑事制度の憲法原則を明確にすることができる。すなわち、法的安定性（principio di legalità）、刑罰不遡及の原則、刑罰の個別性（personalità della pena）、死刑の禁止、非人道的な刑事罰の禁止、教育刑の必要性である。これらは、刑事法制度の全体像を示す基本事項でもある。明らかなとおり、憲法第25条[14]および第27条[15]の規定がこのような刑事法制度像を描いているのであれば、明示的に扱われていないその他の点を憲法起草者が考慮していなかったということにはならない。むしろ、明示的に扱われていない場合には、刑事法制度が刑事法制度特有の原則および機能とともに取り入れられ、法律に導入されていると考える余地が合理的に残されている。……換刑処分の制度は、我が国のみならずすべての国の法秩序に導入されたが、この点について憲法起草者は考慮しなかったわけではない。したがって、刑事法秩序に関する憲法原則を規定するにあたり、換刑処分が他の憲法規定により確認される平等原則の違反として示されなかったことは明らかである。」[16]

このように述べ、イタリア憲法裁判所は、換刑処分の合憲性の疑義は、根拠がないと判示した。

本件においてイタリア憲法裁判所は、イタリア憲法規定の「本来の意図」にもとづく解釈を行なった。すなわち、イタリア憲法上の権利の拡張的な解釈は、厳密に必要な場合かつ文言から導かれる場合にのみ行われうる[17]。

② 1979年7月12日イタリア憲法裁判所判決第98号

さらに、イタリア憲法規定の「本来の意図」にもとづく解釈の事例として、1979年7月12日イタリア憲法裁判所判決第98号[18]が挙げられる。

本件で問題となったのは、1939年7月9日王令第1238号[19]第165条および第167条、ならびに民法第454条の、イタリア憲法第2条等の合憲性であった。1939年王令第1238号第165条および第167条、ならびに民法第454条は、イタリア破毀院の一貫した解釈によれば、精神的な面での女性性に対応するため、手術によって男性性器を除去および外部女性性器を形成した場合の、出生時の性別の修正および女性の性別の取得の権利を否定していた。

本件につき、イタリア憲法裁判所は次のように判示し、1939年王令第1238号第165条および第167条、ならびに民法第454条の合憲性についての疑義は、根拠がないと判断した。

「……援用された憲法規定は、本来の精神的な人格に合致させるため、外科的形成により得た、元々の性別と異なる外部的な性別を認めさせ登録させる権利を、不可侵の人権に含めるものではない。」「……憲法第2条は、否定し得ない人格に関する財産と認められる不可侵の人権として認定する際、個々の権利および基本的保障に関する憲法規定に関連づけられなければならない。すなわち、憲法に規定された規定から必ずしも導かれないような権利は、不可侵の基本的権利とは言えないということである。」[20]

（2） 「開かれた」解釈への転換

① 1973年4月5日イタリア憲法裁判所判決第38号

しかし、1970年代初頭にイタリア憲法裁判所は、1973年4月5日イタリア憲法裁判所判決第38号[21]において、新たな権利、プライバシー権を認めるに至る。

本件で問題となったのは、民法第10条および1941年4月22日法律第633号[22]第96条、第97条、第156条および第168条との関係における民事訴訟法第700条および1941年法律第633号第161条の、検閲を禁止するイタリア憲法第21条2項および差押えの令状主義を定める同3項の合憲性であった。同規定は、報道のための公表用であるとみなされる場合であっても、他人の肖像の頒布の禁止および没収を許容していた。

本件でイタリア憲法裁判所は次のように判示した。

「［民事訴訟法第700条および1941年4月22日法律第633号第161条は］憲法規定と抵触しない。むしろ、不可侵の人権を保障する憲法第3条2項および第13条1項に確認されている憲法第2条の目的の保障および実現を目的としている。不可侵の人権には、人間の尊厳（［diritto] del proprio decoro）、名誉権［等］、欧州人権条約第8条[23]および第10条[24]…に明示的に規定されている権利が含まれる。」[25]

同判決においてイタリア憲法裁判所は、プライバシー権を認める際に欧州人権条約を参照した。このように、同判決は「不可侵の人間の権利」の保護を規定したイタリア憲法第2条の「開かれた」解釈への転換点となった[26]。

② 1988年3月24日イタリア憲法裁判所判決第404号

このようなイタリア憲法第2条の「開かれた解釈」は、その後も1988年3月24日イタリア憲法裁判所判決第404号[27]により引き継がれた[28]。

本件で問題となったのは、1978年7月27日法律第392号[29]第6条の、平等を規定するイタリア憲法第3条の合憲性であった。同規定は、事実上の別居の場合の配偶者の賃貸借における相続権を規定していない等の内容であっ

た。

本件につき、イタリア憲法裁判所は、次のように述べ、1978年7月27日法律第392号第6条は違憲であると判断した。

「……当裁判所の過去の判決によれば、居住の権利は、憲法により求められる民主国家が適合する社会性を特徴づける必要不可欠の要件に含まれる……。

このような判理は、憲法第47条2項[30]の特定の主旨にしたがい示されたものでもあるが、(1948年12月10日)世界人権宣言第25条[31]および(1966年12月16日)社会権規約(1977年10月25日法律第881号[32]により、1978年9月15日イタリア批准承認・施行命令)第11条[33]に規定された居住の権利と相俟って、より広い射程を有する」[34]。

このように本件では、イタリア憲法に明示的には言及のない居住権の認定の際に、世界人権宣言や社会権規約が参照された。

以上の判例を要するに、イタリア憲法第2条が保障する不可侵の人権の意味は、イタリア憲法規定の「本来の意図」に忠実な解釈に限定されるのではなく、ときに外部の法規範を参照しながら、イタリア憲法裁判所により拡張されうる余地を得ているといえる。

3 イタリア憲法第3条

イタリア憲法第3条は、平等原則を定める。

「1項 すべての市民は、性別、人種、言語、宗教、政治的意見、個人的および社会的諸条件によって差別されることなく、等しく社会的威厳を有し、法律の前に平等である。

2項 市民の自由および平等を事実上制限して、人格の十分な発展ならびに国の政治的、経済的および社会的機構への全労働者の効果的な参加を阻害する経済的および社会的障害を除去することは、共和国の任務である。」[35]

ここでは、法の下の平等に加えて、平等の実現を妨げる経済的・社会的障

害を除去することを共和国の責務としている。いわゆる形式的平等を保障するのみならず実質的平等の実現をも明文で規定するところにその特色があるとされている[36]。

イタリア憲法第3条1項は、「市民（cittadini）」にのみ言及しており、イタリア憲法上の平等原則が市民にのみ妥当し、外国人には及ばないのかが問題となる。この点について、イタリア憲法判例は、平等原則の享有主体を市民のみに限定せず、外国人であってもイタリア憲法上の権利の享有主体になりうると解釈している。例外的に、外国人の立場が市民の立場と比較可能ではないような一定の側面に関しては、外国人に対して異なる取扱いをすることは、それ自体で違法とはならないが、原則として、外国人は市民と同視されねばならない[37]。こうした外国人の差別に関する判例については、本論の論点に関係するため、以下で確認する。

（1）　イタリア憲法第3条が外国人にも及んだ事例
①　1979年6月15日判決第54号[38]
イタリア憲法上の権利に関する平等原則を外国人にも認めた事例としては、まず1979年6月15日判決第54号が挙げられる。

本件で問題となったのは、イタリアとフランスの犯罪人引渡に関する1870年6月30日王令第5726号の、引渡請求国によって死刑が科される犯罪の被告人が引き渡されることを認める部分の、イタリア憲法第3条1項、および戦時軍法の規定以外の死刑を認めない第27条4項の合憲性であった。

本件においてイタリア憲法裁判所は、「不可侵の人権の保障が問題となっている場合には、憲法第3条1項の文言が国民にのみ言及しているからといって、法の下の平等が外国人に対して保障されないことにはならない」[39]と述べ、問題の国内法がイタリア憲法第3条1項および第27条4項に反すると判断した。

このように、イタリア憲法第3条1項は、「市民（cittadini）」にのみ言及しているが、イタリア憲法判例は、平等原則の享有主体性を市民のみに限定

せず、適宜外国人にも認めている。

② 1986年7月1日判決第199号[40]

本件では、1983年5月4日法律第184号第76条の、イタリア憲法第3条の合憲性が問題となった。1983年法律第184号第37条は、イタリアにおり、孤児とみなされる未成年の外国人に対しては、養子縁組および緊急措置に関するイタリア法が適用される旨規定していたが、1983年法律第184号第76条は、イタリアにおり、孤児とみなされる未成年の外国人に関しては、すでに開始されている手続について、同法第37条の適用を除外する旨を規定していた。

本件においてイタリア憲法裁判所は、「1983年法律第184号第76条により、……最新の法律の発行前の時期に関しては、未成年の保護がイタリアの未成年である孤児のみに保障され、外国人の未成年である孤児に対しては保障されないため、破毀院によって明示的に示されたイタリア憲法第3条の平等原則違反が構成される」[41]と判断した。

（2） その他の憲法規定が外国人にも及んだ事例
① 1995年1月12日判決第28号[42]

本件では、1986年12月30日法律第943号第4条の、家族の権利および婚姻の原則を定めるイタリア憲法第29条、ならびに子の教育および非嫡出子の保護を定める同第30条の合憲性が問題となった。1986年法律第943号は、第3国国民である移民労働者の就業および処遇ならびに不法移民に対する措置を規定しているが、同法第4条は、イタリア国民の配偶者としてイタリアに居住する第3国国民の未成年の子の招致を、当該第3国国民が就業していない場合には、認めていなかった。

本件につきイタリア憲法裁判所は、次のように判示した。

「子どもの養育、訓育および教育、すなわち子どもと同居する権利および義務、ならびに両親および子どもが家族という単位において共同の生活を送

る権利は、人間の基本的な権利であり、原則として、本件で問題とされている法律が規律する外国人も有するものである。」「……家族の招致の制度の名宛人を、被用者（titolari di lavoro subordinato）である第3国移民にのみ限定し、家内労働に従事する第3国移民を除外するような解釈は、受け入れられない。」「したがって、本件で問題とされている規定は、我が国において適い労働に従事する第3国国民であっても、外国に居住する未成年の子を招致する権利を有する労働者の範囲に含まれねばならないという意味で解釈されねばならない。」[43]

　本件では、1986年法律第943号が平等原則を規定するイタリア憲法第3条に違反するという論点ではなく、1986年法律第943号がイタリア憲法第29条の家族の権利、および第30条の子の教育権を侵害するという論点が扱われたが、イタリア憲法裁判所の判示の内容は、イタリア憲法第29条および第30条の保障が外国人にも保障されねばならないということを示すものであった。

② 1997年6月17日判決第203号[44]

　本件では、1986年12月30日法律第943号第4条1項の、子の教育権を定めるイタリア憲法第30条、ならびに家族、母性および年少者の保護を定める同第31条等の合憲性が問題となった。1986年法律第943号は、第3国国民である移民労働者の就業および処遇ならびに不法移民に対する措置を規定しているが、同法第4条は、もう一方の親との配偶者としての法的関係を有しない第3国国民の未成年の子の招致を認めていなかった。

　本件についてイタリア憲法裁判所は、まず、「子どもの養育、訓育および教育、すなわち子どもと同居する権利および義務、ならびに両親および子どもが家族という単位において共同の生活を送る権利は、人間の基本的な権利であり、原則として、本件で問題とされている法律が規律する外国人も有するものである」[45]と判断した前記1995年1月12日イタリア憲法裁判所判決第28号を再確認した。そして「このような権利は、家族の招致に関して、

配偶者ではなくとも、両親であることから生じる権利義務の主体である者の状況を無視するような法律規定によって侵害されることになる」[46]と述べ、1986年法律第943号第4条1項を違憲と判断した。

本件でも、1986年法律第943号が平等原則を規定するイタリア憲法第3条に違反するという論点ではなく、1986年法律第943号がイタリア憲法第30条の子の教育権、および第31条の家族、母性および年少者の保護に反するという論点が扱われたが、イタリア憲法裁判所の判示の内容は、これらの保障が外国人にも保障されねばならないということを示すものであった。

右の判例を要するに、イタリア憲法第3条1項は「市民（cittadini）」にのみ言及しているが、平等原則の享有主体は市民のみに限定されず、外国人であっても適宜イタリア憲法上の権利の享有主体になりうる。

第3節　イタリアにおける国際人権条約による基本権保障

以下では、イタリア憲法秩序における国際人権条約の位置づけを考察する。まず、一般的な国際法と国内法の関係の理論および国際条約の国内的実現について論じ、次にイタリアにおける国際条約の国内的実現およびイタリアにおける国際人権条約の国内的実現について考察する。

1　国際法と国内法の関係の一般理論

国際法と国内法の関係については、国際法と国内法を別個独立の法秩序ととらえる二元論（dualism）と、両者は1つの統一的な法秩序をなすととらえる一元論（monism）の2つに大別することができる[47]。

（1）　一元論

国際法と国内法は、単一の法体系に属し、したがって相互間の抵触は上

位・下位の法規範秩序により解決される、という立場である[48]。一元論は、さらに国内法優位の一元論と国際法優位の一元論とに分けられる。

国内法優位の一元論は、超国家機関を欠く国際社会では各国が自由に国際法上の義務の性質と範囲を決定し、条約の締結その他の国際約束の表明も専ら憲法上の権限に基づくのであって、国際法が国内法に依存し従属する、という。しかし、このような主張は、そもそも国際法の自律性を否定するばかりか、慣習国際法の一般的拘束性や、国家同一性に基づく条約の効力の存続などの実定国際法規が存在する事実を説明できない[49]。

国際法優位の一元論によれば、国際法と国内法は、その法主体と法源の同一性またはその組織構造の近接性に基づいて単一の法体系をなし相互に浸透しあうとの前提に立って、国内法は国際法から派生しその委任をうけたものにほかならない、という。いいかえれば、国際法と国内法との間の共通分野に生じた抵触は、国際法の優位により解決すべきものであり、国際法違反の国内法は法的に存在しえず、各国の国内法上も当然に無効になる、と主張している。しかし、とくに、国際法の国内的適用のための条件と程度、国際法と国内法が同時に交錯して同一事項を規律する場合にその相互の抵触を調整するための方法、さらに国際法を国内法秩序に編入するための手続とその効力順位などを現実に決定するのは、各国の国内法と国家機関であり、その点に国際法優位の一元論の限界があるとされる[50]。

（2） 二元論

二元論は、国内法と国際法は、その法主体、法源、組織構造または強制力の点で全く異なり、相互に平等・独立・無関係の法体系をなす、という立場である[51]。

二元論の内容は次である。国際法と国内法は、相互に相手の法秩序を直接に適用すべき義務を負わない。たとえば国家は、国内法の制定に際してその内容が国際約束に適合するようはかる義務を負うが、たとえそれに違反してもその国内法を当然に無効とする国際法規範はなく、国際義務の違反・不履

行について国家責任を問われるだけである。また、国際法が国内法上有効なものとして適用されるためには、形式的にも、あらかじめ国内法秩序への編入手続がとられ、国内法になっていることを条件とする。国内裁判所も、すでに国内法として変型されている国際法規に限り、これを適用する。国際法と国内法との間では、法規範としての抵触関係は生じえない。補完のため相互間の「送致」(または「委付」)(renvoi/rinvio) が行われても、それは当然に相手のほうで有効なものとして受容されたことにはならない[52]。

　二元論は、国家主権の尊重を基本とする実定国際法秩序に適合し、とくに国際法違反の国内法について、その無効を主張することなく国家責任の追及にとどめている点で、国際判例の立場とも一致する。しかし、その前提としている国際法と国内法との本質的な相違は今日では変容しているばかりか、国家実行と矛盾する点も現われている。たとえば、各国の国家機関としては、内容上相互に抵触する2つの法規範を同時に有効なものとして同一の受範者に適用することは不可能であり、実際にはなんらかの調整を行っていること、条約の締結の権限と手続に関する憲法規定について国際法上の効果が問題とされる場合があること、さらに国内裁判所も国内法としての受容・変型の手続を経ていない国際法規を適用したり、従前の国内法と抵触する条約を後法優位の原則により有効と認めるなど、事実上、国際法と国内法との相互の直接適用が行われる場合もあるからである[53]。

　二元論の強力な支持者としてまず挙げられるのがアンツィロッティである[54]。イタリアではアンツィロッティの影響は大きく、二元論がその後の主流になったと言われる[55]。

（3）　等位（調整）理論

　一元論と二元論は、それぞれ実際の妥当範囲に限界があり、国際・国家実行にも必ずしも適合しない。この点に注目して今日では、国際法と国内法を等位の関係におき、相互間に生じる「義務の抵触」については、調整による解決に委ねようとする立場が有力になっている[56]。等位理論の内容は次であ

る。

「国際法と国内法が同時に作動する共通分野は実在せず、それぞれ別個の固有の分野で最高であって、法規範体系そのものとしての抵触も優劣関係も生じない。しかし国家が国内で国際法上の義務に適合する行動をとれないなど、『義務の抵触』は生じうる。その結果として、少なくとも国際面では、国際違法行為に対する国家責任の追及という形で国際法上の調整が行われるにとどまり、国際法上の義務と抵触する国内法令を当然に無効にしたり廃棄しうるものではない。……『義務の抵触』をどのような内容として判断し、いずれを適用可能な実定法として選定しこれを調整するかは、原則としてその国の国内法上の実行に従う。……国際法と国内法は、二元論のいうように全く無関係の独立の法体系ではなく、相互に依存・補完しあう関係にあり、したがって各国『義務の抵触』を調整すべき『法的義務』を負い、その履行は憲法の判断に委ねられている」とされる[57]。

2　国際法の国内的実現

　国際法規が各国の国内法秩序に編入され国内法規としての効力をもって適用されるための手続と条件については、一般国際法上の原則はなく、各国の憲法の定めに委ねられている。国際法の国内的実現については、慣習国際法と条約を区別して扱うのが、多くの国の憲法の態度であり、理論上も妥当とされている[58]。

（1）　慣習国際法

　一般に慣習国際法は、多くの国の憲法では、国内法への編入・変型・受容など格別の国内措置をとらなくとも、自動的かつ包括的に（en bloc）国内法の一部になり、国内法上執行可能なものとみなされるとの原則を維持している。このような立場は、英国で確立した[59]編入理論に由来し、今日では成文憲法の規定でこれを採用する国も少なくない[60]。

　イタリア憲法第10条1項[61]は、「一般に承認された国際法規」（以下「慣

習国際法」)の国内適用に限り編入理論を採用し、国内法に優位する効力を認めている[62]。慣習国際法に違反する法律が存在する場合、イタリアによる慣習国際法遵守義務を定めた憲法第10条1項の違反となり、イタリア憲法裁判所による違憲無効化の対象となる。ただし、憲法第10条1項により編入される慣習国際法は、イタリア憲法の基本原則に違反することはできない[63]。

日本では、日本国憲法第98条2項が「確立された国際法規」(大多数の国により承認され実施されている慣習国際法であって、わが国が承認したものであることを要しない)は誠実に遵守すべき旨を定めるので、特別の立法手続をとるまでもなく、当然にすべて国内法として法的拘束力をもつとされている[64]。

(2) 国際条約

国内法における国際条約の位置付けの問題を考察する際には、国際条約の国内的効力(国際条約が国内で法としての効力をもつか)、国際条約の国内的序列(国際法は国内法の階層秩序の中でどこに位置づけられるか)、および国際条約の国内適用可能性(国際条約は国内でどのように適用されるのか)が重要となる[65]。

① 国際条約の国内的効力

国際法は、国家による国内法への「受容」なしに直接国内で効力を持つわけではない。条約の国内的実施に関して各国の憲法体制は次の3つの型に分けられる[66]。

①-1 変型(個別的)受容方式

変型方式とは、条約自体には国内的効力が認められず、条約の内容を国内において実施する必要が存する場合には、その必要に応じて別個に国内法が制定されるというものである。そのようにして制定された国内法は、条約の

発効または失効に関わりなく、独自に効力を有する。条約が批准され、当該国家に対して国際法上の拘束力を有することとなっても、国内裁判所は当該条約を直接に適用することはできない。この方式をとる国としては、イギリス、カナダ、オーストラリア、アイルランド、ノルウェー、スウェーデン等が指摘される[67]。

①-2 承認法による受容方式

承認法による受容方式は、変型方式とは異なり、条約の内容を国内法として立法し直す必要はなく、議会の承認を得ることで足りるが、次に扱う一般的受容方式とは異なり、議会の承認は法律の形式で行われなければならないというものである。ドイツ、イタリア、フランス、ベルギー、オランダ、ギリシア、ルクセンブルク等がこれに属するとされる。承認法による受容については、一元論と二元論との論争を背景として、受容理論（実施理論）と変型理論との対立が存在する。変型理論によれば、承認法は条約を国内法に変型する作用を有し、条約の国内的効力は承認法という国内法に根拠を有するとされる。ドイツ、イタリア等において有力に唱えられた見解であるとされる。これに対して、受容理論によれば、承認法は条約を国内法に変型する作用を有さず、承認法は国内機関に対して条約についての適用命令を発するものに過ぎないとされる。これは、フランス、ベルギー、オランダ等において有力であるとされる[68]。

①-3 一般的（自動的）受容方式

一般的受容方式は、条約は議会の承認を経て公布されれば、自動的に国内的効力を獲得するというものである。この場合、議会による承認は、法律の形式で行われる必要はなく、単なる議決で足りる。アメリカ、オーストリア、スイス等が採用している方式であり、日本国憲法の下でもこのような取扱いがなされている[69]。

② 国内法秩序における条約の序列

②-1 憲法以下に優位または憲法と同列

条約が憲法を含む国内法に優位または憲法と同列とされる類型である。日本国憲法の解釈における条約優位説の見解は、この類型に属する[70]。その他には、オランダとオーストリアとが挙げられる[71]。

オランダは、「王国内で効力のある法令規則は、その法令規則の適用が、すべての人を拘束する条約の規定または国際機関の決議の規定に抵触するときには、適用されない」とする1983年のオランダ憲法第94条により、すべての人を拘束する条約はすべての国内法に優位するとされ、ここでいう国内法には憲法も含まれる。なお、憲法と抵触する条約の議会による承認には、憲法改正と同じ3分の2の多数を要する[72]。

オーストリアでは、条約は法律に同列とされるが、憲法と抵触する条約は、憲法改正に必要な多数によって議会で承認された場合、憲法と同列となる[73]。

また、特定の類型の条約は憲法に優越するとしているのが、ルーマニア等である。ルーマニア憲法第20条2項は、人権条約に限定して、憲法に対する優越を認めている[74]。

②-2 法律に優位

条約は、憲法に劣位であるが、法律には優位、つまり、条約が国内法秩序において憲法と法律との中間の序列を有する類型である。この類型に該当するものとして、日本国憲法が少なくとも条約の法律に対する優位を認めているという憲法優位説の見解については、一般に、ほぼ異論はない[75]。

諸外国では、フランス、ギリシア、スペイン等がこれに該当するとされる[76]。

②-3 法律と同列

条約は法律と同列とされる類型である。ドイツやイタリア、アメリカがこ

れに該当する[77]。

ドイツでは、ドイツ基本法第25条に、「国際法の一般原則」が連邦法の構成部分であり、それらが「法律に優位し、連邦領域の住民に対して直接に権利・義務を生ぜしめる」との規定があるが、条約については原則として、ドイツ基本法第59条2項が適用され、「連邦の政治的関係を規律し、または、連邦の立法の対象に関わる条約は、それぞれ連邦の立法について権限を有する機関の、連邦法律の形式での同意または協力を必要とする」こととなる[78]。

アメリカでは、条約が州法に優位することは合衆国憲法第6条2項により明らかであるが、条約と、連邦憲法および連邦法律との関係については明確な規定は存しない。しかし、判例上は、条約は連邦憲法に対し劣位であり、連邦法律に対しては同列であるとされる[79]。ただし、条約のなかでも、憲法上与えられる執行権に基づいて大統領が締結する執行協定（executive agreement）は後法たる議会立法に対してさえも優越すると考えられている一方で、議会の授権にもとづく執行協定は、議会の立法権を超えられずに常に議会立法に劣後するとされている[80]。

③　条約の国内適用

国際条約が国家により国内法秩序へ受容され、国内で効力を有することとなった後の適用段階で問題となるのが、国際条約の自動執行性の問題である。

条約の自動執行性の判断は、条約の個々の規定ごとに行われ、第1に「条約当事国の意思」という主観的基準が重視され、第2に「規定の明確性」という客観的基準が適用される[81]。したがって、締約国が自動執行性を排除する意思を明示している場合、また条約が抽象的概念を含むか、条約の内容を実施するために締約国による実施措置が必要である場合には、自動執行性は否定される。条件を満たし、自動執行性を有する条約だけが、国内法制定などの国内措置による補完なしに、国内裁判所において、裁判規範として直接

に適用され得るのである[82]。

　一方、自動執行性を有しないと判断された国際条約規定は、国内において何の効果ももたないとされることが多いが、自動執行性を有しない条約でも、国内法の解釈の基準とされたり、国内法が自動執行性を有しない条約に適合しているかを裁判所が審査する際の基準とされたり、国家が条約を国内的に実施しないために損害を被った個人による国家賠償請求訴訟の根拠とされたりする場合もある[83]。

　いずれにしろ、条約が国内において自動執行性を有するか否かを決定するのは、国内法である[84]。

④　DAHS システム

　国際条約の自動執行性（または直接適用（Direct Application of treaties））を認め、その国際条約の序列が通常の法律より上位（Higher Status than statutes）とされる国の制度のことを DAHS システムと呼ぶ[85]。例えば日本もこの DAHS システムを採用している。DAHS システムの欠点の一つとしては、まず、政府が国際条約を積極的に締結することに対しての障害となることである。実際に、日本は国際条約を批准する際、事前に国内法の適合性を極めて慎重に審査し、国内法の整備が容易でないと見通される場合には条約の締結には極めて慎重に対処し、手続の完了に多くの日数を必要とするため[86]、特に多数国間条約への加入が遅れがちになることがある[87]。一方、ひとたび国際条約義務を受け容れると、極めて実直に国内法を国際条約に適合させる傾向がある[88]。しかし、このような「厳格な」憲法制度からの司法適用の面での「抜け道（way out）」として、日本の裁判所は、当該条約の自動執行性を否定することも行う[89]。イタリアの場合はこの DAHS システムを採用していない。

3　イタリアにおける国際（人権）条約の国内的実現

　以下では、イタリア憲法秩序における国際人権条約の位置づけを考察す

る。まず、イタリアにおける国際法に対する国内法の適応について確認し、次にイタリアにおける国際条約、特に自由権規約の位置付けを考察する。

（1）イタリア国内法の国際法に対する適応（adattamento）

イタリアにおいて国際法に対する国内法の適応が遂行されるさまざまな型の手続は、通常手続と、特別手続とに大別される[90]。

① 通常手続

通常手続（procedimento ordinario）は、一定の国内秩序において、法生産に関する一般規範により、それぞれの可能性の限界内において、内容上いかなる事情にも関係しうる法規範を創設し、または変更しうる手続として予想されている手続で、立法行為（法律（legge）または命令（decreto））を介してなされる。それは、直接的に国内秩序に導入されるべき規範を定式化し、または廃止される規範を支持する。この行為は、それを生ぜしめた動機のほかは、他のいかなる法律または命令とも区別されず、次の特徴を有する。まず、適応行為は、立法行為が国内秩序における導入を必要とする全ての規範を含んでいるかどうか、またはその廃止を必要とするすべての規範を廃止しているか否かにしたがって、あるいはいっそう完全に、あるいはいっそう不完全に行われる。また、適応行為は、それを遂行することにむけられる立法行為が発せられ、かつ、それを規律する国内規範によって効力を生ずるその時点からのみ行われる[91]。

② 特別手続

特別手続（procedimento speciale）は、国内法の国際法規範に対する適応を実現するという目的が、とくにその形式および構造に現われているものであって、それは、さらに①自動的適応の手続、および②条約の施行命令の2つに区別される[92]。

②-1　自動的適応手続（procedimento dell'adattamento automatico）

自動的適応手続は、国際規範に適応するために必要な変更を直接生ぜしめる法生産規範が存在することによって行われる。この手続の特徴は、国内規範の導入また現存規範の廃止が、そのたびたびに遂行される法生産行為の結果ではなくて、国内秩序の規範により、直接的かつ自動的に生ずる点にある[93]。

例えば、イタリア憲法第10条1項は、慣習国際法の自動的適応手続を採用している。この憲法規範は、それが設けられる秩序において「永続的変型装置」（trasformatore permanente）として機能する[94]。つまり、ある行為または事実を法規範を創設しうるものとして予想するのではなく、それ自体国際規範に適応するため直接その内容をひきだしつつ、国内規範の発生また消滅を生ぜしめる特殊な型の法生産規範なのである[95]。

このイタリア憲法規範の設定する自動的適応の仕組みは、通説によれば、国内秩序を一般国際法規範に適応させるためにのみ機能し、次の特徴を有する。まず、適応は、それを要求される国際規範が効力を生ずるその時点において実現される。そして、国際規範のいかなる変更も直ちに適応国内規範の変更をもたらす。したがって、国内法の国際法に対する適応は、「完全かつ継続的」である[96]。

②-2　条約の施行命令（ordine di esecuzione）

条約の施行命令の手続は、その行為自体に付属して、同時に公布される一定条約の施行が命令されるところの行為である。この行為は、通説では、「立法行為」（atto legislativo）であると解されている。施行命令は、場合に応じて法律、緊急命令ないし命令をもって発せられる。「本条約について完全なる施行が行われる」（"Piena ed intera esecuzione è data al Trattato …"）という慣用公式が用いられ、また、条約全文が付属せしめられる。その効果は、関係条約規範から派生する要求に国内法を適応させることである。この手続の特徴は、一定条約と関連して、そのたびに発せられるが、しかし適応

が具体化する国内規範を直接に定式化するのではなくて、条約への委付を介して決定する特殊な法生産行為である点である。施行命令は、それから国内秩序に導入すべき国内規範の内容をひきだすことが可能な条約規範についてのみ利用することができる。例えば、国家に一定行為を処罰すべき義務を課するにとどまっている条約について、施行命令の技術は不適当である[97]。

（2）イタリア法における国際条約の位置づけ－2001年イタリア憲法第117条改正以前－

イタリアでは、イタリア憲法第87条8項[98]の規定により、条約締結権は共和国大統領が有する。イタリアにおける条約の批准は、イタリア憲法第80条によれば、「政治的性格の国際条約、仲裁もしくは司法的処理を定める国際条約、または領土の変更、財政上の負担もしくは法律の改正をともなう国際条約」の場合、法律による両議院の承認が必要とされており、法律によって批准の承認および施行の命令が行われる[99]。一般的な実行としては、条約の批准の承認と、施行の命令を規定する、単一の法律（以下「批准施行法」）が制定される[100]。その他の条約については、行政府が単独で締結でき、また大統領の裁可が必要であるか否かは、慣行によって定まっている。なお議会の承認が必要かどうかは、外務省が関係省と協議して決定している[101]。

これらの規定により批准承認・施行命令された国際条約は、その施行命令を規定する法的行為と同等の序列に属するため、法律により批准承認・施行命令された場合、通常の法律と同等の国内法となり[102]、「運用性の推定」(presunzione di operatività) が働くため[103]、自動執行性の判断に際しては、条約の文言とその完結性に注目する客観的基準[104]が重視されるイタリア判例の伝統に沿い[105]、自動執行性を有するとされることが多かったとされる[106]。

そして憲法との関係では、国際条約が法律により批准承認・施行命令された場合、形式的には通常の法律と同等の序列を有するため、国際条約を批准

承認・施行命令する法律としてイタリア憲法全体に服し[107]、イタリア憲法に違反する場合は違憲となる。

1986年イタリア憲法裁判所判決第210号では、「婦人は、年齢に拘わらず、同一の家に属する者のみを使用する企業を除くの外、公私一切の工業的企業又はその各分科において夜間これを使用することができない」と規定するILO第89号条約第3条を施行する1952年8月2日法律第1305号第1条が、差別禁止を規定するイタリア憲法第3条等に違反し、部分的に違憲とされた[108]。

また法律との関係では、当該国際条約(を批准承認・施行命令する法律)に国内後法(通常法律を意味するこことし、憲法は含まない。以下同様)が抵触する場合には、後法優越の原則の適用により[109]、国内後法が優先される可能性があった。実際に、国際条約と国内後法の抵触の問題を、通常法律間の抵触としてとらえ、後法優越の原則にもとづき判断すると示した判決には、EEC条約と国内後法の抵触が問題となったCosta事件のイタリア憲法裁判所判決がある[110]。しかし、学説や判例において、単純な国内後法の優先による条約義務不履行から国家責任が発生する事態を回避するため、国際条約と国内法の抵触を解決する理論やイタリア憲法上の根拠が模索された。

① イタリア憲法第7条

イタリア憲法第7条は、第1項にて「国家とカトリック教会はそれぞれその固有の領域で独立かつ最高」と規定し、第2項にて「両者の関係はラテラーノ協定により規律される」と規定している。このような規定により、ラテラーノ協定の批准承認・施行命令法(1929年5月27日法律第810号により施行)は、イタリア憲法規定にもとづく違憲審査の対象とはならない。例えば、1971年イタリア憲法裁判所第30号判決では、教会裁判所を設置するコンコルダート第34条が、特別裁判所の設置を禁止するイタリア憲法第102条2項に違反するかが争われたが、イタリア憲法裁判所は、San Michele事件判決(第3章参照)を参照し、イタリア憲法第7条にもとづき、

教会法はイタリア法秩序とは独立した外部の規範であるため、違憲の問題を生じないと判示した。ただし、イタリア憲法第7条によっても、教会法は「イタリア憲法秩序の至高の原則」を否定することはできない[111]。

② イタリア憲法第10条1項

イタリア憲法規定にもとづく国際条約の法律に対する優越を主張する説には、慣習国際法の編入を規定したイタリア憲法第10条1項の規定にもとづき、本条項の慣習国際法には「合意は守られねばならない（*pacta sunt servanda*）」原則が含まれ、よって国家が約した合意である国際条約一般も法律に対し優位すると主張するものがあったが[112]、受け容れられていない[113]。結論として、慣習国際法を明文化したものでない純粋な国際条約には、同条は適用されない。これを反対に解釈すれば、形式的には国際条約であっても、慣習国際法を明文化した部分は、イタリア憲法第10条1項の射程が及ぶこととなる[114]。

③ イタリア憲法第10条2項

国際条約の法律に対する優越を確保するイタリア憲法規定は、「外国人の法的地位は、国際法規および国際条約にしたがい、法律によって規律される」と規定するイタリア憲法第10条2項[115]にも見られる。同条にもとづき、外国人の法的地位を規律する国内法が国際条約に違反する場合、同国内法はイタリア憲法第10条2項違反となる。

国内法の国際条約違反によるイタリア憲法第10条2項違反が争点となった事例としては、外国人は保釈金を納めるまで拘留されると規定する1940年9月25日法律第1424号（税関法）規定が、身体の自由および安全に対する権利を規定する欧州人権条約第5条、および公正な裁判を受ける権利を定める同第6条等により保障される基本的人権を侵害し、よってイタリア憲法第10条2項違憲か否かが争われた、1967年11月23日イタリア憲法裁判所判決第120号がある。本件でイタリア憲法裁判所は、同国内法による欧州人

権条約の違反はなく、よってイタリア憲法第10条2項の違反もないと判断した[116]。

④ イタリア憲法第11条

第3章で確認するが、EU法に抵触する国内法は、イタリアが他国と平等な条件で平和に資する機構に必要な主権の制限に応じることを規定したイタリア憲法第11条にもとづき、適用排除される。このイタリア憲法第11条の判理を一部の国際条約にも及ぼすことにより、国際条約の法律に対する優越の確保が主張されることがあるが、イタリア憲法裁判所によれば、イタリア憲法第11条の効力が及ぶのは、あくまでも超国家機関であるEUの基本条約および派生法に限定される。一般的な国際条約は、EUと異なり、イタリア憲法第11条に規定された主権の制限を伴なう平和に資する機構ではないためである[117]。

⑤ 適合性の推定

次に、イタリア憲法規定によらずに国際条約と国内法の抵触を解決する理論として、国際条約に対する国内法の適合性の推定が挙げられる。適合性の推定とは、「国家は、新法定立によって、拘束力のある国際的義務から逃れ、他の締約国に対する国際責任を発生させることを意図しない」と推定し[118]、「法律の意味が不明確および曖昧である場合には、解釈者は、国が、国際義務である条約の他の締約国との関係において、その不履行によって責任を問われるという事態を防ぐために、国際面で追った義務への適合を意図しているとする原則に従わねばならない」[119]とするもので、もっとも一般的な理論である[120]。

適合性の推定にもとづき国内後法が解釈された事案の例としては、GATT第Ⅲ条2項等に関するものがある。輸入品に6%の税率を課す一方で、同種の国産品に4%の優遇税率を導入した3月21日法律第267号と、内国税その他の内国課徴金に関する内国民待遇を規定するGATT第Ⅲ条2

項との抵触が問題となったが、イタリア破毀院は、GATT 第Ⅲ条2項への適合性を前提に、国内法規定がイタリア国産品に対してある取扱いを導入した場合には、イタリア国産品と同じ取扱いが自動的に GATT1947 締約国産品にも拡張適用されるとした[121]。

しかし、立法者による条約義務の違反の意思が明確であれば、条約は退けられてしまうのが[122]、適合性の推定の限界である。

⑥　特別法優越の原則

また、イタリア憲法規定によらない理論として、特別法優越の原則（*lex posterior generalis non derogat priori speciali*）がある。これは、実体面（*ratione materiae*）において、国際条約を特別法とみなし、それに対し一般法である国内法が後法である場合にも、特別法たる国際条約の優越を理由付けるものである[123]。

実際の例としては、1979年7月13日イタリア破毀院判決第4066号が挙げられる。GATT 第Ⅱ条1項bは、輸入に関連して課せられる課徴金は、GATT1947 発効時に既に有効であった分量を超えて新設してはならないことを規定している。しかしイタリアは、1950年6月15日法律第330号（以下「1950年第330号法」）により、全ての輸入品に無差別に課される「行政サービスのための課徴金」を導入した。イタリア破毀院は、前法であるGATT1947 は特別法であり、それに対して課徴金を新設した1950年第330号法は、後法ではあるが、一般法であるので、1950年第330号法は GATT 第Ⅱ条1項bを廃することはできないと判示した[124]。

⑦　条約の特別性

さらに、国際条約義務から逸脱するという立法府の意図が国内後法において明確である場合にのみ、当該国内後法が優越するとする、条約の特別性の理論がある。条約の特別性は、実体面（*ratione materiae*）に着目した特別法優越の原則とは異なる点に注意が必要である。条約の特別性とは、次を含

意する。

　条約は、国内においていずれの態様にしろ正式な効力を得た場合、国内法規範において2つの規範的意図により裏付けられる。1つは、一定の問題が国際条約による規律と同様に国内においても規律されることを受け入れる意図、もう1つは、他の国家に対し引き受けた約定を遵守する意図である。したがって、国内後法が条約に優越するには、これらの意図がすべて取消されなければならない。すなわち、締結した国際条約による規律と同様にそれまで国内で規律していた一定の問題を、それ以降、国際条約による規律と異なる態様で規律するという意図と、すでに引き受けた国際的な約定を破棄するという意図とが明確な場合のみに、国内後法が条約に優越する。どのような場合にこれらの意図が「明確」であるかの判断は、これらの意図が明示的に国内後法に示されている場合と、黙示的である場合とに分かれ、問題となるのは、黙示的な場合である。黙示的な国際条約の破棄の意図が認められるのは、国際条約の名宛人や規律対象と、国内後法のそれらとが完全に同一である場合のみに限られる。この条約の特別性の理論は、適合性の推定や、特別法優越の原則よりも広く条約の優越性を認めるものである[125]。

　特別性の原則が援用された事案としては、1985年4月19日イタリア破毀院判決第3659号がある[126]。本件では、1886年4月16日付イタリア・アルゼンチン犯罪人引渡条約（1900年11月25日付王令第407号により施行命令）が、「それと抵触するイタリア国内後法の規定または規定群によって廃止されたとはみなされえない」と判示し、その理由として、「前法である条約の破棄を示す明確な意思表示がない場合には、一般的に承認されている『*pacta sunt servanda*（合意は守られねばならない）』」という国際法原則が優先せねばならない」[127]とした。

（3）　2001年イタリア憲法第117条改正以前の自由権規約関連判例
　イタリアでは、自由権規約等の国際人権条約も、一般的な国際条約と同様、施行命令を規定する法的行為と同等の序列に属するため、通常の法律と

同等の序列を有する[128]。そのため、後法優越の原則の適用により、国内後法が優先される可能性があった。学説には、国際人権条約の独特の内容およびその人権保護という目的から、法律に優る権威を同条約に与えるためのイタリア憲法上の根拠として、イタリア憲法第2条の規定が、国内法の人権と国際法の人権との双方の保護のために「開かれた規定」であるという主張もなされたが[129]、判例によっては採用されていない。

以下では、自由権規約に関する判例にみられる国際人権条約と国内法との関係を確認する。自由権規約は、イタリアでは、1977年9月25日法律第881号により批准承認・施行命令が行われた[130]。

① 自由権規約の適用に消極的な判例

イタリア憲法裁判所は、1979年2月6日決定（ordinanza）において、次のように判示している。

「自由権規約第14条5項[131]は、1962年1月25日付法律第20号第29条[132]を廃止していない。なぜなら、規約に規定された『上級の裁判所』の原則は、規約第2条2項[133]にしたがい、議会が多様な方法の中から自由に形成できる『立法措置の採択』を要求しているため、いずれにしろ直接適用（avere applicazione immediata）されないであろうからである」[134]。

本件では、1962年法律第20号に対し、1977年の自由権規約の批准施行法が後法であるにも関わらず、自由権規約第2条2項を根拠に、自由権規約第14条5項が直接適用可能でないゆえに、前法である1962年法律第20号を廃さないと判断された。

また、自由権規約第14条5項にイタリア憲法第10条1項の射程が及ぶか否かについては、次のように判示している。

「1962年1月25日付法律第20号第16条および第27条のイタリア憲法第10条1項違憲の主張は、明らかに根拠がない。規約第14条5項は、イタリア憲法第10条1項が限定的に言及している一般的に承認された国際法規を複製したものではないからである。」[135]

さらに 1980 年 12 月 22 日、イタリア憲法裁判所は、判決第 188 号において、次のように判示した。

「……当裁判所は、特定の憲法上の規定がない以上、［イタリア］共和国の国内法規範において施行される条約規範は、通常法律の効力を有するとの、支配的な学説および判例と方向性を共有する。この点に関して、特に（1979 年決定第 454 号）条約規定がそれ自体のみで判断の基準として援用された場合はやはり、合憲性に関する質問の可能性は排除される。」

また本件では、自由権規約の規定には、イタリア憲法第 10 条 1 項のみならず、イタリア憲法第 11 条[136]の射程も及ばないことが明らかにされた。

「……当裁判所は、一般的なものであれ、国際条約を憲法第 10 条の射程から排除（1979 年判決第 48 号、1960 年判決第 32 号、1969 年判決第 104 号、1964 年判決第 14 号）し、また、本件で検討されている特定の条約［自由権規約および欧州人権条約］に関しては、いかなる国家主権の制限ももたらさないため、憲法第 11 条もまた考慮されえないとの、一貫した判例を再確認するのみである。」[137]

同判理は、1981 年 4 月 15 日イタリア憲法裁判所判決第 62 号でも確認されている[138]。

一方、イタリア破毀院判例には、自由権規約の規定がプログラム規定であるとするもの、直接適用可能とするもの、解釈の基準としたものがある。次は、自由権規約の規定がプログラム規定であるとしたイタリア破毀院の判示である。

1982 年 2 月 12 日イタリア破毀院判決では、次のように判示された。

「被告人の防御可能性に関する自由権規約の規定は、純粋にプログラム規定の性質のものであり、刑事訴訟における当事者の防御に関する現行刑事訴訟法規定を修正するものではない。」[139]

1985 年 1 月 11 日イタリア破毀院判決第 3659 号では、次のように判示された。

「自由権規約のような国際条約は、締約国に対する義務および責任の根拠

であるが、特に刑事法分野においては、適応 (adattamento)、調整、実施に必要な規定や、それぞれの国家の管轄権限を規律する精確な条約規定なしに、我が国国内法規範における効力を獲得するものではない。

……自由権規約第14条7項[140]は、一事不再理原則を司法的に具体化するよう締約国に義務付ける同規約第2条2項との関係で解釈されねばならず、したがって、プログラム規定の性質を有するものであり、刑法第6条および第11条の訴訟手続規定の立法的修正をもたらすものではない。」[141]

このような国際人権条約の適用に際する国内裁判所の消極的な姿勢の原因には、主に裁判所の国際法に関する認知度の欠如があったといわれる[142]。国内裁判所は、国際人権条約が関わる場合、非常に多くの事例において、熟知度を追求する。すなわち、国内裁判所は、態様の違いはあれども、国内裁判所がより熟知している国内法制度内で解決する必要が生じるような形に国際人権条約規定を調整しようと試みる。その必然的な結果として、国内法が国際条約に優越することになったとの分析がある[143]。

② 自由権規約の適用に積極的な判例

一方、イタリア破毀院は、1985年7月13日判決では、自由権規約の規定が直接適用 (immediata applicazione) されるとした。

「欧州人権条約および自由権規約の規定は、1955年の批准施行法にもとづき、わが国の法規範において直接適用 (immediata applicazione) されると考えられる[144]。

算定可能性の問題の解決においては、犯罪人引渡しのために強いられた予備的拘束 (custodia cautelare)、収監 (carcerazione) の最長期間内で、市民の個人的自由の剥奪の過程および期間を必要最小限度に減じる傾向が考慮されねばならない。同傾向は、……自由権規約規定に則して明らかなものである。」[145]

またイタリア破毀院は、1986年4月14日判決では、「司教の殺人未遂罪

の証拠不十分で無罪となった外国国民に対して、イタリア国民への旅券発行に関する1967年11月21日付法律第1185号第3条を類推適用して、出国許可を拒否する旨の裁判所の命令は、イタリア憲法第10条2項、……および自由権規約第12条[146]に抵触する」として、原判決を破毀した[147]。

さらにイタリア破毀院は、1990年11月22日判決では、「……自由権規約の規定は、イタリアで施行され、通常の法律の効力を有し、国内で直接適用可能（immediata applicabilità interna）」であり、「規定が一般的および抽象的であって直接適用（applicazione immediata）になじまない場合は、国内立法府に対するプログラム規定の効力を有し、いずれにしろイタリア憲法および通常法律の解釈基準として拘束力を有する（si impongono）」と判示した[148]。

イタリア憲法裁判所も、1992年2月24日判決第62号で、言語少数民族の権利を規定する自由権規約第27条を解釈の基準として認めた。イタリア憲法裁判所は、「……自由権規約は、多数国間条約として運用されるのに十分な数の批准には達していないが、いずれにしろ、実現されるべきであると国連加盟国によって考えられる目的を自由権規約が規定しているとみなされる場合、国際法規範において有効な規定および国連加盟国それぞれの国内法規定の解釈基準としての効力を有する」と判示した[149]。本件においてイタリア憲法裁判所の判断は、自由権規約が実際は1976年3月23日に発効しており、イタリアに関しても1978年12月15日より施行されていた（1977年9月25日法律第881号）事実を正確に考慮しなかった。そのため本件は、イタリア裁判官が国際法規定の適用に不慣れであることの象徴的な例の1つとして捉えられている[150]。

その後、イタリア憲法裁判所は、1993年1月19日判決第10号で、「非典型的権限（competenza atipica）」という理論にもとづき、自由権規約が後法により廃されないとの判示を行なった。イタリア憲法裁判所は「自由権規約第14条3項（a）[151]は、施行命令を含む文書の法律固有の効力によってイタリア法規範に編入され、いまだに有効であり、勿論、新刑事訴訟法によっ

て廃されたとはみなされない」とした。その理由は、「自由権規約の規定が、非典型的（atipica）権限に由来する（riconducibile）ものであり、通常法律規定によって廃止または修正されえないものであるから」というものである[152]。しかし、同判理はその後定着しなかった。

イタリア憲法裁判所は、1996年1月29日判決第15号にて、再度、自由権規約にイタリア憲法第10条1項の射程が及ぶか否かについて、次のように判示した。

「……本件は、イタリア憲法第10条1項が憲法規定の効力をもって（イタリア法規範の基本原則の逸脱は認められないが）イタリア法規範に受容（incorporarlo）するために委付する（rinvii）一般的に承認された国際法に関係するとはいえない。……国内立法規定の自由権規約規定との抵触は、それ自体で国内立法規定の合憲性を損なうものではない。」[153]

自由権規約の法的性質に関するイタリア判例の判断を要するに、次の点が指摘できる。

まず、別条文毎にプログラム規定か自動執行性を有するかが判断される。また、自由権規約はイタリア憲法第10条1項や、第11条の射程には入らない。さらに、自由権規約規定と同様の規定が欧州人権条約に含まれている場合、欧州人権条約規定により重きが置かれることが多い。

（4）イタリア法における国際条約の位置づけ－2001年イタリア憲法第117条改正以後－

上記のように、2001年イタリア憲法第117条改正までの期間、さまざまなイタリア憲法規定や法理論が援用され、国際条約と国内法との抵触の解決が試みられてきた。自由権規約関連の判例にみてとれたように、従前のイタリア憲法のもと、国際条約は法律と同等とされていたため、国際条約と国内法との関係は、非常に不安定な状況に置かれていた。

そのような中、2001年にイタリア憲法第117条が改正された[154]。その結

果、国際条約に反する国内立法は、イタリア憲法裁判所によってイタリア憲法第 117 条 1 項違反とされることとなり、それにより法律に対する条約の優位が実質的に確保されることとなった[155]。

ただし、法律が国際条約に抵触するとして憲法審査が行われる場合には、当該国際条約がイタリア憲法に適合していることが必要となる。つまり、国際条約はイタリア憲法には優越しえない[156]。よって、国際人権条約が規律する分野における基本権保障は、第一義的にはイタリア憲法により担保されることとなる。

イタリア憲法第 117 条にもとづき、国際条約に抵触する国内法が違憲とされた事例としては、2012 年イタリア憲法裁判所判決第 236 号[157]がある。本件では、州域外の法人がプーリア州地域保険機関（Aziende sanitarie locali: ASL）と訪問リハビリサービス提供の契約を締結することを禁止する 2010 年 2 月 25 日プーリア州法第 4 号の第 8 条が、障害者の生命の権利を規定し、差別を禁止している障害者権利条約第 10 条に違反するとして、イタリア憲法第 117 条違憲と判断された[158]。

4　イタリアにおける国際機関の法的行為の国内的性質

国際機関による法的行為の国内的性質については、イタリア法においては、原則としてそれ自体の効力が否定されるため、国内的な効力を認めるための法律が適宜制定され、その法律により当該国際機関の法的行為自体のイタリア法秩序における効力を認める方法が取られている。以下では、国際連合安全保障理事会の決議と、国際司法裁判所の判決の事例を確認する。

（1）　国際連合安全保障理事会決議

国際連合の安全保障理事会の決議に関しては、国連憲章の批准施行法[159]にもとづき、決議が採択された瞬間に国内法秩序に組み込まれるとみなされねばならないとの見解もあった。それによれば、安保理決議を実施するための国内法は、当該安保理決議の規定が自動執行性を有しない場合にのみ必要

であるということになり、自動執行性を有する安保理決議規定に関しては、特別の実施措置が採られる場合、それは法的安定性のためであるということになる[160]。

しかし、このような説に反し、イタリアの実行は国連安保理決議の自動的な効力を否定するものであった。1960年代より、イタリア法秩序においては、安保理決議規定の自動執行性の有無に関わらず、安保理決議を実施するための措置を適宜採択する方法を採用している[161]。学説の大勢も、安全保障理事会決議の直接適用可能性を否定しているとのことである[162]。

一方で、経済制裁を伴なう安全保障理事会の決議の大部分は、EUの権限範囲に該当するものであり、1990年代よりEUレベルで措置が採られるようになっている。EU措置が存在する場合、安全保障理事会決議はイタリアにおいてもEU措置により実施されることとなる。他方、EUの権限範囲に該当しない分野の安全保障理事会決議については、その実施は各国連加盟国に委ねられるため、イタリアにおいてはその実施措置を適宜採択することとなる[163]。

このように、EUの権限範囲外の安全保障理事会決議のイタリア国内における効力は、適宜採択される国内措置によって生じることになるのが原則であるが、例外的に、EUの権限範囲外の安全保障理事会決議のうち、武器禁輸措置に関しては、特別に法律が採択され、それらにもとづき、武器禁輸に関する安全保障理事会決議自体の国内的効力が自動的に認められることとなっている[164]。

（2）　国際司法裁判所判決

2014年イタリア憲法裁判所判決第238号[165]では、国際司法裁判所の判決とイタリア憲法との関係が問題となった。

本件では、イタリア憲法第10条1項により国内法規範に受容される慣習国際法、2012年2月3日国際司法裁判所判決により確認された慣習国際法の原則（第三帝国の主権的行為として少なくともその一部が係属裁判官の所

属国で行われた戦争犯罪による損害賠償請求の管轄を否定する部分について)、ならびに国連憲章を施行する 1957 年 8 月 17 日法律第 848 号第 1 条および国連裁判権免除条約への批准・施行を規定する 2013 年 1 月 14 日法律第 5 号第 3 条(第三帝国の主権的行為として少なくともその一部がイタリアで行われた人道に対する罪による民事損害賠償請求の管轄を否定するイタリア裁判官の義務を判示した国際司法裁判所の判決に従うよう国内裁判官に義務付ける部分に関して)の、イタリア憲法第 2 条、および裁判を受ける権利を保障する同第 24 条との関係での違憲性が問題となった。

　本件につきイタリア憲法裁判所は、次のように判断した。

　憲法の基本原則および不可侵の人権は、イタリア憲法第 10 条 1 項にもとづきイタリア法規範が適応する一般的に承認された国際法規の編入に対する制限を構成し、およびラテラーノ協定の施行法の編入に対する制限としてのみならず、EU 法に対する「対抗限界」[166] として機能する[167]。

　外国との関係において司法的保護はイタリア憲法第 10 条により制限されうるが、そのような制限はイタリア憲法の「至高の原則 (principi supremi)」に挙げられるイタリア憲法第 24 条に優越する公益により正当化されねばならない。国際司法裁判所の判決は、重大な犯罪の被害者の司法的保護の権利を完全に犠牲にするものであるが、司法的保護という基本的権利の犠牲の正当化を優先すべき公益は見当たらないため、イタリア憲法第 2 条および第 24 条に明らかに抵触する。EU においても、司法的保護の原則に違反する EU 規則が取消されている (C-402/05P and 415/05P[168])。よって、本件の主権免除に関する国際法は、イタリア法規範には編入されず、いかなる効力も有しない[169]。そのため、当該慣習国際法の違憲性に関する疑義は、根拠がない。国際司法裁判所による主権免除に関する慣習国際法の解釈は、イタリア法規範の外部の国際法に属するものであり、イタリア憲法裁判所による違憲審査の対象とならない[170]。

　他方で、1957 年法律第 848 号第 1 条は、国連憲章を「完全に施行」する。国連憲章は第 7 条で国際司法裁判所を設立し、第 94 条でその判決に従う加

盟国の義務を規定している。このような義務は、1957年法律第848号により国内法規範において効力を有し、イタリア憲法第11条によりイタリアの主権を制限しうるが、いずれにしろイタリア憲法の基本原則および不可侵の人権に抵触しない限りにおいてである（2001年第73号判決[171]）。しかし、国際司法裁判所の判決の内容は、1957年法律第848号をイタリア憲法第2条および第24条に抵触させている。司法保護の権利は「憲法規範の至高の原則」であり、1957年法律第848号第1条は、イタリア裁判官に対し2012年2月3日国際司法裁判所判決にしたがい司法保護の権利を侵害するよう義務付けている限りにおいて、違憲である[172]。2013年1月14日法律第5号第3条についても同様である[173]。

本件では、国際司法裁判所が判示した慣習国際法に対し、イタリア憲法の基本原則および不可侵の人権が「対抗限界」とされた。その結果、イタリア憲法第10条1項にもとづく当該慣習国際法のルールがイタリア法規範に編入されず、国際司法裁判所判決に従う義務を規定した国内法律は違憲と判断された。

注目すべき点としては、イタリア憲法裁判所が、実体問題のみならず、理論的な問題についても、EUの司法裁判所のKadi事件を引用し自らの判断を補強していることである。すなわち、実体問題については、司法的保護がイタリア憲法のもとでもEU法のもとでも国内法令の合憲性または適法性の審査基準となるとし、法理論的な問題については、いずれも国際法規範の合憲性または適法性を審査するのではなく、国際法規範を国内実施する国内法規定を審査するとした点である。ここにもEU法の基本権保障によるイタリア憲法の基本権保障に対する影響がみられる。

小括

以上を要するに、以下のことがいえる。

イタリア憲法における基本権保障は、イタリア憲法裁判所により担保されている。

イタリア憲法第2条に言及されている「不可侵の人間の権利」は、イタリア憲法第1部に列挙された権利に限定されず、イタリア憲法裁判所が法の発展過程において新たな基本権を発見するための根拠として「開かれた」規定である。とはいえ、イタリア憲法第2条の射程は、国際人権条約を含む、国際条約には及ばない。したがって、国際条約に認められる序列は、条約を批准施行する法律の序列となる。よって、憲法との関係では、国際条約（の批准施行法）が憲法に反する場合、違憲無効とされる。法律との関係では、国際条約（の批准施行法）は、後の法律により修正・廃止されてしまう可能性が出てくる。そのような結果を防ぐために、裁判官は、国際条約（の批准施行法）を通常の法律に優先させるための解釈技術を模索した。

そのような流れを受けて、近年では、イタリア憲法が改正され、国際条約に抵触する法律がイタリア憲法裁判所により違憲無効とされる制度が整えられた。しかし、法律が国際（人権）条約に抵触するとして憲法審査が行われる場合には、当該国際（人権）条約がイタリア憲法に適合していることが必要となる。つまり、国際（人権）条約はイタリア憲法には優越しえない。よって、国際（人権）条約が規律する分野における基本権保障は、第1義的にはイタリア憲法により担保されることとなる（この点については、第4章においても詳しく触れる）。

注

1 野村二郎「ヨーロッパの司法（12）イタリアの裁判所」『判例タイムズ』525号（1984年）、8〜11頁。ソーフォ・ボルゲーゼ（岡部史郎訳）『イタリア憲法入門』有斐閣（1969年）、107〜120頁。

2 Legge costituzionale 11 marzo 1953, n. 1, *Gazzetta Ufficiale* 14 marzo 1953, n. 62; Legge 11 marzo 1953, n. 87, *Gazzetta Ufficiale* 14 marzo 1953, n. 62.

3 森征一「司法・軍事・警察」馬場康雄・岡沢憲芙編『イタリアの政治』早稲田大学出版部（1999年）、62〜3頁。

第1章　イタリア憲法における基本権保障　61

4　森［1999］、65頁。
5　Martines, T., *Diritto pubblico*, 6ª ed., Giuffrè, 2005, p. 370.
6　森［1999］、62〜3頁。
7　井口文男「共和国憲法」馬場康雄・岡沢憲芙編『イタリアの政治』早稲田大学出版部（1999年）、44頁。
8　Legge 1953, n. 87, *cit.*; 行政法制研究会「イタリアの憲法院」『判例時報』1519号（1995年）、25頁。
9　行政法研究会［1995］、25頁。
10　井口文男「共和国憲法」馬場康雄・岡沢憲芙編『イタリアの政治』早稲田大学出版部（1999年）、44頁。
11　同上、41頁。
12　S. Lena, J. and Mattei, U. ed., *Introduction to Italian Law*, Kluwer Law International, 2002, p. 36.
13　C.C., sentenza 22 marzo 1962, n. 29（イタリア憲法裁判所ウェブサイト http://www.cortecostituzionale.it/ 以下略（アクセス：2013年12月31日））。
14　裁判を受ける権利、刑罰法規の不遡及、保安処分を規定。
15　刑罰に関する規定。
16　C.C., sentenza n. 29 del 1962, *cit.*, punto 3. in considerato in diritto.
17　S. Lena&Mattei［2002］, p. 36.
18　C.C., sentenza 12 luglio 1979, n. 98（イタリア憲法裁判所ウェブサイト（アクセス：2013年12月31日））。
19　Regio decreto 9 luglio 1939, n. 1238, *Gazzetta Ufficiale*, 1 settembre 1939, n. 204.
20　C.C., sentenza n. 98 del 1979, *cit.*, punto 2. in considerato in diritto.
21　C.C., sentenza 5 aprile 1973, n. 38（イタリア憲法裁判所ウェブサイト（アクセス：2013年12月31日））。
22　Legge 22 aprile 1941, n. 633, *Gazzetta Ufficiale* n. 166 del 16 luglio 1941.
23　私生活および家族生活が尊重される権利を規定。
24　表現の自由を規定。
25　C.C., sentenza n. 38 del 1973, *cit.*, punto 2. in considerato in diritto.
26　S. Lena&Mattei［2002］, p. 36.
27　C.C., sentenza 24 marzo-7aprile 1988, n. 404（イタリア憲法裁判所ウェブサイト（アクセス：2013年12月31日））。
28　S. Lena&Mattei［2002］, p. 36.

29 Legge 27 luglio 1978, n. 392, *Gazzetta Ufficiale* del 29 luglio 1978, n. 211.
30 貯蓄の奨励に関する規定。
31 生活の保障・母子の保護の規定。
32 Legge 25 ottobre 1977, n. 881, *Gazzetta Ufficiale* 7 dicembre 1977, n. 333.
33 生活の権利、飢餓からの自由を規定。
34 C.C., sentenza n. 404 del 1988, *cit.*, punto 3. in considerato in diritto.
35 阿部［2005 年］、21 頁。
36 井口［1999］、39 頁。
37 Bartole, S. and Bin, R., *Commentario breve alla Costituzione*, 2^a ed., CEDAM, 2008, p. 17.
38 C.C., sentenza 15 giugno 1979, n. 54（イタリア憲法裁判所ウェブサイト（アクセス：2013 年 12 月 31 日））。
39 C.C., sentenza n. 54 del 1979, *cit.*, punto 6. in considerato in diritto.
40 C.C., sentenza 1 luglio 1986, n. 199（イタリア憲法裁判所ウェブサイト（アクセス：2013 年 12 月 31 日））。
41 C.C., sentenza n. 199 del 1986, *cit.*, punto 3. in considerato in diritto.
42 C.C., sentenza 12-19 gennaio 1995, n. 28（イタリア憲法裁判所ウェブサイト（アクセス：2013 年 12 月 31 日））。
43 C.C., sentenza n. 28 del 1995, *cit.*, punto 4. in considerato in diritto.
44 C.C., sentenza 17-26 giugno 1997, n. 203（イタリア憲法裁判所ウェブサイト（アクセス：2013 年 12 月 31 日））。
45 C.C., sentenza n.28 del 1995, *cit.*, punto 4. in considerato in diritto.
46 C.C., sentenza n. 203 del 1997, *cit.*, punto 4. in considerato in diritto.
47 小寺・岩沢・森田編『講義国際法』有斐閣（2004 年）、97 頁。
48 栗林忠男『現代国際法』慶應義塾大学出版社（2000 年）、39〜40 頁。
49 山本『国際法』有斐閣（1985 年）、57 頁。横田洋三『国際関係法』（改訂版）放送大学教育振興会（2006 年）、63 頁。小寺・岩沢・森田［2004］、97 頁。Sperduti, Giuseppe, "Dualism and Monism: A Confrontation to be Overcome", *The Italian Yearbook of International Law*, Vol. 3, 1977, pp. 33-4.
50 山本［1985］、57〜8 頁。横田［2006 年］、64〜66 頁。小寺・岩沢・森田［2004］、98〜9 頁。
51 山本［1985］、56〜7 頁。小寺・岩沢・森田［2004］、97〜98 頁。栗林［2000］、38〜9 頁。Sperduti［1977］, pp. 31-2.

52　山本［1985］、56～7頁。
53　山本草二『国際法（新版）』有斐閣（1994年）、84頁。横田［2006年］、64頁。
54　経塚作太郎『現代国際法要論』中央大学出版部（1984年）、116頁。
55　皆川洸「国際法と国内法」『国際法研究』有斐閣（1985年）、10～16頁。田中忠「国際法と国内法の関係をめぐる諸学説とその理論的基盤」村瀬信也・奥脇直也編『国際法と国内法（山本草二古稀記念論文集）』勁草書房（1998年）、38頁。
56　山本［1985］、58～59頁。栗林［2000］、40～1頁。
57　山本［1994］、86頁。横田［2006年］、66～67頁。奥脇直也「『国際法と憲法秩序』試論（1）」『立教法学』第40巻（1994年）、82～83頁。
58　山本［1985］、64頁。
59　小寺・岩沢・森田［2004］、103頁。
60　山本［1985］、64頁。
61　イタリア憲法第10条［国際法の遵守、外国人の法的地位・庇護権］　1　イタリアの法秩序は、一般に承認された国際法規にしたがう（訳出に際しては、阿部［2005］、21頁を参照。）。
62　山本［1985］、67頁。
63　C.C. sentenza 12 giugno 1979, n. 48, punto 3. in considerato in diritto（イタリア憲法裁判所ウェブサイト（アクセス：2016年7月14日））.
64　山本［1985］、68頁
65　小寺・岩沢・森田［2004］、102頁。
66　岩沢雄司『条約の国内適用可能性』有斐閣（1985年）、13頁。
67　小寺・岩沢・森田［2004］、104頁。齊藤正彰『国法体系における憲法と条約』信山社（2002年）、18頁。田畑茂二郎・石本泰雄編『国際法』（第3版）有信堂高文社（2001年）、19頁。
68　小寺・岩沢・森田［2004］、104頁。齊藤［2002］、19頁。
69　小寺・岩沢・森田［2004］、104頁。齊藤［2002］、19～20頁。
70　齊藤［2002］、20頁。
71　酒井他［2011］、392～3頁。
72　酒井他［2011］、393頁。小寺・岩沢・森田［2004］、111頁。齊藤［2002］、20頁。
73　酒井他［2011］、392～3頁。小寺・岩沢・森田［2004］、111頁。齊藤［2002］、20頁。
74　酒井他［2011］、393頁。

75 小寺・岩沢・森田［2004］、116 頁。齊藤［2002］、20 頁。

76 酒井他［2011］、391 頁。小寺・岩沢・森田［2004］、111 頁。齊藤［2002］、20 頁。

77 小寺・岩沢・森田［2004］、110〜1 頁。酒井他［2011］、390〜1 頁。

78 齊藤［2002］、21 頁。

79 同上。

80 酒井他［2011］、391 頁。

81 岩沢［1985］、296〜321 頁。

82 須網［2001］、59 頁。

83 岩沢［1985］、330〜334 頁。

84 同上、321〜324 頁。

85 Jackson, "Status of Treaties in Domestic Legal Systems: A Policy Analysis", *American Law Journal of International Law*, Vol. 86, 1992, pp. 313, 333-4.

86 柳井俊二「条約締結の実際的要請と民主的統制」『国際法外交雑誌』第 78 巻 5 号（1979 年）、92 頁。

87 谷内正太郎「国際法規の国内的実施」村瀬信也・奥脇直也編『国際法と国内法（山本草二古稀記念論文集）』勁草書房（1998 年）、115 頁。

88 Iwasawa, Yuji, 'The Relationship between International Law and Municipal Law: Japanese Experiences', *British Year Book of International Law*, Vol. 64, 1993, p. 390.

89 Jackson［1992］, p. 313, 333-4; Iwasawa［1993］, p.390.

90 Conforti, B., *Diritto internazionale*, 6ª ed., Editoriale Scientifica, 2002, 284-7.

91 皆川［1985］、16〜7 頁。

92 同上、17 頁。Conforti［2002A］, p. 285.

93 皆川［1985］、17 頁。

94 Treves, Tullio, *Diritto internazionale*, Giuffrè, 2005, p. 659.

95 皆川［1985］、18 頁。

96 同上、18〜9 頁。

97 同上、19〜20 頁。皆川［1985］では、「執行命令」。

98 イタリア憲法第 87 条［大統領の地位・権限］　8　共和国大統領は、外交上の代表者を信任および接受し、必要あるときは両議院の事前の承認を得て、国際条約を批准する。（阿部［2005］、28 頁。）

99 イタリア憲法第 80 条［国際条約批准の承認］　両議院は、政治的性格の国際

条約、仲裁または司法的処理を定める国際条約もしくは領土の変更、財政上の負担または法律の改正をともなう国際条約の批准を、法律によって承認する。(同上、28頁。)

100 Cannizzaro, E., "Relations between Acts Authorizing Ratification and Legislation Implementing Treaties", *The Italian Yearbook of International Law*, Vol. 7, 1986-1987, p. 318. 条約の批准の承認により、国が他の締約国との関係で国際的な義務を負うことが同意される。国際的に負った条約義務履行のための国内法規範の調整としては、一般的な規定はないが、実行として「施行命令」が行われる。施行命令は、条約義務履行に必要な実体的な国内法規定を別に制定するのと異なり、条約自体に「完全な施行」を認めるもので、条約の本文全体が添付される。条約の施行命令は、批准承認法律に含まれるのが実行では多いようである (Treves [2005], pp. 665-666, 689-690)。

101 小川芳彦『条約法の理論』東信堂 (1989年)、56頁。

102 C.C. sentenza 18 maggio-6 giugno 1989, n. 323, punto 4. in considerato in diritto (イタリア憲法裁判所ウェブサイト (アクセス：2016年8月5日))、ecc.; MIRATE, Silvia, "A New Status for the ECHR in Italy: The Italian Constitutional Court and the New 'Conventional Review' on National Laws", *European Public Law*, Vol. 15 No. 1, 2009, p. 92; Soriano [2008], p. 405.

103 Condorelli, L., *Il Giudice italiano e i trattati internazionali*, Cedam, 1974, p. 33.

104 ウィーン条約法条約第31条。

105 Sacerdoti, G., "Application of GATT by Domestic Courts", *The Italian Yearbook of International Law*, 1976, p. 234.

106 Sacerdoti [1976], p. 232; Sacerdoti, G. and Venturini, G., "GATT as a Self-executing Treaty in the Italian Case Law", Petersman, E.-U. and Jaenicke, G., *Adjudication of International Trade Disputes in International and National Economic Law*, Univ. Fribourg, 1992, p. 339. 例えば、イタリア判例は、ドイツ、フランス、イギリス等で自動執行性が認められなかったGATT1947に自動執行性を認めた (1968年イタリア破毀院判決第2293号、1972年第1196号、同第1771号、同第1773号、1973年第1455号、1975年第2号、同第10号 (以上、Picone, P. e Ligustro, A., *Diritto dell'Organizzazione mondiale del commercio*, Cedam, Padova, 2002, p. 548)、同第3407号、1976年第3616号、1979年第4066号 (以上、Panebianco [1986], p. 8))。

107 C.C., sentenza 3 marzo 1966, n. 20, punto 3. in considerato in diritto (イタリア憲

法裁判所ウェブサイト（アクセス：2016年8月5日））.

108 C.C., sentenza 9 luglio 1986, n. 210（イタリア憲法裁判所ウェブサイト（アクセス：2016年8月5日））。

109 イタリア民法編外章「法に関する規定一般」第15条「後法は前法を廃す」の原則。

110 C.C., sentenza 7 marzo 1964, n. 14, *Costa c. E. n. el. e soc. Edisonvolta*, *Foro italiano*, 1964, I, 477, punto 6. in considerato in diritto.

111 C.C. sentenza 24 febbraio 1971, n. 30, punto 3. in considerato in diritto（イタリア憲法裁判所ウェブサイト（アクセス：2016年8月5日））．

112 Quadri, Rolando, *Diritto internazionale pubblico*, Jovene, 1968, p. 64 et seq.

113 ただし、「合意は守られねばならない」原則は、「条約の特別性」の理論的根拠となる（Cass., 19 aprile 1985, n. 3659, *Cassazione penale*, 1986, 8-9, p. 217）。

114 1979年イタリア憲法裁判所判決第48号では、外交関係に関するウィーン条約第31条が慣習国際法を明文化したものと判示された（C.C. sentenza n. 48 del 1979, *cit.*, punto 2 in considerato in diritto）。

115 訳出に際しては、阿部［2005］、21頁を参照。

116 C.C., sentenza 23 novembre 1967, n. 120（イタリア憲法裁判所ウェブサイト（アクセス：2013年12月31日））．

117 Corte costituzionale, sentenza 20 maggio 1982, n. 96, *Legeler c. Min. Finanze*, *Giurisprudenza costituzionale*, 1982, I, p. 957.

118 Cass., sentenza 21 maggio 1973, n. 1455, *Ministero Finanze c. Gaetano Marzotto*, *Foro italiano*, I, 1973, 2443; Cass., sentenza 8 giugno 1972, n. 1773, *Ammin. Finanze c. Isolabella*, *Foro italiano*, I, 1972, 1963; Sacerdoti & Venturini［1992］, p. 344.

119 Cass., sentenza n. 1455 del 1973, *cit.*

120 Conforti, Benedetto, "National Courts and the International Law of Human Rights", Conforti and Francioni, ed., *Enforcing International Human Rights in Domestic Courts*, Kluwer Law International, 1997, p. 11.

121 Cass., sentenza n. 2293 del 1968, *cit.*, p. 328. その他の事例については、東「イタリア法、ガット、およびイEC法の関係」『法学政治学論究』第75号（2007年）、137頁参照。

122 Sacerdoti［1976］, *cit.*, p. 243.

123 Conforti［1997］, pp. 11-12.

124 Cass., sentenza 13 luglio 1979, n. 4066, *Ammin. finanze c. Redaelli*, *Giustizia*

civile, 1979, I, p. 1332.
125 Conforti［1997］, pp. 12-14; Francioni, Francesco, "Italy and the EC: the legal protection of fundamental rights", Francioni, Francesco, ed., *Italy and EC Membership Evaluated*, Pinter Publishers, 1992, p.194.
126 Cass., sentenza n. 3659 del 1985, *cit.*
127 イタリア破毀院はまた、「『特別法は一般法を廃す』という一般原則もまた重要である」点も指摘しており、本件では、「特別法は一般法を廃す」原則と、条約の特別性とが、重畳的に援用されている。
128 Mirate［2009］, p. 92; Soriano［2008］, p. 405.
129 Cocozza, Francesco, *Diritto comune delle libertà in Europa*, Giappichelli, 1994, pp. 57-58; Barbera, A., "Commento all'art. 2 Cost.", Branca, G., *Commentario alla Costituzione*, Zanichelli, 1975, p. 102, etc.
130 Legge 25 ottobre 1977, n. 881, *Gazzetta Ufficiale*, 7 dicembre 1977 n. 333.
131 自由権規約第14条5項は、有罪判決に対する上訴の権利を規定する。
132 イタリア憲法裁判所の判決に対して上訴不可能である旨規定。
133 自由権規約第2条2項は、同規約の各締約国が、同規約において認められる権利を実現するために必要な立法措置その他の措置をとるよう、自国の憲法上の手続および同規約の規定にしたがって必要な行動をとることを規定する。
134 Picone, Paolo, e Conforti, Benedetto, *La Giurisprudenza italiana di diritto internazionale pubblico –repertorio 1960-1987*, Jovevne, 1988, p. 732.
135 *Ibid*.
136 イタリア憲法第11条「イタリアは、他国と等しい条件の下で、各国の間に平和と正義を確保する制度に必要な主権の制限に同意する。イタリアは、この目的をめざす国際組織を推進し、助成する。」(樋口陽一・吉田善明編　『世界憲法集』（第4版）三省堂（2001年）、159頁）
137 C.C., sentenza 16 dicembre 1980, n. 188（イタリア憲法裁判所ウェブサイト（アクセス：2013年12月29日））, punto 5. in considerato in diritto.
138 C.C., sentenza 2 aprile 1981, n. 62（イタリア憲法裁判所ウェブサイト（アクセス：2013年12月29日））, in considerato in diritto.
139 Cass., sentenza 12 febbraio 1982, *Giustizia penale*, 1983, III, 20.
140 自由権規約第14条7項　何人も、それぞれの国の法律および刑事手続にしたがって既に確定的に有罪または無罪の判決を受けた行為について再び裁判されまたは処罰されることはない。（広部・杉原編［2008］、170頁）。

141 Cass., sentenza n. 3659 del 1985, *cit.*

142 Conforti [1997], p. 7.

143 Scovazzi, Tullio, "The Application by Italian Courts of Human Rights Treaty Law", Conforti, B., and Francioni, F., eds., *Enforcing International Human Rights in Domestic Courts*, Martinus Nijhoff Publishers, 1997, p. 68.

144 Cass., sentenza 13 luglio 1985, *Giurisprudenza italiana*, 1986, II, 74.

145 Picone e Conforti [1988], p. 735.

146 自由権規約第12条は、移動・居住の自由について規定する。

147 Cass., sentenza 14 aprile 1986, *Foro italiano*, 1986, II, 271.

148 Cass., sentenza 22 novembre 1990, *Rivista internazionale dei diritti dell'uomo*, 1991, p. 924.

149 C.C., sentenza 5-24 febbraio 1992, n. 62, *Giurisprudenza italiana*, 1992, I-Sez. 1, 1219.

150 Scovazzi [1997], pp. 59-60, 65.

151 自由権規約第14条3項は、被疑者が理解する言語で告知を受ける権利を規定する。

152 C.C., sentenza 19 gennaio 1993, n. 10, *Giurisprudenza costituzionale*, 1993, p. 61.

153 C.C., sentenza 22-29 gennaio 1996, n. 15（イタリア憲法裁判所ウェブサイト（アクセス：2013年12月29日））, punto 2. in considerato in diritto.

154 イタリア憲法第117条［国と州の立法権限］　1　立法権は、憲法の定めるところにより、ならびに共同体法および国際的義務の範囲内において、国および州に属する。（訳出に際しては、阿部［2005］、32頁を参照）。

155 酒井［2011］、391頁。

156 C.C., sentenza 24 ottobre 2007, n. 348, punto 4.7. in considerato in diritto（イタリア憲法裁判所ウェブサイト（アクセス：2013年6月4日））; C.C., sentenza 24 ottobre del 2007, n. 349, punto 6.2. in considerato in diritto（イタリア憲法裁判所ウェブサイト（アクセス：2013年6月4日））。

157 C.C., sentenza 26 ottobre 2012, n. 236（イタリア憲法裁判所ウェブサイト（アクセス：2013年6月4日））。

158 C.C., sentenza n. 236 del 2012, *cit.*, punto 4. 3. in considerato in diritto.

159 Legge 17 agosto 1957, n. 848, *Gazzetta Ufficiale*, 25 settembre 1957 n. 238.

160 Mancini, Marina, "Sull'attuazione delle decisioni del Consiglio di sicurezza nell'ordinamento italiano", *Rivista di diritto internazionale*, vol. 83, 2000, fasc. 4, p.

1028.

161 *Ibid.*

162 Vismara, F., "Il problema dell'efficacia diretta delle decisioni del Consiglio di sicurezza: Alcune riflessioni", *Rivista di diritto internazionale*, vol. 94, 2011, fasc. 4, pp. 1071-2.

163 *Ibid.*, pp. 1029-30.

164 Legge 9 luglio 1990, n. 185, *Gazzetta Ufficiale*, 14 luglio 1993 n. 163; Decreto-legge 30 maggio 1994, n. 324, *Gazzetta Ufficiale*, 1 giugno 1994 n. 126; Decreto-legge 30 maggio 1994, n. 324, *Gazzetta Ufficiale*, 10 aprile 1995 n. 84.

165 C.C., sentenza 22 ottobre 2014, n. 238（イタリア憲法裁判所ウェブサイト（アクセス：2016年7月14日））.

166 本書第3章第3節4.参照。

167 C.C., sentenza n. 238 del 2014, *cit.*, punto 3.2. in considerato in diritto.

168 Kadi事件（Joined Cases C-402/05P and C-415/05P *Kadi v Council and Commission* [2008] ECR I-6351）。

169 C.C., sentenza n. 238 del 2014, *cit.*, punti 3.4. - 3.5. in considerato in diritto.

170 *Ibid.*, punto 3.1. in considerato in diritto.

171 2001年イタリア憲法裁判所第73号判決では、イタリア憲法の基本原則および不可侵の人権が、イタリア憲法第10条1項による慣習国際法、同第11条によるEU法、および同第7条によるラテラーノ協定のイタリア国内法規範への受容に対する制限になると判示された（C.C., sentenza 19-22 marzo 2001, n. 73, punto 3.1. in considerato in diritto（イタリア憲法裁判所ウェブサイト（アクセス：2013年9月14日）））。

172 C.C., sentenza n. 238 del 2014, *cit.*, punto 4.1. in considerato in diritto.

173 *Ibid.*, punto 5. in considerato in diritto.

第2章　EU 法理論と EU 法における基本権保障

　イタリアは 1952 年以降、EU 法の起源となる諸条約を批准し、欧州統合に参画していく。これらの条約はイタリアで、欧州人権条約と同様、批准施行法により国内法化された。しかし当時、締約国の主権の制限を要求しないため各締約国がその国内的性質を自国の憲法にしたがい決定する一般的な条約と違い、EU 法は加盟国の国内法の特別な調整を要する法規範であった。加盟国は、主権の制限に基づく EU 法の国内的性質を自国憲法により決定できず、相互性に基づき他の加盟国と同様にしなければならなかった。すなわち、EU 法はその適用範囲において各加盟国の憲法を含む国内法に対し、等しく優越する法秩序であった。つまり、前章で確認したようにイタリア国内における基本権保障を担保しているイタリア憲法に対しても、EU 法はその適用範囲において優越するのである。

　本章では、まず、そのような加盟国法に対する EU 法の優越を判示した司法裁判所判例をもとに EU 法の性質を確認する。また、EU 法の一般的な国際条約との相違をさらに明確に示すため、また EU 法における基本権保障の重要な役割を担う欧州人権条約がどのように位置づけられているかを後に考察するため、EU 法における一般的な国際条約の性質を確認する。最後に、イタリア憲法に対して優越する EU 法において、どのような基本権保障システムが備わっているかを確認する。

第1節　EU 法理論

　一般的な条約と異なる EU 法秩序の本質的特長は、とくに加盟国の法に対する優越性、ならびに各加盟国国民および加盟国自体に適用される一連の規定全体が有する直接効果である、とされている[1]。各加盟国はこれらを確保

しなければならない。そして、こうした EU 法の直接効果および国内法に対する優越性は、各加盟国の主権の制限および相互性に基づいている。

次では、まず、このような EU 法の性質に関する、EU 法ないし司法裁判所の立場を確認する。そして次章でイタリア憲法裁判所等の立場からみた EU 法とイタリア憲法との関係を確認する。

1 EU 法の根拠

EU の母体となった欧州石炭鉄鋼共同体（ECSC）や、欧州経済共同体（EEC）は、それぞれ欧州石炭鉄鋼共同体（ECSC）を設立する条約、欧州経済共同体（EEC）を設立する条約により、それらの設立に関する条約の署名が行われ、各加盟国による国内の批准手続を経た後、ECSC 条約は 1952 年 7 月 23 日より、EEC 条約は 1958 年 1 月 1 日より、発効した。

このように、EU 基本条約は、各加盟国による国内の批准手続を経て発効する。現行の EU 機能条約（以下「TFEU」）第 357 条は、「この条約は、加盟国によりそれぞれの憲法上の規定にしたがって批准され」、批准を「最後に行う署名国が批准書を寄託した月の翌月の最初の日に効力を生ずる」と規定している。

例えば、イタリアでは、EU 基本条約は、イタリア憲法第 80 条にもとづき、両議院の承認を経て、その批准を承認し、国内的な施行を命令する法律が制定される。このような EU 基本条約の批准手続は、一般的な国際条約の批准手続と同一である。

イタリアでは一般的な国際条約の批准手続と同じ手続で批准されるとはいえ、EU 基本条約が国内法制度にもたらす影響は、一般的な国際条約と同じではない。EU 基本条約は、「国際条約の形式で締結されたにもかかわらず」「法の支配に基く憲法的憲章」として位置づけられている。このような EU 法秩序の本質的特徴は、「とくに加盟国の法に対する優越性、ならびに、各国民および加盟国自体に適用される一連の規定全体が有する直接効果である」とされている[2]。

2 EU法の適用―EU法の直接効果―

EU法の直接効果とは、「[EU] 法が加盟国の領域において法源となり、[EU] 諸機関および加盟国だけでなく [EU] 市民にも権利を付与しおよび義務を課し、ならびに、特に国内裁判官の前において [EU] 法から権利を引き出しかつ同法に適合しない全ての国内法規定を排除させるために [EU] 市民により援用されることができる能力をいう」[3]。EU法の直接効果は、EU市場の創設というEUの目的に重点を置いた目的論的解釈を用いて、EU法の個々の規定ごとにその有無を判断した司法裁判所の判決の集積によって形成された判例理論であり、国際法と異なるEU法の性質を示すものである[4]。

EU法の直接効果は、1963年 Van Gend & Loos 事件判決によって承認された。

（1） 1962年 Van Gend & Loos 事件[5]

本件の事実関係は次の通りである。

Van Gend & Loos 社は、関税品目を変更し税率を増加させたことで、オランダ政府が関税と同等の効果を有する措置の新設を禁じた EEC 条約第12条（TFEU 第30条）に違反したと主張し、関税委員会に訴えた。1962年8月16日、関税委員会は、加盟国国民は EEC 条約第12条（TFEU 第30条）を根拠に裁判所が保護すべき権利を主張することができるかという意味で国内法において直接適用されるかという点について、司法裁判所に先決判決を求めた。

本件で司法裁判所は、EU基本条約が「単に締約国間に相互の義務を創設する合意以上のもの」である、つまり一般的な国際条約とは異なり、「加盟国の立法から独立して、個人に義務を課すのみならず、権利を与える」ことを判示した。その根拠となるのは、加盟国の自らの主権の制限である[6]。EU基本条約は「国際条約の形式で締結されたにもかかわらず」「法の支配に基づく憲法的憲章」として位置づけられたのである。締約国のみを拘束し、締

約国の主権の制限を伴わない一般的な国際法規範と異なり、EU法は各加盟国の主権の制限に基づき、国際条約の形式で締結されたにも関わらず、締約国のみならず市民もその主体となるのである。つまり、司法裁判所は、EU基本条約のこの特徴を「国際法の新しい法秩序を構成している」と表現したが、その後「国際法上の新たな法秩序」という表現は単に「新たな法秩序」とされた[7]。

（2）　直接効果の要件

EU法規定が直接効果を有するとされる場合、「国内裁判所が認めなければならない個人の権利を創設すること」が表裏一体のものとして不可分の関係にあることが前提とされている。なお、EU法規定が私人に向けられた特定の権利を創設していない場合でさえ、当該規定が裁判所で考慮され、遵守確保されることができるほど「無条件かつ十分に明確」な義務を創設しているならば、国内裁判所で直接に遵守確保が可能である。

司法裁判所は、EU法の当該規定が直接効果を有するかどうかを判断するに当たって、①まず「当該規定の精神、全体的構成および文言」を検討する。②そのうえで次に、当該規定が「無条件かつ十分に明確」という要件を充足しているかどうかを判断するのである。EU法規定が「無条件」であるとは「それがいかなる条件による制限も受けず、または、その実施もしくは効果において［EU］諸機関もしくは加盟国によるいかなる措置の採択にも服しない義務を定めている場合」を指す。また、EU法規定が「個人が依拠し、国内裁判所が適用しうるほど十分に明確」であるとは、「それが一義的な文言で義務を定めている場合」をいう[8]。

以上の直接効果の要件は、EU基本条約、法の一般原則、派生法（「規則」、「指令」、「決定」など）およびEUが締結した国際条約のいずれにも該当する。ただし、EU基本条約および派生法の「精神、全体的構成および文言」については、一度審査された後はその要件の充足が推定されるため、その後の審査は明示的には行われない[9]。

(3) 様々な EU 法の法源の直接効果

EU における「法の一般原則」とは、EU 司法裁判所が依拠する不文原則（成文化されることもある）の総体を指す[10]。法の一般原則は、基本条約規定と同様、無条件かつ十分に明確という要件を充足するならば、直接効果を有する[11]。

「規則」は、TFEU 第 288 条第 2 段によれば、一般的適用性を有し、そのすべての要素について義務的であり、かつすべての加盟国において直接適用可能である。規則は通常、直接適用可能性を有するが、「無条件かつ十分に明確」という要件が充足されていない場合には、直接効果を生じない[12]。

「指令」は、TFEU 第 288 条第 3 段によれば、達成すべき結果につき名宛人たるすべての加盟国を拘束するが、形式および手段についての権限は国内機関に委ねる。指令の場合、加盟国に裁量の余地が残される結果、「無条件かつ十分に明確」という要件が充たされていないように思われる。しかし、指令によっては「達成されるべき結果」に応じて加盟国の裁量の余地がほとんどない場合もある。そこで司法裁判所は、TFEU 第 288 条により指令に付与されている拘束的効果、および指令の「実効性（l'effet utile）」等を根拠に、指令であってもその規定が直接効果を有することがあることを認めた[13]。指令は、指令の規定が加盟国に形式や手段について選択の余地を残していない場合、すなわち「無条件かつ十分に明確」とい要件を満たす場合、指令が加盟国により的確かつ期限内に履行されないときは、私人対国家の関係における垂直的直接効果のみを有する。私人間における水平的直接効果は否定されている[14]。

「決定」は、TFEU 第 288 条第 4 段によれば、そのすべての要素について義務的であり、名宛人を指定する場合、同人に対してのみ義務的である。決定は、名宛人の有無に関わらず、無条件かつ十分に明確という要件を充足すれば直接効果を生じると考えられている[15]。

「EU が締結した国際条約」は、TFEU 第 216 条 2 項によれば、EU 諸機関および加盟国を拘束する。EU が締結した国際条約の直接効果の有無を判

断する場合、まず、「当該規定の精神、全体的構成および文言」が直接効果になじむものであるか否かを検討し、そのうえで次に当該規定が「無条件かつ明確」という要件を充足しているかどうかを判断する。EUが締結した国際条約は、その「精神、全体的構成および文言」が個々に異なることから、それについての審査がその都度行われる[16]。

3 EU法の序列—EU法の優越性—

直接効果とともにEU法の独特な性質であるEU法の優越性は、EUの目的を達成するために不可欠な原則であり、EU法の加盟国における執行を保証し、EU領域全体に統一的な法秩序を成立させるための必要条件である[17]。つまり、個人が直接効果を有するEU法規定に依拠できるには、直接効果を有するEU法の規定が国内法規定に対し優越することが不可欠である。

このようなEU法の優越性の原則についても、EU基本条約自体に明確な規定があるわけではない。このため司法裁判所は、1964年のCosta事件判決において、条約の精神・目的に照らした解釈を行うことによって、同原則を導き出した[18]。

（1） EU法の国内法に対する優越性—1964年Costa事件[19]—
本件の事実関係は次の通りである。

弁護士Flaminio COSTA氏（以下「Costa氏」）は、1962年12月6日付法律（以下「ENEL設立法」）にもとづきEdisonvolta社を吸収した「電気エネルギー公社（L'Eente nazionale per l'energia elettrica）（以下「ENEL」）」による電力供給代金の請求に対して異議を申し立てた。電力料金の請求額が少額であったため、独任制の最下級審である調停裁判官（giudice conciliatore）[20]（現在の治安裁判官（giudice di pace）の前身。以下「治安裁判官」）が、第一審かつ終審の管轄裁判所となった[21]。

Costa氏の主張は、ENEL設立法が、次の点でEEC条約規定に抵触して

おり、したがって国際組織のためにイタリアが主権制限を行うことを認めたイタリア憲法第11条に違反しているというものであった。

ENEL設立法が違反すると主張されたEEC条約規定の論点は、第1に、コミッションへの事前通知義務を定めたEEC条約第102条（TFEU第117条）に違反するであろう点、第2に、コミッションにより決定が下されるまで国家援助の実施を禁止するEEC条約第93条（TFEU第108条）3項に違反するという点、第3に、開業の自由に対する新たな制限措置導入を禁止するEEC条約第53条（アムステルダム条約により削除）に違反する点、および第4に、新たな国家独占事業の創設を禁止するEEC条約第37条（TFEU第37条）2項に違反するという点である。

同違憲主張を受け、1963年9月10日決定[22]により、ミラノ治安裁判官は、ENEL社の最初の電気代請求に対するCosta氏の支払い義務の有無を判断するため、ENEL設立法の違憲性に関わる問題を、イタリア憲法裁判所に移送した（これに関するイタリア憲法裁判所の判決は、後述する）。

追ってCosta氏は同年9月の電気代1925リラについても異議を申し立てたため、ミラノ治安裁判官は、1964年1月21日決定[23]により、Costa氏の同9月の電気代1925リラの支払義務の有無を判断するため、ENEL設立法のみならず、ENEL社への電力会社の所有権の移転のための関連委任立法措置（「ENELの組織」に関する1962年12月15日大統領令第1670号、「電気産業企業の所有権のENELへの移転」に関する1963年2月4日大統領令第36号、「ENELへの所有権移転の対象企業への補償」に関する1963年2月25日付大統領令第138号、および「Edisonvolta社の所有権のENELへの移転」に関する1963年3月14日付大統領令第219号）についての合憲性に関わる質問をも、イタリア憲法裁判所のみならず、司法裁判所にも移送した。

本件につき、1964年7月15日の先決判決にて司法裁判所は、EU法が国家主権の制限を伴う固有の新しい法制度を形成していることに基づき、また、各加盟国はEU全体のために制定された法により等しく拘束されるため

に、いずれの加盟国もEU条約上の義務から一方的に逸脱しえないということを意味する相互性に依拠して、EU法の国内法に対する優越性の原則を判示した。つまり、EU法規範は、一般的な国際条約とは対照的に、各加盟国の自らの主権の制限またはEUへの委譲に基づいており、各加盟国はEU条約規範を、他加盟国との相互性に基づいて自国法規範の一部分として受け入れたのであり、自らのいかなる国内法をもEU基本条約規範に対して優越させることはできない[24]。司法裁判所の主張するこのようなEU法の優越性は、一元論的な理論構成およびEU法と国内法の階層関係から、当然に導かれていると考えられている[25]。

本判決では、「一般的な国際法と異な」る「独自の法制度」、つまり、限られた分野ではあるが加盟国が自らの主権を制限し加盟国自身とその国民の両方を拘束する法主体を創設したという、Van Gend & Loos事件で指摘された「新たな法秩序」の概念が確認された。ただ、Van Gend & Loos事件判決では「国際法の新しい秩序」という表現であったが、Costa事件判決では「国際法の」という表現は取り除かれている[26]。

実体的な論点について、司法裁判所は、第102条（TFEU第117条）および第93条（TFEU第108条）は直接効果を有さず、第53条（アムステルダム条約により削除）は直接効果を有するが、イタリアによる第53条の違反はなく、第37条（TFEU第37条）は直接効果を生じるが、本件において違反の有無を判断するのは訴訟を扱っている国内裁判所であると判示した[27]。

（２） EU法の国内憲法に対する優越性— 1965年 San Michele 事件[28] —

司法裁判所によれば、EU法の国内法に対する優越性は、全てのEU法規定が有し、基本条約であるか派生法であるか、直接効果を有するか有しないかを問わない[29]。さらに、EU法の優越性は、全ての国内法との関係で確保されるものであり、憲法規定との関係においても妥当する。

1965 年の San Michele 事件では、イタリア憲法規定との抵触を理由に EU 法の統一的適用を損なうことはできないことが司法裁判所により確認された[30]。

本件の事案の概要は次のとおりである。

San Michele 社は、必要書類の提出を怠ったことについて、1962 年 12 月 14 日司法裁判所判決にもとづく 18 日付の最高機関[31]による制裁金の賦課を受け、制裁金賦課決定の履行について、トリノ地方裁判所に異議を申立てた。その理由は、ECSC 条約の一部規定が通常法律によってイタリア法制度へ編入されたことは、ECSC 条約の同規定が同社に対して援用されえないことを意味しているというものであった。

トリノ地方裁判所は、同法律の ECSC 条約に由来する「特別な地位 (privileged status)」ならびに ECSC の機関および司法手続の合憲性に疑義を示しつつ、1964 年 12 月 19 日決定により、同合憲性についての疑義が「明らかに根拠がないとは言えない」とし、ECSC 条約第 33 条、第 41 条、および第 92 条の有効性に関する質問を、イタリア憲法裁判所に移送した。

San Michele 社は、同社に対する 1964 年 11 月 13 日に最高機関の決定を受け、ECSC 条約の諸規定の違憲性に関するイタリア憲法裁判所の決定までの間の、仮差止処分の採択を申請した。同社は、仮差止処分採択の申立の根拠として、イタリア憲法裁判所により下される判決が、「絶対的な」権威を有しており、「イタリア国民に対する管轄を有するどの裁判所も」判決を差止める義務があると主張した。

本件につき司法裁判所は、ECSC 条約にイタリアが加盟したことは、イタリアが当該条約の域内での同一の適用を妨げること、およびそれによって他の加盟国と異なる扱いを受けることを禁じており、そのような差別をもたらすような申立ては、いかなる法によっても受け容れられないことを確認した。すなわち、すべての加盟国が同一の条件のもとで ECSC 条約に加入したところ、もし本件で決定を差止めすべしと決定したなら加盟国毎に異なる

法的帰結をもたらすことになり、受け容れられないとしたのである[32]。

本件により、EU法は各加盟国憲法に対しても優越するということが、より明らかとなった。

4 EU法の直接適用可能性

司法裁判所は、EU法一般に直接適用可能性があることを認めている[33]。

特に、EU条約（以下「TEU」）第288条は、規則は一般的適用性を有し、「その全ての要素について拘束的であり、かつ全ての加盟国において直接適用可能である」と規定している。同条の「直接適用可能」という文言は、国内実施規定やEU実施規定と無関係に、国内法規範においてEU法規定が即時に効力を有することを意味している。しかしイタリアでは、EU規則の内容をそのまま国内法令へ複製するという実行があった。これでは、EU規則の適用が国内の複製法令の発効後となってしまい、EU規則の適用が遅れてしまうため、EU規則の直接かつ時宜に則した適用が損なわれてしまう。結果として、EU法の単一性や、司法裁判所の適用・解釈の統一性、EU法の優越性というEU法の本質が損なわれてしまうことになる[34]。

（1） EU規則の国内法化の禁止

この問題について判断を示した司法裁判所の判決が、1972年コミッション対イタリア事件判決[35]である。

1972年7月3日、コミッションは、EEC条約第169条（TFEU第258条）にしたがい、イタリアを相手取り義務不履行訴訟を提起した。イタリアによる義務不履行の内容は、酪農牛の屠殺補償金制度、ならびに牛乳および乳製品の市場からの回収のための補償金を規定した1969年10月6日理事会規則1975/69、ならびに同規則の履行方法を規定した1969年11月4日コミッション規則2195/69の実効的な適用を、同両規則を国内法により複製および修正することにより、規定された期限内に行わなかった点である。

本件に関して、司法裁判所は、屠殺補償金制度導入により課せられた義務の履行のイタリアによる遅延は、それ自体、および制度を実施するための方法の点で、義務不履行を構成すると判示した。すなわち、加盟国がEU規則の規定を複製することにより、適用可能な規定の法的性質およびその発効日を不明確にしたり、不完全または選択的な方法でEU規則の規定を適用することはEU法の違反となる[36]。

　EEC条約第189条（TFEU第288条）および第191条（TFEU第297条）によれば、規則はそれ自体で全ての加盟国において直接適用可能であり、共同体公報への公表によってのみ、規則に特定された日、または規定がない場合は、条約に規定された期日に発効するのであって、EU規則の直接的効力に対する障害を形成する結果となり、EU全域における同時かつ統一的適用を阻害するような全ての実施措置は、条約違反となるのである[37]。

（2）　様々なEU法の法源の直接適用可能性

　また、司法裁判所は、本件の直後のVariola事件において、「条約より発生しおよび批准時に引き受けられた拘束力により、加盟国は規則および他の共同体法規範に固有の直接適用可能性を妨げない義務の下にある」（条約はEU基本条約に、共同体はEUに、読み替える）と判示し、EU法一般に直接適用可能性があることを認めている[38]。

　まず、EU基本条約は、その効力発生により直接適用可能となっている。また、EUはEU基本権憲章に定められている基本権を承認しており、その憲章はEU条約およびEU機能条約と「同一の法的価値」を付与されているため（TEU第6条1項）、基本条約と同様に直接適用可能である[39]。

　EU法の一般原則は「憲法的地位（constitutional status）」を有し、EU法の一部を成しており、基本条約と同じく直接適用可能である[40]。

　規則は、直接適用可能であることが明文で規定されている（TFEU第288条第2段）。規則は、その制定により自動的に各国国内法制度の一部となり、実施のためのいかなる国内立法も必要としない[41]。

指令は、それに示された日付に、それがない場合はEU官報掲載の20日後、または名宛人たる加盟国への通告により、効力を発生する（TFEU第297条）。効力発生により指令は国内法の不可欠の一部となり、そのようなものとして直接適用可能となる。指令が効力発生により直接適用可能となる結果、その法的効果として加盟国は、国内実施期限の終了前においても指令により達成されるべき結果を損なってはならないという不作為義務を負う[42]。

決定には、加盟国または私人を名宛人とする場合と、名宛人がない場合が存在するが、いずれの場合にも直接適用可能である[43]。

EUが締結する国際条約は、直接適用可能であるとされる。また、国際条約により設置された機関により採択される措置も、直接適用可能である。但し、国際条約によっては、直接適用可能であっても、法的効果が限定されるものもある[44]。

5　EU法の優越性および直接効果の帰結

EU法が国内法に優越する結果、直接効果を有するEU法規定は、それに抵触する国内法に対していかなる効果を実際に及ぼすのであろうか。この問題に、司法裁判所は1978年 Simmenthal II 事件（以下「Simmenthal 事件」）判決[45]において判断を示した[46]。Simmenthal 事件の概要は次の通りである。

1973年7月、Simmenthal 社がフランスからイタリアに食用牛肉を輸入した際、イタリア保健強化法（1934年7月27日王令第1265号）等にしたがい検疫を受け、検疫費用を支払ったが、同社は同支払いが EEC 条約第30条（TFEU 第34条）等に反するとして支払い金の返還を求め、スーザ司法官（pretore）裁判所[47]に申し立てた。1976年4月6日の決定により、同司法官裁判所は司法裁判所に先決判決を求めた。1976年12月15日、司法裁判所は、同支払いが EEC 条約第30条（TFEU 第34条）で禁じられる関税と同等の効果を有する措置にあたるとした（Simmenthal I）[48]。1977年1月

24 日、スーザ司法官裁判所は財務省に、違法な支払い金額の利子付きの返還を命じた。1977 年 2 月 23 日、財務省は支払いを拒否し、上訴した。財務省は、イタリア国内後法が立法者によって修正・廃止されるか、イタリア憲法裁判所によってイタリア憲法第 11 条違反とされるまでは、権力分立の原則に従い国内裁判所は国内法を適用せねばならないと主張した。1977 年 7 月 28 日スーザ司法官裁判所は、再度司法裁判所に先決判決を求めた。

本件につき、司法裁判所は、直接効果を有する EU 法に抵触する既存の国内法は自動的に適用排除され、同じく抵触する国内後法は効力をもち得ず、国内裁判所は抵触する国内立法規定の適用を拒否する義務があり、立法・その他の憲法的手段によってそのような抵触する規定の排除を求めたり、一時的であったとしても待ったりする必要はないという意味で、EU 法は国内法に優越するということを明確にした[49]。

6 EU 法のその他の効果

また、直接効果を有しない EU 法規定も直接適用され、国内法において効力を有し、かつ、国内法に優越する[50]。第 1 に、国内裁判所は、可能な限り国内法が EU 法と抵触せず適合するように解釈適用しなければならない[51]。第 2 に、適合解釈が不可能な場合には国内裁判所（および行政機関等）は EU 法に抵触する国内法を適用排除しなければならない。第 3 に、加盟国が EU 法に違反した結果として損害が発生した場合、EU 法上の損害賠償責任が発生する。

（1） 適合解釈

EU における適合解釈義務は、第 1 に「規範の階層」に基づく場合と、第 2 に EU 法の優越性に基づく場合がある[52]。

第 1 の場合としては、例えば、EU が締結した条約への EU 派生法の適合解釈[53] が挙げられる。

第 2 に、EU 法の優越性の帰結として、国内法の適用が EU 法に抵触する

結果となるおそれがある場合、国内裁判所は国内法がEU法に抵触するのを回避することができるように解釈適用しなければならない[54]。

Marleasing事件では、被告会社の定款が原告会社を含む債権者を詐取することのみを目的とするものであるとして、原告会社が被告会社の定款の無効を宣言するようスペイン国内裁判所に求めた。スペイン民法典には「原因の欠如」（lack of cause）による契約の無効が規定されていたが、TFEU第54条第二段の意味における会社の保護をEU域内で同等にするための調整に関する指令[55]には会社設立の無効事由として「原因の欠如」は含まれていなかった。司法裁判所は国内裁判所に対し、同指令に限定列挙された以外の事由による会社設立の無効を命じるような当該国内法規定の解釈は、適合解釈義務により排除されると判示した[56]。

他方、国内法を指令に適合して解釈することが不可能な場合、その国内法は適用排除される（次項）か、または、その国内法により私人に損害が発生した場合には加盟国にEU法上の賠償責任が発生する（次次項）[57]。

（2） 適用排除

EU法と国内法との間に抵触がある場合、国内法は適用排除されなければならない。EU法規定が国内法に優越する結果、抵触する国内法規定は自動的に適用不能となり、また、EU法に反する限りにおいて新たな国内立法措置を採択することはできなくなる。しかし、EU法によって直接に国内法が改廃されるということではない。国内法規定のEU法との抵触が国内裁判所における取消訴訟において申立てられる場合には、抵触が認定されれば国内法は取消されることになる[58]。

Unilever事件[59]では、Unilever社は、注文に応じてCentral Food社にオリーブオイルを供給したところ、イタリアのオリーブオイル表示法に反しているとしてCentral Food社が代金の支払いを拒否し、商品の引取りを求めた。これに対し、Unilever社は当該表示法が「技術的規格及び規制分野における情報提供手続に関する指令」83/189[60]に反して採択されたため同法を

適用すべきではないこと、また、同社が供給した商品は（当該表示法を除く）現行イタリア法に適合していることを主張し、Central Food 社に代金を支払うよう求めた。しかし Central Food 社が拒否したため、Unilever 社は代金支払いを求めて国内裁判所に訴えを提起した[61]。

先決付託を受けた司法裁判所は、当該表示法が指令に違反して採択されたため、私人の間の契約上の権利義務に関する民事訴訟において適用排除されると判示した[62]。その結果、当該表示法は当事者間で適用されないこととなった。司法裁判所は、売り手が指令に依拠して当該表示法を適用排除できることを認め、その結果、買い手は契約書の義務を履行し、代金を支払わなければならないことになった[63]。

（3） 国家賠償責任

加盟国が EU 法に違反した結果として私人に損害を与えた場合に、EU 指令規定に直接効果がないか、EU 法に適合して解釈すべき国内法がそもそも存在しないか、または国内法が明らかに EU 法に反しているため適合解釈の余地がなく、したがって EU 法の直接効果も抵触排除義務を伴う適合解釈義務も私人に救済を与えないときは、国家賠償責任が発生する[64]。

Francovich 事件[65]では、イタリア政府が「使用者の支払い不能の場合における賃金労働者の保護に係る加盟国の立法の接近に関する指令」80/987 を期限内に国内実施せず、賃金労働者への未払い賃金債権の支払いを保障する措置をとっていなかった。そのため、労働者が国家から当該指令にある保障または損害賠償を得る権利を有すると主張して、イタリア国内裁判所に訴えを提起した。イタリア国内裁判所は、当該指令の規定が直接効果を有するか、および加盟国は当該指令を国内実施しなかった結果として私人が被った損害を賠償する義務を負うか否かという点につき、司法裁判所に先決付託を行った[66]。

司法裁判所はまず、当該指令の規定は、保障の内容および権利を有する者について直接効果の要件である「無条件かつ十分に明確」という要件を満た

すが、保障を与える責任を負う者を特定していないため、国家に保障の責任を負わせることはできないとして、その点での直接効果を否定した[67]。そのうえで、EU 法秩序が固有の法制度であること、私人に権利を付与すること、および国内裁判所が EU 法により私人に付与された権利を保護する責任を有することを再確認し、実効性原則に基づいて、加盟国の EU 法違反による損害賠償責任を導き出した。またそれを EU 基本条約に固有のものであると位置づけ、最後に誠実協力原則によりそれを補強した[68]。

　Francovich 事件および後の判例で、次の３つの要件が充足される場合に EU 法上の損害賠償責任が認められることとなった。すなわち、第１に、違反の対象となった法規範が私人に権利を付与するよう意図されていること、第２に、違反が十分に重大なものであること、第３に、国家が負う義務の違反と被害者が被った損害との間に直接的な因果関係が存在することである。Francovich 事件のように、所定の期間内に定められた結果を達成するための指令を国内法に置換する措置をとるのを怠ることは、それ自体が EU 法の重大な違反を構成する[69]。

7　EU 法上の権利の国内手続法による実現

　私人が EU 法の直接効果から引き出す権利について、EU 法上の救済および手続も、国内法上の救済および手続に関する調和措置も存在しない場合がほとんどである。そこで司法裁判所は、誠実協力義務の原則（TEU 第 4 条 3 項）にもとづき、私人が EU 法の直接効果から引き出す権利を手続的に保護するのは、問題を規律する EU 法が存在しない場合、国内法であるとした[70]（加盟国の「手続的自律性」）。ただし、EU 法上の権利の救済のために、国内手続法に対して「同等性」および「実効性」という 2 つの要件が課されている。同等性の原則とは、EU 法上の権利の実現のための国内手続が、同様の国内法上の権利の実現のための国内手続と同等のものでなければならないという原則である。実効性の原則とは、国内法の手続にもとづいた訴訟の結果、EU 法上の権利の実現が不可能または困難となってはならないという

原則である[71]。このような判理が現れているイタリア関連の EU 司法裁判所判例の一つとして、イタリアの Manfredi 事件[72] がある。

本件の事実の概要は以下の通りである。

イタリア競争当局は、複数の保険会社が自由な競争を制限する取決めを禁止するイタリア競争法[73] 第 2 条に反して保険商品の抱合せ販売及び情報交換を目的とした協定を締結していたことを認定し、同決定はローマ行政裁判所及び国務院によって支持された。これを受け、本件原告は、保険会社間の協定により割増保険料（平均で 20％割高）を支払わされていたことに関し、保険会社 3 社を相手取り、イタリア競争法第 2 条及び TFEU 第 101 条を根拠に、本件協定の無効を主張するとともに、損害賠償を求めて、イタリア国内の治安裁判官裁判所（少額訴訟を管轄）へ提訴した。

治安裁判官裁判所は、次の諸点について、司法裁判所の先決判決[74] を求めた。第一に、イタリア競争法第 33 条 2 項によれば、イタリア競争法第 2 条の違反行為に対する無効主張、および損害賠償請求の管轄権を控訴院が有する（つまり、治安裁判官は管轄を有しない）が、同条項を EU 競争法違反の本件に準用した場合、同等性の原則は充足されるが、実効性の原則が充足されるか、という問題である。第二に、イタリア民法第 2947 条の解釈によれば、時効の起算点は違反行為の開始時とされる可能性があるが、同条のそのような解釈適用が EU 競争法違反の本件に準用された場合、同等性の原則は充足されるが、実効性の原則は充足されるか、という問題である。第三に、イタリア民事訴訟法第 96 条は懲罰的損害賠償を許容しているが、同条を EU 競争法違反の本件に準用した場合、同等性の原則は充足されるが、実効性の原則は充足されるか、という問題である。

これらの点につき、司法裁判所は以下のように判示した。

第一の点について、司法裁判所は、管轄権を有する裁判所を決定するのは加盟国の国内法制度であるとしつつ、同等性原則と実効性原則との遵守を求めた[75]。司法裁判所の判示をうけ、治安裁判官は、管轄を控訴院に限定する

イタリア競争法第 33 条 2 項の本件における準用、すなわち治安裁判官の管轄の否定は、実効性の原則に反すると判断し、自らの管轄権を認めた[76]。

　第二の点について、司法裁判所は、損害賠償請求の時効を規定するのは加盟国の国内法制度であるとしつつ、同等性原則と実効性原則との遵守を求めた[77]。さらに、EU 競争法違反の損害賠償の時効の起算を当該違反行為の開始日とし、さらに当該期間が中断のない短期間とされている場合には特に、当該国内法が損害賠償請求権の行使を事実上不可能、ないし過度に困難とし、よって実効性の原則に反することを示唆した[78]。EU 司法裁判所の判示をうけ、治安裁判官は、イタリア民法第 2947 条の、時効の起算点を違反行為の開始時とする解釈の本件への準用は、実効性の原則に反すると判断し、本件時効の起算点が本件違反行為の終了時と判断した[79]。

　第三の点について、司法裁判所は、懲罰的損害賠償を容認する可能性について規定するのは加盟国の国内法制度であるとしつつ、同等性原則と実効性原則との遵守を求めた[80]。さらに、同等性原則の下、国内競争法違反に対して国内法が懲罰的損害賠償を認めるのであれば、EU 競争法違反に対しても認められねばならないとした[81]。また、実効性原則の下、実損額のみならず、逸失利益に利子を加えたものが賠償額に含まれねばならないとした[82]。これは、司法裁判所が、損害賠償の範囲を実損額のみに限定する国内手続法は実効性の原則に反すると考えていることを意味する[83]。したがって、司法裁判所は、懲罰的損害賠償については肯定的であるといえる。このような司法裁判所の判示をうけ、治安裁判官は、イタリア民事訴訟法第 96 条の懲罰的損害賠償規定の準用は、実効性の原則に違反しないと判断し、同等性の原則のもと、本件において懲罰的損害賠償を命じた[84]。

　Manfredi 事件から明らかなように、国内裁判所は、TFEU 第 101 条および第 102 条を適用して私的救済措置を付与する際、加盟国国内手続法に則ることとなる。その際、国内手続法は、同等性の原則、および実効性の原則の充足を EU 法により要求される。

8 EUが締結した国際条約

次に、EUが締結した国際条約のEU法秩序における位置付けを確認する。

EU法は当初基本権目録を備えていなかったため国際人権条約や欧州人権条約等の外部の法規範を参照することにより基本権保障を確立してきており、さらにリスボン条約による基本条約の改正によりEUが欧州人権条約に加入することが規定されることとなった。そのため、EUが締結した国際条約のEU法秩序における位置付けを確認することが、EU法秩序における基本権保障がどのように行われ、そしてそのEU法秩序における基本権保障が加盟国における基本権保障を担保する加盟国憲法秩序に対してどのように優越するのかを理解するために必要となる。

また、EUが締結した国際条約のEU法上の位置付けを確認することにより、EU法の一般的な国際条約との相違を再確認する。すなわち、EU法は加盟国の主権の制限をともない、EU法の性質はEU法により決定されるが、一般的な国際条約は締約国の主権の制限をともなわず、当該国際条約の法的性質は一般的には締約国毎により判断される。よって、EUにより締結された国際条約の法的性質も、EU法によって決定される。そのような一般的な国際条約の例として、以下で種々の国際条約、ないしWTO協定のEU法における法的性質を確認する。

（1）EUが締結した国際条約の効力

EU法の成文の法源には、設立条約であるEU条約等（第1次法）、およびEU条約に基づく立法たる派生法（第2次法）としての「規則」「決定」「指令」に加え、EUが第3国または国際機構と締結した国際条約も含まれる。TFEU第216条2項は、「連合が締結する条約は、連合の諸機関および加盟国を拘束する」と規定する。これは、同条にしたがい、EUにより締結された国際条約が、EU法への変型や国内法への受容を経ずとも、EU法規範および加盟国法規範において効力を有することを意味している[85]。すなわ

ち、「EUが締結した国際条約は、発効と同時にEU法秩序の一部分となる」[86]。

（２）　EUが締結した国際条約の序列

EUが締結した国際条約の他の成文法源との序列は、EU基本条約の下位、ならびに、EUが締結した国際条約がEU機関および加盟国を拘束することを規定するTFEU第216条2項により、派生法の上位であり、これらEU法規定は、EU法の優越性により加盟国国内法に対し優越する[87]。

（３）　EUが締結した国際条約の適用―直接効果・適法性審査基準性―

EUが締結した国際条約は、発効と同時にEU法秩序の一部分となり、EU基本条約の下位、派生法の上位の序列を占め、EU法の優越性により加盟国国内法に対し優越する。そして、条約規定の「精神、全体的構成および文言」を検討した上で、規定が「無条件かつ十分に明確」である場合、自動執行性を有し、「それ以上の措置の必要なしに直接適用」される。その結果、自動執行性を有する当該条約規定は、EU派生法および加盟国国内法との関係で、次の帰結をもたらす。

第1に、EUが締結した国際条約は、加盟国国内法に対しては直接効果を有することがありうる。第2に、EUが締結した国際条約は、EU派生法に対しては、EU派生法の適法性審査の基準となりうる。

① 直接効果

EUが締結した国際条約の規定が直接効果を有するかどうかを判断するに当たっては、司法裁判所は、「当該規定の精神、全体的構成および文脈」が直接効果の承認になじむものであるか否かを検討する。EU条約および派生法の直接効果の有無の判断に際しては、当該法規の「精神、全体的構成および文脈」についてはその要件の充足が推定されるため審査は行われないが、EUが締結する国際条約の直接効果の有無の判断に際しては、当該国際条約

の「精神、全体的構成および文脈」が個々に異なることから、その審査もその都度行われる[88]。「精神、全体的構成および文言」が直接効果の承認になじむと判断された場合のみ、次に当該規定が「無条件かつ十分に明確」という要件を充足しているかどうかを判断する[89]。

EU が締結した国際条約の規定に直接効果が認められた事例としては、第1に、EU が国際条約締結当事者との間に一定の非対称的な関係を創設するもの（1976 年の Bresciani 事件[90] で扱われた EU とセネガル等との間のヤウンデ協定）、第2に、EU が国際条約締結当事者との間に特別な統合関係を創設するもの（1982 年の Kupferberg 事件[91] で扱われた EEC ポルトガル連合協定、2005 年 Simutenkov 事件判決[92] で扱われた EU ロシア連携協定、等）がある。

② 適法性審査基準性

EU が締結した国際条約の規定が、EU 派生法の適法性審査基準になる（以下、必要に応じて「適法性審査基準性」の用語を使用する）かどうかを判断するに当たっては、司法裁判所は、直接効果の判断の場合と同じく、まず「当該規定の精神、全体的構成および文脈」が適法性審査基準性の承認になじむものであるか否かを検討し、当該規定の「精神、全体的構成および文言」が適法性審査基準性の承認になじむと判断された場合のみ、次に当該規定が「無条件かつ十分に明確」という要件を充足しているかどうかを判断する。

このような基準については、判例をたどると、直接効果の基準を満たさなくとも適法性審査基準性は有しうると単発的に判断された時期もあった（2001 年生物多様性条約事件判決[93]）[94] が、最近の判例では、直接効果の基準と適法性審査基準性の基準が収斂される流れとなっている（2006 年 IATA 事件判決[95]、2008 年 Intertanko 事件判決[96]）[97]。

（4） 直接効果・適法性審査基準性が否定される国際条約（WTO 法）

このように、EU が締結した国際条約規定の「精神、全体的構成および文言」を検討した上で、規定が「無条件かつ十分に明確」である場合、自動執行性を有し、「それ以上の措置の必要なしに直接適用」される。その結果、当該国際条約は、加盟国国内法に対しては直接効果を有し、EU 派生法に対しては、EU 派生法の適法性審査の基準となりうる。

他方で、EU が締結した国際条約規定の「精神、全体的構成および文言」にもとづき、EU 法規範における自動執行性が否定される場合もある。その典型的な例が、WTO 法である。

WTO 法に関しては、私人による取消訴訟において、一定の例外（EU が GATT1947 の特定の義務を履行することを意図した場合[98]、および EU が GATT1947 規定に明示的に言及している場合[99]）を除いて、その適法性審査基準性が否定された事例（1972 年インターナショナルフルーツ事件判決[100]）[101]、加盟国による取消訴訟において GATT1947 の適法性審査基準性が否定された事例（1994 年ドイツ対理事会事件[102]）、加盟国による取消訴訟において WTO 協定の適法性審査基準性が否定された事例（1999 年ポルトガル対理事会事件判決[103]）[104]、WTO 紛争解決機関の勧告の適法性審査基準性および直接効果が否定された事例（2008 年 FIAMM 事件判決[105]）がある。

（5） 国際条約への EU 派生法、国内法の適合解釈

WTO 法の直接効果および適法性審査基準性は一般的に否定されているが、その後、GATT の枠組みで締結された条約への EU 派生法の適合解釈（1996 年国際酪農品協定事件判決[106]）が判示された。さらにその後、司法裁判所は、WTO 協定に対する加盟国国内法の適合解釈義務を国内裁判所に示した（1998 年 Hermès 事件判決[107]、2000 年ディオール事件[108]）[109]。

このように、一般的な国際条約の法的性質は、当該国際条約にしたがい決

定されるのではなく、締約国憲法にしたがい決定される。EUにより締結された国際条約の法的性質も、当該国際条約にしたがい決定されるのではなく、EUにおいてはEU法によって決定される。この点が、一般的な国際条約がEU法と異なる点である。一般的な国際条約の法的性質は、当該条約の締約国の憲法にしたがい決定されるが、EU法の法的性質は、全加盟国における統一的な適用を実現するため、EU法自体により決定されるのである。

EUが締結した国際条約は、自動執行性を有する場合、加盟国国内法に対しては直接効果を有し、EU派生法に対しては、EU派生法の適法性審査の基準となりうるが、他方で、当該国際条約の「精神、全体的構成および文言」にもとづき、自動執行性が否定される場合もある。しかし、いずれにしろ、EU派生法および加盟国国内法は、EUが締結した国際条約に適合的に解釈されねばならない。とはいえ、適合解釈義務は、当該規定の文言の解釈上それが可能である場合に限定される。したがって、自動執行性を有しない国際条約規定に対して、適合解釈が不可能な程度に抵触するEU派生法および加盟国国内法は、自動執行性を有しない国際条約規定に適合的に解釈されることなく適用されることとなる。

第2節　EUにおける基本権保障

前節で確認したように、EU法は加盟国法に対して優越し、直接効果を有するEU法規定が適用され、それらに抵触する国内法や、直接効果を有しないEU法規定に抵触する国内法も適用排除される。EU法は憲法を含む加盟国法に対して優越するので、EU法に抵触する場合は憲法であっても原則適用排除されることになる。しかし、憲法は各加盟国における基本権の保障を担保している。そうした各加盟国の基本権保障を担う憲法を適用排除させることのあるEU法において、基本権保障はどのように行われているのか。もしEU法において基本権保障が不十分であったとすると、基本権保障の空白が生じることになってしまう。

以下では、EU 法における基本権保障を、リスボン条約以前とリスボン条約以降に関して確認する。

1 リスボン条約前における基本権保障

（1） 判例法の形成と条約化

EEC 条約等、当初の EU 基本条約は、共同市場の創設がその主な目的であったため、基本権目録を備えていなかった。1963 年 Van Gend & Loos 事件判決および 1964 年 Costa 事件判決において、司法裁判所が EU 法の直接効果および国内法に対する優越性の原則を確立したことにより、国内法秩序とは別個の独自の EU 法秩序が判例上成立した結果、司法裁判所は EU レベルにおける基本権保護の問題に直面することになった。1967 年から 85 年まで司法裁判所裁判官を務めたペスカトーレ（Pierre Pescatore）は、国内憲法の概念および規定が EU 法に優位するのを防ぐため、EU 内において基本権保護の方式を整えることが急務になったと述べている[110]。

① 基本権の EU 法の一般原則化

まず司法裁判所は、1969 年 Stauder 事件判決において、基本権が EU 法の一般原則に含まれ、司法裁判所がその保障を行うことを判示するようになった[111]。

本件では、社会保障の一貫として一定の消費者にバターを安い価格で購入させる際の引換券に購入者の氏名を記載するよう義務付けているかに見えるコミッションの決定 69/71 第 4 条が、EU 法の一般原則に違反しないかが問われた。本件で司法裁判所は、同規定は氏名の記載を義務付けている訳ではないため、EU 法の一般原則と認められ、司法裁判所により保護される基本的人権を侵害していないと判示した[112]。

「［EU］法の一般原則は憲法的地位を有する」[113]ため、同判決は基本権に憲法的地位を与えたことを意味する[114]。しかし、これだけでは基本権保護の内容が明らかではなかった[115]。

② 加盟国に共通の憲法的伝統の参照

次に司法裁判所は、1970 年 Internationale Handelsgesellschaft 事件判決において、EU 法の一般原則に含まれる基本権の内容については、加盟国に共通の憲法的伝統に依拠することを判示するようになった[116]。

本件では、ドイツの商社である原告により、輸出ライセンス取得のために預けた輸出預託金が、期限内に輸出を実施しない場合には一部没収されると規定する規則第 120/67 号が、ドイツ憲法上の経済的自由、比例性原則等に反すると主張された[117]。本件につき司法裁判所は、司法裁判所により保護される EU 法の一般原則の保護は、加盟国に共通の憲法的伝統により示唆を受けるとしたうえで[118]、問題の規則に規定された制度は適法と判断した[119]。

③ 国際人権条約の参照

しかし、このような基本権保障は、成分の基本権目録と比較した場合に法的安定性の点でまだ不十分であった[120]。1974 年 Nold 事件では、ドイツの国内石炭生産者に対して、2 年間の供給契約を締結できる卸売業者に対してのみの販売を求める決定が、営業の自由、財産権等を侵害すると主張された。本件につき司法裁判所は、基本権が EU 法の一般原則の不可欠の一部を構成すること、基本権の保護の際には加盟国に共通の憲法的伝統に依拠すること、および加盟国が関わる人権保護のための国際条約も同様に指針を提供するとしたうえで[121]、問題の規則は基本権を侵害していないと判示した[122]。

④ 欧州人権条約の参照

また司法裁判所は、1975 年 Rutili 事件判決において、国際人権条約上の指針として初めて、欧州人権条約の規定を明示的に引用した[123]。

本件では、オーストリアで生まれ、以来フランスに居住し、後に労働組合活動に従事したイタリア人 Rutili が、内務省によりフランスの一部地域への居住を禁止されたため、EU 加盟国国民としての居住許可を求め争った。本件で司法裁判所は、労働者の自由移動を制限する加盟国の権限に対する制限

は、特に欧州人権条約第8〜11条および同第4議定書第2条に規定された一般的な原則の表明であると述べた上で[124]、加盟国は労働組合の権利の行使を妨げる措置をとってはならないこと等、判断の指針を示した[125]。

⑤ 判例の明文化

このように、欧州人権条約の規定や、後に欧州人権裁判所の判例法は、EU法の一般原則に含まれる基本権の内容に関する指針として特に依拠されるようになった。

1977年には、理事会、欧州議会、コミッションによる「基本権共同宣言」[126]が発出され、それまでの司法裁判所判例が支持された。

さらに1993年には、マーストリヒト条約によるEU基本条約の改正で、EUが「自由、民主主義、人権および基本的自由の尊重ならびに法の支配の諸原則に立脚する」ことを確認する文言が当時のEU条約前文に盛り込まれると同時に、当時のEU条約第F条2項（TEU第6条3項）に、「［欧州人権］条約により保障され、かつ各加盟国に共通の憲法的伝統に由来する基本権を、共同体法の一般原則として尊重する」との条文が設けられ、従来の司法裁判所の判例法が明文化された。

（2） 法の一般原則における欧州人権条約の意義

前述のように、欧州人権条約の規定や、後に欧州人権裁判所の判例法は、EU法の一般原則に含まれる基本権の内容に関する指針として特に依拠されるようになった。その他に「指針」として使用された国際人権条約としては、国際人権B規約（自由権規約）、欧州社会憲章などがあるが、欧州人権条約には特別な重要性が見出されていた[127]。

Hoechst事件では、Hoechst社が、同社に対する競争法違反の捜査をコミッションに認める決定は、競争法実施規則17/62に規定されておらず、また基本権を侵害するものであり、違法であると主張した。本件につき、司法裁判所は、EU法令はEU法の一般原則および基本権に反するように解釈さ

れてはならないこと、加盟国に共通の憲法的伝統、および加盟国が関わる国際条約にもとづき、司法裁判所が遵守を確保する法の一般原則の不可欠の一部であること、その点で欧州人権条約が特に重要であることを確認した上で、Hoechst 社の主張を退けた[128]。

　欧州人権条約は、「加盟国に共通の憲法的伝統」を必要最低限度の水準において示すものであるという意味で付随的な性格を帯びている。すなわち、EU 自体は欧州人権条約の締約当事者ではないが、それは「加盟国に共通の憲法的伝統」を具現する既成の基本権目録として、法的安定性を補強するものであった。しかし、「[欧州人権条約] は指針を提供するが、[EU] をそれ自体として拘束するものではなく、また、[EU] 法の一部をなすものでもない」[129]。

　また、司法裁判所は欧州人権条約を「法の一般原則」を導出するための源として位置付け、同条約の解釈については一定の自由裁量を留保している[130]。

　「人権保護に関する国際条約は、[EU] 法において直接効果を有しない。それは、加盟国に共通の憲法的伝統と併せて、[EU] 法の一般原則の内容を決定する助けとなるものである。一方、国際条約に規定される権利が法の一般原則の形で導入されて、[EU] 法として効力をもつことを妨げない」[131]。

　さらに司法裁判所は、欧州人権条約について有権的解釈を行う欧州人権裁判所（在ストラスブール）の管轄権を侵害しないよう配慮する一方、EU 法に関する基本権保護についての審査権を保持している[132]。

　「[EU] 裁判所はそれゆえ、[欧州人権条約] の規定に関してストラスブールの諸機関、とくに欧州人権裁判所により示される解釈と必ずしも一致しない解釈をとりうる。[EU] 法の下における基本権に関してストラスブールの諸機関により示される [欧州人権条約] の解釈を体系的に斟酌する必要がないという限りにおいて [EU] 裁判所はそれに拘束されない」[133]。

　司法裁判所が欧州人権条約および同人権裁判所の判例に示される解釈について以上のような位置付けを行なっているのは、EU における基本権保護が

「［EU］の構造および目的の枠内で」[134]確保される結果として EU 法上の制約を受けることがあるため、欧州人権条約に示されるような伝統的な基本権との調整が要請されるからである[135]。

実際、EU 条約およびそれに基く派生法が、司法裁判所の解釈と相まって、個人に対して国内法より高い水準の保護を与えることがある一方、EUレベルでの公益のための個人の基本権が制限されることもある[136]。

Hauer 事件では、共通農業政策の結果としてワインの供給過剰が生じたため、EU 規則によりぶどうの木の作付制限が行われたところ、自己所有の畑でぶどうを栽培しようとした者が、同規則により認可を受けられなかったため、それはドイツ憲法における財産権の保障に反すると主張した。しかし、司法裁判所は、基本権の保護は無条件のものではなく、「［EU］の構造および目的の枠内で確保されなければならない」旨確認したうえで、欧州人権条約、ドイツ憲法、イタリア憲法、アイルランド憲法を引用して参照し、財産権の行使に対して公益（本件の場合、ワインの供給過剰の抑制）に基く制限を容認した[137]。

このようにして、とくに欧州人権条約を間接的に EU の基本権目録として使用することにより法的安定性を確保する一方で、具体的な事件の積み重ねにより EU における基本権保護の実体的内容が徐々に明らかとされていった[138]。

（3） EU 法上の基本権と国際連合安全保障理事会決議

EU 法上の基本権は、国連安保理決議との関係においても、保障される。この点は、Kadi 事件判決によりあきらかにされた。Kadi 事件の概要は以下の通りである。

国連安保理は、国連憲章第 7 章にもとづき、アルカイダ等と関係する個人および団体が直接的または間接的に管理する資金等を凍結するようすべての加盟国に求める決議を採択した。資産凍結の対象となる個人および団体は、国連安保理下に設立された制裁委員会が指定した。2001 年に同委員会によ

りカディ氏らも制裁対象に指定された。2002年、EUは、国連安保理決議により指定された、カディ氏らを含む資産凍結対象者に対し、EU規則により資産凍結処分を行った。カディ氏らは、2002年EU規則が当人らのEU法上の防禦権および財産権といった基本権を侵害しているとして、取消訴訟を提起した。

本件に関して、総合裁判所は、EUは、国連加盟国であるEU加盟国の国連憲章上の義務を継承し、特に、国連憲章の他の国際条約に対する優先を規定した国連憲章第103条に拘束されるところ、EU法上の基本権に照らした審査により本件EU規則の効力を否定すること、つまり国連安保理決議の効力を否定することはできないが、国連安保理も国際法の強行規範（ユス・コーゲンス）には拘束されるため、これに照らした本件EU規則の司法審査は可能であるとしたが、実体的な判断としては、本件では強行規範の違反はないと判断していた[139]。

司法裁判所は、以下のように判示した[140]。

EU機能条約は、完結した司法救済制度を設立し、EU司法裁判所がEU諸機関の行為の適法性を審査するための手続を規定しており、一般的な国際条約はこのようなEU法の自律性を変更することはできない[141]。

EU基本条約第216条2項によれば、EUが締結する国際条約はEU諸機関と加盟国を拘束するため、国連憲章はEU派生法に優越するが、EU法の第一次法、すわなち基本権がその一部をなす法の一般原則には優越しない[142]。

確立したEU判例によれば、基本権はEU法の一般原則の一部であり、EU司法裁判所は、加盟国に共通の憲法的伝統、および加盟国が関係する国際人権条約、特に欧州人権条約への参照を通じて、基本権を保障する。EU条約の立憲的諸原則には、あらゆるEUの行為が基本権を尊重することや、基本権の尊重がEUの行為の適法性の要件であること等が含まれ、EU司法裁判所がこれを審査する[143]。

EUの司法には、国連憲章第7章にもとづき国連安保理が採択した決議の

効力を審査する管轄権はない。EU の司法による審査は、問題の EU の行為に対してのみ行われる。EU の司法が、EU 法秩序の上位規範に照らして国連安保理決議を実施する EU 措置の適法性を否定しても、それにより同決議の国際法の次元における優先性は否定されることにはならない[144]。

司法裁判所はこのように判示したうえで、実体的な点に関し、聴聞権および実効的な司法保護を享受する権利については、加盟国に共通の憲法的伝統、欧州人権条約第 6 条・第 13 条、および EU 基本権憲章第 47 条を参照し、明白に侵害があったとし[145]、財産権については、欧州人権条約第 1 追加議定書第 1 条を参照し、不当な制限であったと判示した[146]。

本件の意義は、司法裁判所が、独立した EU 法秩序においては、個人の EU 法上の基本権保護のために、あらゆる EU 諸機関の行為について、たとえ当該行為が国連安保理決議を実施する行為であっても、当該 EU 行為の効力審査が全面的に保障されると強調した点である[147]。

本件の、国連安保理決議自体ではなく同決議を域内実施する EU 規則の EU 法上の適法性を EU 法上の基本権にもとづき審査するという法理論は、第 1 章で触れた、ILO 条約自体ではなく ILO 条約を国内実施する国内法律のイタリア憲法上の合憲性をイタリア憲法上の基本権にもとづき審査する[148]という法理論に近い。

さらに、第 1 章第 3 節 4. で述べたように、イタリア憲法裁判所は、国際司法裁判所判決のイタリア法規範への編入を否定する際、実体問題のみならず、法理論的な問題についても、本件の EU の司法裁判所の Kadi 事件を引用し自らの判断を補強した[149]。ここに、EU 法の基本権保障のイタリア憲法の基本権保障への影響がみられる。

2 リスボン条約後における基本権保障

2009 年のリスボン条約による EU 基本条約の改正の結果、EU 法における基本権保障はさらに進展した。すなわち、リスボン条約による改正後の

TEU 第 6 条は、EU における基本権保護の問題に対して成文法的解決を与えるものとなった。それには次のように規定されている。

「TEU 第 6 条 1 項　連合は、EU 基本権憲章に定める権利、自由および原則を承認する。同憲章は、基本条約と同一の法的価値を有する。

同憲章の規定は、基本条約に規定する連合の権限をいかなる意味でも拡大するものではない。

同憲章上の権利、自由および原則は、その解釈および適用を規律する憲章第 7 編の規定に従い、憲章にいう説明であってこれらの淵源を述べたものに適正な考慮を払って解釈されなければならない。

2 項　連合は、[欧州人権条約] に加入する。この加入は、基本条約に定める連合の権限に影響を及ぼすものではない。

3 項　[欧州人権条約] により保障され、かつ加盟国に共通の憲法的伝統に由来する基本権は、連合の法の一般原則を構成する。」

この規定は、EU 基本権憲章、EU としての欧州人権条約加入、および法の一般原則という三重の人権保障の制度を示している[150]。

（1）　法の一般原則としての基本権

TEU 第 6 条 3 項規定の EU 法の一般原則は、加盟国に共通の憲法的伝統に由来し、かつ欧州人権条約により保障される基本権に着想を得るという、従前の判例法を明文化した旧 TEU 第 6 条 2 項を受け継いだものである。

まず、加盟国に共通の憲法的伝統に関してであるが、EU 司法裁判所は「加盟国に共通の憲法的伝統」に依拠する場合、必ずしも文字通りの「共通性」ではなく、EU 法制度に最も適合したものを選択するという意味で比較法的アプローチを採用している[151]。

①　法の一般原則としての基本権と欧州人権条約

次に、欧州人権条約に関してであるが、TEU 第 6 条 3 項により、欧州人権条約は法の一般原則の範囲内に実際に組み入れられ、EU 司法裁判所はそ

の点に関する裁量権を失っている。それゆえ、この規定はEU法秩序において欧州人権条約の全体に（法の一般原則として）拘束力を有する地位を付与したものと解釈されている[152]。

Pupino 事件では、イタリアにおける幼児虐待事件の刑事訴訟において、公判前の証拠収集および特別な証拠収集を性的犯罪事件に限定するイタリア刑事訴訟手続が、刑事手続における脆弱な被害者の権利および正当な利益を保護するよう求めるEU枠組決定に適合するかという問題が、司法裁判所に付託された。本件につき司法裁判所は、EU枠組決定によれば、国内裁判所は、公判前の証拠収集等により適切な保護を幼児に施すことができねばならないと解釈し、可能な限りEU枠組決定に適合して国内法を解釈せねばならないと判示した[153]。

本件において司法裁判所は、「EU条約第6条2項（TEU第6条3項）にしたがい、連合は、法の一般原則として［欧州人権条約］により保障され、および加盟国に共通の憲法的伝統に由来する基本権を尊重しなければならない」[154]と述べて、欧州人権条約がEU法秩序に（法の一般原則として）直接組み入れられていることを示している[155]。

Elgafaji 事件では、イラク出身のElgafaji夫妻による一時的な滞在許可の申請を、母国における個別的な脅威を証明できていないとして、国内法にもとづきオランダが却下した件に際し、難民の地位の認定に関するEU指令の解釈が司法裁判所に求められた。本件につき司法裁判所は、拷問を禁止する欧州人権条約第3条がEU法の一般原則を構成すること、欧州人権裁判所の判例がEU法秩序における当該権利の範囲を解釈する際に考慮される[156]と述べた上で、指令が求める個別的な脅威の立証には、申請者個人が特定的に狙われているということは必要ではなく、武力紛争による無差別的な暴力行為の程度が高いことで足りると判示した[157]。

以上から、欧州人権条約の実体的内容がEU法に組み入れられたとみなすことが可能であるとされる[158]。

ただし、TEU第6条3項により欧州人権条約それ自体がEU法に組み入

れられたことにはならない。その点を司法裁判所は、Kamberaj 事件で次のように判示している。「しかしながら、EU 条約第 6 条 3 項は欧州人権条約と加盟国の法制度との間の関係を規律するものではなく、また、同条約により保障される権利と国内法規定との間に抵触がある場合に国内裁判所により導かれるべき帰結を定めるものでもない。……EU 条約第 6 条 3 項による欧州人権条約への言及は、国内法規定と欧州人権条約との間に抵触がある場合、国内裁判所に対し、同条約に適合しない国内法規定を適用排除して同条約の規定を直接適用するよう要求するものではない。」[159]

本件では、第三国の長期居住者と EU 市民との間に住宅手当に関して異なる扱いを規定する国内法は、同住宅手当が EU 指令に規定された給付に該当し、および同指令に規定された例外が適用されない限り、同指令違反になると判示したが、実体的な判断については付託国内裁判所に委ねた[160]。

② 法の一般原則としての基本権と EU 基本権憲章

このような法の一般原則としての基本権と EU 基本権憲章との関係についてであるが、リスボン条約以降、EU 司法裁判所は、主として EU 基本権憲章に依拠して基本権保護を確保し、他の一層広範な権利については法の一般原則を用いるものと考えられる[161]。

法の一般原則および基本権憲章のいずれにおいても、欧州人権条約は（TEU 第 6 条 2 項にある EU の欧州人権条約加入以降はさらに一層）重要な役割を果たす。憲章第 53 条（憲章が、EU 法、欧州人権条約、加盟国憲法等により承認される基本権を制限し、またはそれらの基本権に不利な影響を与えるものと解釈されることを禁止する）により、欧州人権条約は EU における基本権保障の下限基準とされ、また、憲章第 52 条 3 項[162]にもとづき、憲章に含まれる権利は欧州人権条約により保障される基本権に相応するときには同一の解釈を付与される（ただし、それよりも広範な保護を妨げるものではない）[163]。

一方、加盟国に共通の憲法的伝統と基本権憲章との関係については、憲章

第52条4項には「本憲章が加盟国に共通の憲法的伝統に由来する基本権を承認している限りにおいて、それらの権利はそのような伝統に調和して解釈されなければなならない」と規定されている。また、憲章第52条6項によれば、「本憲章に明確化されている国内法および実行について十分な配慮を払わなければならない」[164]。

また、基本権憲章は、「汎ヨーロッパ的コンセンサス」の成果であり、また、EU基本条約と同等の法的地位を与えられている。そのため、基本権憲章自体も、法の一般原則を確立するための源となりうる[165]。

（2） EU基本権憲章
① EU基本権憲章制定の経緯

1999年6月、ドイツのイニシアティブにより欧州理事会においてEU基本権憲章を制定することが合意された。その目的はEUレベルで基本権の重要性を市民に分かりやすく提示することであるとされた。その後、憲章の制定手順が合意され、起草会議の構成員として、加盟国首脳代表（各国1人、計15人）、コミッション代表（1人）、欧州議会代表（16人）、EU加盟国議会代表（各国2人、計30人）が参加することとされた。起草会議は、EU司法裁判所の判例や欧州人権条約のほか、世界人権宣言、難民条約・議定書、「人権および生物医学に関する条約」（欧州審議会）など様々な文書を参照しつつ、起草作業を行なった。起草会議のコンセンサスにより採択された憲章草案は加盟国首脳の合意を得た後、2000年12月に欧州議会、理事会およびコミッションにより政治的宣言として厳粛に公布された[166]。政治的宣言としての憲章は厳密な意味における法的拘束力を有しないが、基本権の存在の推定機能を伴なう解釈基準として有用な役割を担った[167]。

その後、EU基本権憲章には、2009年リスボン条約によるEU基本条約改正後のTEU第6条1項第1段により、憲章はEU基本条約と同等の法的拘束力を付与された[168]。

② EU 基本権憲章の性質

憲章は EU 第 1 次法であり、特に第 2 次法に対する「尺度」を構成し、条約改正手続（TEU 第 48 条 2～5 項）によってのみ改正可能であるとされる[169]。

憲章は前文および本文全 54 条で構成される。また、憲章には「基本権憲章註釈集」[170] が附属されている。TEU 第 6 条 1 項 3 段によれば、憲章規定は「憲章に引用され、それらの規定の出所を示す註釈を十分に考慮に入れ、解釈される」。基本権憲章註釈集は、単なる準備作業文書にとどまらず、EU 司法裁判所に対して註釈集に抵触するような憲章規定の解釈を抑制する作用をもつものと位置づけられる[171]。

EU 基本権憲章は、EU 基本条約と「同等の価値」を有し、EU の第 1 次法に属する結果、3 重の機能を果たしている。第 1 に、EU 法の範囲内にある EU 第 2 次法および国内法は憲章に照らして解釈されなければならないため、憲章は解釈の補助として用いられる。第 2 に、憲章は司法審査の根拠を提供するものとして依拠されることができる。すなわち、憲章の基本権規定に違反すると認定された EU 立法は無効とされ、また、EU 法の範囲内にあって憲章に反する国内法は排除されなければならない。第 3 に、憲章は（リスボン条約以前と同じく）法の一般原則を「発見」するための権威ある源として機能する[172]。

③ EU 基本権憲章の 3 つの機能

第 1 の、憲章が解釈の補助として用いられ、EU 法の範囲内にある EU 第 2 次法および国内法が憲章に照らして解釈されなければならないことが示された事例としては、Hörnfeldt 事件判決が挙げられる[173]。本件では、被用者が 67 才を満了した月の月末の解雇を可能とするスウェーデン法が、雇用政策等の正当な目的のために適切かつ必要な手段により加盟国は年齢を根拠とした異なる取扱いを規定できるとする EU 指令に反するかという質問が、司法裁判所に付託された。本件につき司法裁判所は、同 EU 指令はスウェーデ

ン法のような国内法を禁止するものではないと判示する際[174]、同EU指令の規定はEU基本権憲章第15条1項規定の労働に従事する権利に照らして解釈されねばならないと述べた[175]。

第2の、憲章が司法審査の根拠を提供するものとして依拠された事例としては、Volker事件判決[176]が挙げられる。本件では、ドイツ裁判所が、共通農業政策の基金の受益者のデータをウェブサイトで検索可能にすることで公開するよう加盟国に求めるEU規則の規定の適法性について司法裁判所に質問した。本件につき司法裁判所は、EU基本権憲章第7条のプライバシー権、および第8条の個人データ保護権に反するとして、当該EU規則の関連規定を無効と判断した[177]。

第3の、憲章が（リスボン条約以前と同じく）法の一般原則を「発見」するための権威ある源として機能する事例としては、Williams事件判決が挙げられる[178]。本件では、ブリティッシュ・エアウェイズとそのパイロットとの間で争われた有給休暇中に支払われる給与の額に関連して、労働時間に関するEU指令の規定の解釈が司法裁判所に求められた。本件につき司法裁判所は、同指令の関連規定は、パイロットが基本給のみならず、職務の遂行に不可分的に関連するすべての要素についても給与を受取る権利を有するという意味に解釈されねばならないと判示する際[179]、すべての労働者が少なくとも4週間の年次有給休暇を享受する権利を有するということが特に重要なEU社会法の原則であり、同権利がEU基本権憲章第31条2項に明示的に規定されていることを述べた[180]。

（3）　EUの欧州人権条約加入

TEU第6条2項は、EUによる欧州人権条約への将来の加入を規定している。これにより、EUは欧州人権条約に加入する権限を有するだけでなく、加入する義務も負っている。すでに欧州人権条約においては第14議定書により改正がなされ（2004年5月13日署名、2010年6月1日発効）、国家ではないEUも加入できることが規定されている。EUが欧州人権条約に

加入することにより、同条約の締約国たる EU 加盟国と同様に EU 自体も欧州人権裁判所の監督下に置かれることになる[181]。

EU が加入する（国際条約としての）欧州人権条約は、EU の第 1 次法ではないため、EU における「規範の階層」においては、第 1 次法である EU 条約、EU 機能条約、EU 基本権憲章および法の一般原則の下位に位置することになる。このように、EU 法秩序内では基本権憲章および法の一般原則が欧州人権条約に優越する一方で、欧州人権条約が EU に対して国際法上の義務として拘束力を有するということから、両者が抵触する状況が想定されうる。これは、EU 法および欧州人権条約からそれぞれ管轄権行使についての誠実協力原則（TEU 第 4 条 3 項）を導き出すことにより回避することができるとする見解がある。それは、EU 司法裁判所が EU 法上の基本権の解釈を可能な限り欧州人権裁判所の解釈に合わせる（EU 基本権憲章第 52 条 3 項、第 53 条）一方、欧州人権裁判所も「評価の余地（margin of appreciation）」理論を通じて EU 法秩序に配慮することを意味する。これはすでに両裁判所が行なっていることであると指摘されているところである。両裁判所は今後も、階層関係ではなく、協力関係にあるとされる[182]。

小括

以上を要するに、以下のことがいえる。

EU 法は、一般的な国際条約と異なり、各加盟国が相互に受け入れた主権の制限に基く法秩序である。よってその国内的性質が加盟国の憲法にしたがって決定されるのではなく、EU 法自体によって決定される。EU 法は、EU 法自体に基づき、直接適用可能であり、その適用範囲において憲法を含む各加盟国法に対し優越し、国内における直接効果等が認められる。つまり、イタリア国内における基本権保障を担保しているイタリア憲法に対しても、EU 法は優越するのである。

その結果、EU 法は EU 法自身の基本権保障を備える必要があったが、

EU法秩序における基本権保障は、当初から規定されていた訳ではなかった。EU法においても基本権保障を確保するため、司法裁判所がまず判例を通して基本権がEU法の一般原則の不可欠の一部であることを示し、その内容を明確化するために、加盟国の憲法伝統や欧州人権条約等を参照するようになった。そうした司法裁判所の判例法の原則は、1993年にEU基本条約に明文化された。2009年のリスボン条約による基本条約改正では、EU基本権憲章にTFEUと同等の法的効力が付与され、EUによる欧州人権条約への加入も規定されることとなっている。

注

1 Opinion 1/91 *Draft agreement between the Community, on the one hand, and the countries of the EFTA, on the other, relating to the creation of the EEA* [1991] ECR I-6079, para. 21. 庄司［2003］、120頁に引用。

2 庄司［2013A］、219頁。

3 Dony, Marianne, *Droit de la Communauté et de l'Union Européenne*, Editions de l'Université de Bruxelles, 2001, p. 117. 庄司［2003］、120頁に引用。

4 須網隆夫『ヨーロッパ経済法』新世社（1997年）、25頁。

5 Case 26/62 *Van Gend & Loos v. Netherlandse Administratie der Belastingen* [1963] ECR, p 1.

6 *Ibid.*, p. 12.

7 Opinion 1/91, *cit.*, para. 21. 庄司［2003］、120頁に引用。

8 Cases C-246-9/94, *cit.*, para.18. 庄司［2003］、122頁。

9 庄司［2013A］、262～3頁。

10 同上、201頁。

11 庄司［2013A］、250頁。

12 同上、252頁。

13 Case 41/74 *Yvonne van Duyn v. Home Office* [1974] ECR 1337, para.12. 庄司［2003］、136頁。

14 庄司［2013A］、256～8頁。

15 同上、261頁。

16 同上、262～3頁。

17　須網 [1997]、20 頁。
18　同上、20 頁。
19　Case 6/64 *Costa v. ENEL* [1964] ECR, p. 585.
20　野村 [1984]、8 頁。
21　伊藤洋一「EC 法の国内法に対する優越 (1)」『法学教室』264 号 (2002 年)、109 頁。
22　Giudice conciliatore, ordinanza 10 settembre 1963, *Foto italiano*, 1963, I, 2368.
23　Giudice conciliatore, ordinanza 21 gennaio 1964, *Foro italiano*, 1964, I, 460.
24　*Ibid*., pp. 593-4. 庄司 [2003]、125 頁。
25　Condinanzi, Massimo, *L'Adattamento al diritto comunitario e dell'Unione europea*, Giappichelli, 2003, p. 41.
26　Case 6/64, *cit*., pp. 593.
27　*Ibid*., pp. 595-8.
28　Order of the Court of 22 June 1965, Case 9/65 *Acciaierie San Michele SpA v. Hight Authority of the ECSC* [1965] ECR, 31.
29　Case 6/64, *cit*., p. 594.
30　Condinanzi [2003], p. 42.
31　ECSC の主要機関の一つ。ECSC は、最高機関 (The High Authority)、共通総会 (The Common Assembly)、特別閣僚理事会 (The Special Council)、および司法裁判所 (The Court of Justice) を擁していた (ECSC 条約第 7 条)。
32　Order, Case 9/65, *cit*., 30.
33　庄司 [2013A]、246 頁。
34　Condinanzi [2003], pp. 19-21.
35　Case 39/72 *Commission v Italy* [1973] ECR 101.
36　*Ibid*., paras. 14-20.
37　須網 [1997]、25 頁。
38　庄司 [2013A]、246 頁; Case 34/73 *Variola* [1973] ECR 981, para. 10.
39　庄司 [2013A]、249～50 頁。
40　同上、250 頁。
41　同上、252 頁。
42　同上、253～4 頁。
43　同上、261 頁。
44　同上、262～6 頁。

45 Case 106/77 *Amministrazione delle finanze dello Stato v. Simmenthal S.p.a.* [1978] ECR 629.

46 庄司［2003］、126〜127 頁。

47 野村［1984］、8 頁。1998 年に地方裁判所に統廃合（Decreto Legislativo 19 febbraio 1998, n. 51, *G.U.* n. 66 del 20 marzo 1998 - Supplemento Ordinario n. 48）。

48 Case 35/76 *Simmenthal S.p.A. v. Italian Minister of Finance* [1976] ECR 1871.

49 *Ibid.*, paras. 14-24.

50 庄司［2013A］、224〜5 頁。

51 Case 14/83 *Von Colson* [1984] ECR 1891, etc.

52 庄司［2013A］、266 頁。

53 1996 年国際酪農品協定事件判決（Case C-61/94 *Commission v Germany* [1996] ECR I-3989）等。

54 庄司［2013A］、267 頁。

55 Directive 68/151 [1968] *OJ* L 65/8.

56 庄司［2003］、143 頁。Case C-106/89 *Marleasing SA* [1990] ECR I-4135, paras. 9.

57 庄司［2013A］、270 頁。

58 同上、272 頁。

59 Case C-443/98 *Unilever Italia* [2000] ECR I-7535

60 Directive 83/189 [1983] *OJ* L 109/8.

61 庄司［2013A］、275 頁。

62 Case C-443/98, *cit.*, paras. 49, 52.

63 庄司［2013A］、275〜6 頁。

64 同上、276〜7 頁。

65 Cases C-6 & 9/90 *Francovich* [1991] ECR I-5357.

66 庄司［2003］、277 頁。

67 庄司［2013A］、277 頁。Cases C-6 & 9/90, *cit.*, paras. 26, 27.

68 庄司［2013A］、278〜9 頁。Cases C-6 & 9/90, *cit.*, paras. 26, 27

69 庄司［2013A］、279〜82 頁。Cases C-46 & 48/93 *Brasserie du Pecheur/Factortame III* [1996] ECR I-1029.

70 Case C-312/93 *Peterbroeck* [1995] ECR I-4599. para. 12.

71 庄司［2003］、151〜2 頁。

72 Joined Cases, C-295/04, to C-298/08 *Manfredi* [2006] ECR I-6619

73　Legge 10 ottobre 1990, n. 287, "Norme per la tutela della concorrenza e del mercato", *Gazzetta Ufficiale* n. 240 del 13 ottobre 1990, p. 3.
74　EU加盟国では、EU法という統一法と国内法という各国の法律が併存しているため、EU法という統一法の解釈が問題となった場合には、各国裁判所がEU裁判所にEU法の判断を求めることが必要となる場合があり、これを先決判決という。
75　Joined Cases, C-295/04, to C-298/08, *cit.*, para. 71.
76　Sentenza di Giudice di pace di Bitonto, *cit.*, in motivi della decisione.
77　Joined Cases, C-295/04, to C-298/08, *cit.*, para. 81.
78　*Ibid.*
79　Sentenza di Giudice di pace di Bitonto, *cit.*, in motivi della decisione.
80　Joined Cases, C-295/04, to C-298/08, *cit.*, para. 92.
81　*Ibid.*, para. 93.
82　*Ibid.*, para. 95.
83　*Ibid.*, para. 96.
84　Sentenza di Giudice di pace di Bitonto, *cit.*, in motivi della decisione.
85　Condinanzi [2003], p. 15.
86　Case 181/73 *Haegeman* [1974] ECR 449, para. 5.
87　庄司 [2003]、3～5頁、109頁。
88　同上、122～123頁。
89　同上、148頁。
90　Case 87/75 *Bresciani* [1976] ECR 129.
91　Case 104/81 *Kupferberg* [1982] ECR 3641. 山根裕子「WTO紛争処理制度へのEUの対応－国際条約の相互性と直接効果」『日本国際経済法学会年報』7号（1998）、138頁。
92　Case C-265/03 *Simutenkov* [2005] ECR I-2579.
93　Case C-377/98 *Kingdom of the Netherlands v Parliament and Council* [2001] ECR I-7079.
94　Sbolci, L., "L'invalidità degli atti dell'Unione europea per violazione del diritto internazionale", *Rivista di diritto internazionale*, vol. 95, 2012, fasc. 4, pp. 1004-5.
95　Case C-344/04 *IATA* [2006] ECR I-403.
96　Case C-308/06 *Intertanko* [2008] ECR I-4057.
97　中村民雄「国際条約（Marpolと国連海洋法条約）に基くEC立法の効力審査

の拒否—Intertanko 事件」『貿易と関税』第 58 巻 7 号（2010 年）、69 頁。Sbolci [2012], p. 1004.

98　1989 年 Fediol 事件判決（Case 70/87 *Fediol*［1989］ECR 1781）。

99　1991 年 Nakajima 事件判決（Case C-69/89 *Nakajima*［1991］ECR I-2069）。

100　Cases 21-24/72 *International Fruit Company*［1972］ECR 1219.

101　中西優美子「欧州司法裁判所による適合解釈の義務づけの発展」『専修法学論集』85 号（2002 年）、17 頁。

102　中西優美子「共同体法秩序と国際経済法秩序の対立」『国際商事法務』第 29 巻第 1 号（2001 年）、92 頁。Case C-280/93 *Germany v Council*［1994］ECR I-4973.

103　Case C-149/96 *Portugal v Council*［1999］ECR I-8395.

104　庄司［2003］、150 頁。庄司克宏「EC 法秩序における WTO 法の位置付け－ポルトガル対理事会事件（1999 年 11 月 23 日付判決）－」『貿易と関税』第 49 巻 6 号（2001 年）、92 頁。

105　Joined Cases C-120 and 121/06 P *FIAMM*［2008］ECR I-6513. 小場瀬琢磨「WTO 加盟国の対抗措置による個人の損害の救済可能性」『貿易と関税』第 55 巻 4 号（2007 年）、72 頁。

106　Case C-61/94, *cit.*.

107　Case C-53/96 *Hermès*［1998］ECR I-3603.

108　Joined Cases C-300, 392/98 *Dior and others*［2000］ECR I-11307.

109　中西［2002］、31〜2 頁。

110　Pescatore, Pierre, "The Protection of Human Rights in the European Communities", Common Market Law Review, Vol. 9, No. 1, 1972, p. 75. 庄司［2013A］、317 頁。

111　Case 29/69 *Stauder*［1969］ECR 419, para. 7.

112　*Ibid.*, paras. 2-7.

113　Case C-101/08 *Audiolux*［2009］ECR I-9823, para. 63.

114　庄司［2013A］、317 頁。

115　庄司［2003］、161 頁。

116　Case 11/70 *Internationale Handeslgesellschaft mgH*［1970］ECR 1125, para. 4.

117　庄司［2003］、162 頁。

118　Case 11/70, *cit.*, para. 4.

119　*Ibid.*, paras. 20, 25.

120 庄司［2003］、161〜2頁。
121 Case 4/73 *Nold*［1974］ECR, 491, para. 13.
122 *Ibid.*, para. 16.
123 庄司［2013A］、318頁。
124 Case 36/75 *Rutili*［1975］ECR 1219, para. 32.
125 *Ibid.*, para. 52.
126 Joint Declaration by the European Parliament, the Council and the Commission concerning the Protection of Fundamental Rights and the European Convention for the Protection of Human Rights and Fundamental Freedoms,［1977］*OJ* C 103/1.
127 庄司［2003］、162頁。
128 Cases 46/87 and 227/88 *Hoechst AG*［1989］ECR 2859, paras. 12-13.
129 Adovocate General Sir Gordon Slynn in Cases 60 and 60/83 *Cinéthèque*［1985］ECR 2605 at 2616, 庄司［2003］、162頁に引用。
130 庄司［2003］、162頁。
131 Advocate General Van Gerven in Case C-159/90 *Grogan*［1991］ECR I-4685, para. 30, 庄司［2003］、162頁に引用。
132 庄司［2003］、162〜3頁。
133 Advocate General Darmon in Case 374/87 *Orkem v. Commission*［1989］ECR 3283, para. 140, 庄司［2003］、163頁。
134 Case 11/70, *cit.*, para.4.
135 庄司［2003］、163頁。
136 同上。
137 Case 44/79 *Liselotte Hauer v. Land Rheinland-Pfalz*［1979］ECR 3727, paras. 17-22. 庄司［2003］、163頁。
138 庄司［2003］、163頁。
139 Case T-315/01 *Kadi v Council and Commission*［2005］ECR II-3649；Case T-306/01 *Yusuf v Council and Commission*［2005］ECR II-3533. 中村民雄「国連安保理の経済制裁決議を実施するEC規則の効力審査」『貿易と関税』54巻7号（2006年）65〜75頁。
140 Joined Cases C-402/05P and C-415/05P, *cit.* 中村民雄「国連安保理決議を実施するEC規則の効力審査」『ジュリスト』No.1371（2009年）48〜59頁。
141 Joined Cases C-402/05P and C-415/05P *cit.*, paras. 281-2.

142 *Ibid.*, paras. 306-8.

143 *Ibid.*, paras. 283, 285.

144 *Ibid.*, paras. 286-8.

145 *Ibid.*, paras. 334-5.

146 *Ibid.*, paras. 356, 370.

147 中村［2009］、55頁。

148 C.C., sentenza n.210 del 1986, *cit.*

149 C.C., sentenza n. 238 del 2014, *cit.*

150 庄司［2013A］、327頁。

151 同上、203頁。

152 De Witte, Bruno, "The Use of the ECHR and Convention Case Law by the European Court of Justice", Popelier, Van De Heyning, and Van Nuffel, eds., *Human Rights Protection in the European Legal Order*, Intersentia, 2011, p. 24. 庄司［2013A］、328頁。

153 Case C-105/03 *Pupino*［2005］ECR I-5285, para. 61.

154 *Ibid.*, para. 58. 庄司［2013A］、328頁。

155 庄司［2013A］、328頁。

156 Case C-465/07 *Elgafaj*［2009］ECR I-921, para. 28.

157 *Ibid.*, para. 43.

158 Jacque, Jean Paul, "The Accession of the European Union to the European Convention on Human Rights and Fundamental Freedoms", *Common Market Law Review*, Vol. 48, No. 4, 2011, p. 1000. 庄司［2013A］、328頁。

159 庄司［2013A］、328頁。Case C-571/10 *Kamberaj*, judgment of 24 April 2012, published in the electronic Reports of Cases, paras. 62, 63.

160 Case C-571/10, *cit.*, paras. 92-3.

161 De Witte［2011］, p. 33. 庄司［2013A］、328頁。

162 EU基本権憲章第52条3項　この憲章が、［欧州人権］条約によって保障された権利に相当する権利を含む限りにおいて、それらの権利の意味および範囲は、同条約が定める意味および範囲と同一である。本条は、連合法がいっそう広範な保護を規定することを妨げない（訳出に際しては、奥脇編［2010］、363頁を参照）。

163 庄司［2013A］、329頁。

164 同上、329〜30頁。

165 Lenaerts, Koen, and Gutiérrez-Fons, Jose A., "The Constitutional Allocation of Powers and General Principles of EU Law", *Common Market Law Review*, Vol. 47, No. 6, 2010, pp. 1655-6. 庄司［2013A］、330頁。

166 庄司［2003］、170頁。

167 Case C-540/03 *Parliament v. Council*［2006］ECR I-5769, para. 38. 庄司［2013A］、330頁。

168 リスボン条約附属宣言一　基本権憲章は、法的拘束力をもって、欧州人権条約により保障され、加盟国に共通の憲法的伝統に由来する基本権を確認する。
　憲章は、連合法の適用範囲を連合の権限を越えて拡張するものではなく、連合の新たな権限または任務を創設するものでもなく、［基本］条約により画定された権限および任務を修正するものでもない（*OJ* 2010/C 83/337）。

169 庄司［2013A］、330頁。

170 Explanations relating to the Charter of Fundamental Rights［2007］*OJ* C 303/1.

171 Lenaerts, Koen, "Exploring the Limits of the EU Charter of Fundamental Rights", *European Constitutional Law Review*, Vol. 8, No. 3, 2012, pp, 401-2. 庄司［2013A］、330頁。

172 庄司［2013A］、331〜2頁。

173 同上、331〜2頁。

174 Case C-141/11 *Hörnfeldt*, judgment of 5 July 2012, published in the electronic Reports of Cases, para. 47.

175 *Ibid.*, para. 37.

176 Cases C-92 and C-93/09 *Volker*［2010］ECR I-11063, paras. 45-92.

177 *Ibid.*, paras. 89, 92.

178 庄司［2013A］、332頁。

179 Case C-155/10 *Williams*［2011］ECR I-8409, para. 31.

180 *Ibid.*, paras. 17-8.

181 庄司［2013A］、339頁。

182 同上、341〜3頁。

第3章　イタリア憲法とEU法

　本章では、第2章で確認したEU法（EU司法裁判所判例）の視点からみたEU法と加盟国国内法との関係に対して、イタリア判例はどのようにEU法とイタリア法との関係について考えているかを確認する。その理由は、EU司法裁判所の立場からみたEU法と加盟国法との関係と、加盟国の立場からみたEU法と加盟国法との関係とが、微妙に異なるからである。さらに、加盟国の立場からみたEU法と加盟国法との関係も、加盟国によってそれぞれ異なるが、序章で述べたとおり、本論ではイタリア法の立場に注目して考察を進める。

第1節　イタリアにおける当初のEU法の位置づけ

1　国内効力

　国際法は、国家による国際条約の目的の達成にのみ関心を有している一方で、国際条約義務の履行手段の選択については国家に広く自由を認めているという見解は、広く受け入れられている。同様の理論がEU基本条約にも妥当する[1]。イタリアでも、当初より、ECSC条約に始まるEU基本条約を、一般的な国際条約と同様の手続にしたがい、イタリア憲法第80条にもとづき、両議院の承認をもって、条約の批准施行法を制定することで、国内法秩序に受容してきた[2]。第1章でも確認したが、このように国際条約が法律により批准施行されると、通常の法律と同等の国内法となり、「運用性の推定」(presunzione di operatività) が働き[3]、自動執行性の判断に際しても条約の文言とその完結性に注目する客観的基準[4]が伝統的に重視されるため[5]、条約の関連規定が自動執行性を有するとされることがイタリアでは多かったとされる[6]。

しかし、EU 基本条約の自動執行性が認められやすかったとはいえ、それゆえの問題もあった。第 1 に、EU 基本条約の効力が国内的に認められるとはいえ、それは形式的には国内法律としての効力であったため、他の法律との関係で同列となってしまい、抵触が生じた際に極めて不安定であった点である。第 2 に、条約の効力が国内的に認められるのは、あくまでも批准施行行為を通じた国内法化が行われてのことであるので、EU が制定する派生法についても、国内法化を経ない限りその国内的な効力は認められないと考えられていた点である。

2　国内適用

イタリアで、EU 基本条約についても、国際条約としてその自動執行性が認められやすかったことを示す判決で、司法裁判所の Van Gend & Loos 事件判決に先駆けるものとして、1962 年 11 月 7 日イタリア国務院決定第 778 号がある。

本件の事案の概要は次である[7]。

本件は、イタリア国内行政庁による特定の小麦粉の輸入数量制限が、加盟国間相互での輸出入数量制限およびそれと同等の効果を持つ措置の新設禁止義務を定める EEC 条約第 31 条 1 項（アムステルダム条約により削除。以下同）に反するとして、輸入不許可処分を受けた原告会社がその取消し訴訟を行政裁判所に提訴した事件である。

本件に関し、イタリア国務院は、EEC 条約が法律により批准承認・施行命令され、EEC 条約第 31 条の規定が自動執行性を有し、同条にもとづき個人が輸入不許可処分の瑕疵を主張する利益を有することを確認し、輸入不許可処分の通達を部分的に取消した[8]。

本件でイタリア国務院は、EEC 条約第 31 条にもとづき、それに反する内容の行政措置を取消した[9]。しかし、注意すべきであるのは、EU 基本条約

が法律により批准施行され通常法律の序列にあると考えられる一方で、それより下位の行政措置は、イタリア国務院が判決で述べたように「［EEC］条約の発行後、問題の制限措置を通告された産品に対し行政的措置をもって課すことを認めるような立法措置はとられていな」[10]かったため、取消されたという点である。もしEU基本条約に反する国内措置が法律であったのであれば、どのような結論が導かれたであろうか。

3　国内序列
（1）　イタリアにおける国際条約の序列

イタリアでは、1章で確認したように、二元論ないし変型理論に従い、国際条約は国内法に変換されて初めて法的効力をもつ。国際条約は、イタリア憲法第80条の条約の承認に関する規定に従い、法律に変型[11]され、通常の法律の効力をもつ[12]ため、国内法序列のもとでは、イタリア憲法よりは下位、法律と等位となり、条約と法律とが矛盾する場合には、形式的には、後法優先の原則が適用される可能性があった[13]。そうした条約の弱点を補うために、後に発展させられた理論に、前述した「適合性の推定」、「特別性の原則」等の基準がある。しかし、イタリア憲法裁判所は、60年代前半、優越性を要請するEU基本条約にこれら特別の配慮は示さず、EU基本条約を一般的な条約としてとらえ、国内法との関係においては後法優先の原則を適用しようとした。この姿勢を出発点に、イタリアの、イタリア法とEU法の調整の模索が始まることとなった[14]。

（2）　イタリア憲法第11条

第2章で確認したように、EU法は、全加盟国で同一に適用される必要があるために、国内法に対して優越する。国内法には、後法も憲法も含まれる。つまりEU法は加盟国の主権の制限を伴う。しかし、このような国際法とは異なる新たな法秩序としての特別なEU法の性質についての直接の言及は、当初イタリア憲法にはなかった。唯一、間接的に関連性を有していた条

文は、イタリア憲法第 11 条であった。

① イタリア憲法第 11 条の意義

イタリア憲法が発効したのは 1948 年 1 月 1 日である。イタリア憲法第 11 条は、ファシスト時代の攻撃的な政策を捨てたいとの願いから、悔改の意味をこめて作られた。1950 年 5 月 9 日にシューマンによって最初の欧州統合構想が掲げられたのに先立って制定された、もともとイタリアの国連加盟を容易にすることを念頭においていた条文である[15]。

「イタリア共和国憲法第 11 条［戦争の否認・主権の制限］イタリアは他の人民の自由を侵害する手段および国際紛争を解決する方法としての戦争を否認する。イタリアは、他国と等しい条件の下で、各国の間に平和と正義を確保する制度に必要な主権の制限に同意する。イタリアは、この目的をめざす国際組織を推進し、助成する」。[16]

② イタリア憲法第 11 条の解釈

「他国と等しい条件の下で」とは、必ずしも絶対的な平等を意味せず、「平和と正義」の目的達成のためには必要最小限の不平等が許容される場合もある。例えば、国連憲章は、安全保障理事会の常任理事国の存在やその拒否権を認めており、平等には見えない。このような差別は、イタリア憲法第 11 条の規定する平和と正義という絶対的要請により、必要最低限および明確な方法で実質的に正当化されるならば、許容される[17]。

「各国の間に平和と正義を確保する制度」とは、国連のように「直接的」に「平和と正義」の確保を目的に掲げる制度のみならず、地域的な経済統合という手段を通じて「平和と正義」の確保に「間接的」に寄与する制度も含まれるとされる[18]。

「主権の制限」とは、領域主権の譲渡や外部の組織による立法・司法・行政権の行使といった技術的な意味の主権の制限に限らず、単純に国家の行動の自由を制限するという広い意味の主権の制限をも規定している[19]。前者の

例として EU 条約、後者の例として一般的な条約が挙げられる。EU 法は直接効果が推定され、加盟国法に対し優越するため、技術的な意味の主権の制限を伴う。一方、一般的な条約の場合、国家間平面における権利義務関係を設定するのみで、国家の主権は国家間平面においては制限されるが、条約の国内における自動執行性の判断は、各国に委ねられていることが多く、その承認は一般的には例外である。したがって、一般的な条約は EU 法のような技術的な意味の主権の制限を伴わない。

③　主権の制限の手段

イタリア憲法第 11 条の主権の制限への同意の手段には、法律または「憲法的法律（legge costituzionale）」[20] による条約の批准施行が考えられる。「憲法的法律」は、イタリア憲法と同等の効力を有し、それゆえに既存の憲法規範から逸脱できる法律で、憲法改正の際に制定される。したがって、通常の法律よりも厳格な制定手続[21]を経なければならない。イタリア憲法に抵触する主権の制限を規定する条約の場合、その批准施行は法律ではなくこの「憲法的法律」によるべきであるとも考えられた。なぜなら、そのような条約を「憲法的法律」ではなく法律によって批准施行できるとすると、法律制定という憲法改正よりも簡単な手続[22]によって実質的に憲法の改正ができることになってしまうからである[23]。

しかし ECSC 条約[24]、ないし EEC 条約は、当時の政治状況により[25]、「憲法的法律」ではなく法律[26]により批准施行された。したがって EU 基本条約とイタリア後法との関係は、同列の法律間の抵触として、後法優越の原則により規律されるため、EU 基本条約がイタリア後法により優越され、EU の他の加盟国では遵守確保される権利・義務が EU 域内で統一的に実現されなくなる怖れが生じる。この問題は実際イタリア国内で指摘されていた[27]。

しかし、次に検討するイタリア憲法裁判所の判例 Costa 事件判決において、イタリア憲法裁判所は、イタリア憲法第 11 条により、イタリアは主権を制限する条約を締結することが可能であり、そのような条約は通常法律に

より施行される、と判示した[28]。

第 2 節　イタリア判例の EU 法への適応（adattamento）

1　EU 基本条約の国際条約への類推

1964 年のイタリア憲法裁判所 Costa 事件判決でイタリア憲法裁判所は、イタリアは、EEC 条約締結により自らの主権の制限に同意した後、EEC 条約違反となるような内容の国内後法を制定したが、このことは、自ら同意した主権の制限を撤回することに等しく、同国内後法のイタリア憲法第 11 条違反となるのではないかという質問に答えた[29]。本件の事実の概要は次のとおりである。

（1）　1964 年イタリア憲法裁判所 Costa 事件判決

すでに述べたように、ミラノ治安裁判官への申し立てにおいて、Costa 氏は、ENEL 設立法にもとづき Edisonvolta 社を吸収した ENEL に対し、ENEL 設立法が違憲であるため、電力供給代金の支払いの義務を負わないと主張した。同違憲主張を受け、1963 年 9 月 10 日決定[30]により、ミラノ治安裁判官は、ENEL 社の最初の電気代請求に対する Costa 氏の支払い義務の有無を判断するため、ENEL 設立法の違憲性に関わる問題を、イタリア憲法裁判所に移送した。

追って Costa 氏は同年別月の電気代 1925 リラについても異議を申し立てたため、1964 年 1 月 21 日決定[31]により、ミラノ治安裁判官は、ENEL 設立法のみならず、ENEL 社への電力会社の所有権の移転のための関連委任立法措置についての違憲性にも関わる質問を、イタリア憲法裁判所のみならず、司法裁判所にも移送した。

違憲の理由は、すでに確認したように、ENEL 設立法が、EEC 条約第 102 条（TFEU 第 117 条）、第 93 条（TFEU 第 108 条）、第 53 条（アムステルダム条約により削除）、第 37 条（TFEU 第 37 条）に違反しており、し

たがってイタリア憲法第11条に違反しているというものであった。

同年3月7日に、イタリア憲法裁判所は、最初のミラノ治安裁判官の質問に対して回答した[32]。

イタリア憲法裁判所は、イタリア憲法第11条により、イタリアは主権を制限する条約を締結することが可能であり、そのような条約は通常法律により施行されるが、イタリア憲法第11条は当該条約を施行する通常法律に国内法に優越する効力を与えないため、条約と通常の法律の抵触は後法優越の原則により解決され、憲法問題とはなりえないとし[33]、合憲性に関する疑義は根拠がないと判示した[34]。

本判決において、イタリア憲法裁判所は、いまだEU法の独自性を十分に意識していないと思われる二元論的な考察を行った[35]。イタリア憲法裁判所は、イタリア憲法第11条は、法律によるEU基本条約の批准施行を許容(norma permissiva)するが、イタリア後法がEU基本条約に抵触しても憲法問題とならないとした。つまり、やはりEU基本条約がイタリア後法と同列とされ、後法優越の原則に従いイタリア後法により優越されることになる[36]。これでは、相互性にもとづいて締結されたEU基本条約の効力が、イタリアの一方的行為によりイタリア国内で歪曲され、全EU域内での同一適用が簡単に実現不可能となってしまう。

このイタリア憲法裁判所の判決は、後に、先に確認した司法裁判所のCosta事件の際、コミッションによる主張のなかで、「憲法裁判所は1964年3月7日の判決において、事案に対する第177条［TFEU第267条］の適用をせず、共同体法全体としての将来に反動的な決定をとった[37]」と批判された。また、前出の司法裁判所のCosta事件の先決判決により反論を受けた[38]。司法裁判所は、イタリア憲法裁判所の判示に対し、一元論的な理論にもとづいたEU法の加盟国法に対する優越を主張するのである[39]。

（2） 1966年5月4日ミラノ治安裁判官裁判所 Costa 事件判決

その後イタリア憲法裁判所は、1965年7月12日判決第66号により、治安裁判官が移送を行った事案[40]に対して判断を行った[41]。イタリア憲法裁判所は、事案の移送の適法性に関しては、前出のイタリア憲法裁判所1964年3月7日判決第14号にて述べたものと同一の理由が妥当すると述べた。実体的な論点は、イタリア憲法第25条、第47条、第76条、第81条4項、第102条2項、および第113条との合憲性に関するもので、いずれも合憲性についての疑義は根拠がないと判断した。結論として、1965年7月12日イタリア憲法裁判所判決第66号は、1964年3月7日イタリア憲法裁判所判決第14号の内容を否定する形となった司法裁判所の Costa 事件判決を考慮に入れていない。

しかし、これら司法裁判所およびイタリア憲法裁判所による判決を受け取った治安裁判官は、1966年5月4日ミラノ治安裁判官裁判所 Costa 事件判決[42]において、法律の違憲審査権はイタリア憲法裁判所が有する排他的権限事項であるため、E.n.el. 法を合憲としたイタリア憲法裁判所の判示にしたがうしかないはずであるにも関わらず、司法裁判所の先決判決を最大限考慮にいれ、同法が EU 基本条約に抵触すると指摘した。そして、実体的な問題としては、Costa 氏と E.n.el. 社の間の契約の論点に焦点を絞り、自らの権限の範囲内で最大限 Costa 氏に有利な判断を下した[43]。

ともあれ、イタリア憲法裁判所の Costa 事件の判決に関し、アヴォカ・ジェネラルの Lagrange は、司法裁判所の Costa 事件判決で、次のように前向きな意見を述べた。

「イタリアは、メッシナ会議やローマ条約の国であり、常に欧州の理想の推進者達と肩を並べてきた。共同体がその共同の憲章のもとに創設された法規に完全に合致した形で機能するための憲法的手段を、そのような国が見つけられないとは、当面は思わない」（共同体は EU に、読み替える）[44]。

しかし、実際にイタリアが EU 法との調整にかけた道のりは、長かったようである。次に、具体的なイタリア憲法裁判所の判例で、その調整の過程を

みてみる。

2 EU法とイタリア法の分離理論の確立

（1） イタリア憲法と EU 基本条約（批准承認・施行命令法律）との関係

イタリア憲法裁判所の Costa 事件判決によれば、イタリア憲法第 11 条は、主権を制限する条約の法律による締結を認めながら、EU 基本条約の批准施行法に何ら特別の効力を与えず、EU 基本条約の批准施行法は他の通常法律と異ならないということであった。そこで、1965 年のイタリア憲法裁判所の San Michele 事件判決では、EU 基本条約を施行する法律が通常の法律と異ならないのであれば、批准施行法のなかの司法裁判所に関する規定が、イタリア憲法第 11 条以外のイタリア憲法の条文、特に司法機関の規定との関係で問題とならないか、つまり、イタリア憲法の司法に関する原則に違反しており、違憲となるのではないかという問題が扱われた[45]。

本件の事案の概要は次の通りである。

すでに述べたように、トリノの鉄鋼業者 San Michele 社は、欧州石炭鉄鋼共同体（以下「ECSC」）[46]に対する異議申し立て訴訟をトリノ地方裁判所に申立てた。同裁判所は、最高機関の措置に対する異議申立ての審理と、その差し止めに関する司法裁判所の排他的権限を定め、さらに、最高機関の措置に対する司法的保護を権限逸脱の場合等に限定している ECSC 設立条約（1952 年 6 月 25 日の法律第 766 号[47]により批准施行）第 33 条等が、司法権の行使・特別裁判所の禁止・国民の裁判参加を規定するイタリア憲法第 102 条、行政行為に対する救済を規定する第 113 条等、司法に関する第 2 部第 4 章の違憲となるかという問題について、1964 年 12 月 11 日に訴訟審理を移送した。

本件に関して、イタリア憲法裁判所は次のように判示した。

第一に、ECSC は国内法とは全く区別された法規範であり、国内法規範は、国内法規範に共同体法規範を組み入れる為ではなく、国内法規範におい

て目的の国際協力が機能する為、また共同体機関がその権限範囲内で正当に展開する活動が国内的効力をもつ場を画定する為に、共同体法規範を承認した。第二に、共同体法規範は、司法裁判所という手段により、個人に司法的保護を保障しており、イタリア法規範のものと同一ではないが、イタリア法規範の基本原則に沿って設置・運用されている。第三に、イタリア憲法第102条はイタリア司法機関に対するものである。共同体司法機関は異なる司法範疇に属するものであり、これと異なる。第四に、結論として、ECSC最高機関の法的行為の排他的な審査権限を司法裁判所に与える条約規定は、イタリア憲法と抵触しない[48]。

（ECSC条約はEU基本条約に、共同体、ECSCはEUに、読み替える。）

　本判決で、イタリア憲法裁判所は、イタリア法とEU基本条約はそれぞれ自律した別個の法規範であるとした。つまり、問題のイタリア憲法規定は国内法秩序との関係のみにおいて有効なのであり、「異なる司法範疇」の一部であり加盟国の主権に服さないEUの機関には適用しないという、法規範の分離理論を打ち立て[49]。つまりEU基本条約は、イタリア憲法第11条により、形式的にはイタリア国内法規範内に組み込まれた法律でありながら、イタリア国内法規範とは異質のものであるEU基本条約規範に属しているため、イタリア憲法規範と抵触しない。これにより、EU基本条約を施行する法律は、通常法律でありながら、イタリア憲法の司法に関する規定の統制をうけないのである。

　イタリア憲法裁判所はこのような論理でEU基本条約のイタリア法に対する優越性を確保した。このことは、いいかえれば、イタリア憲法第11条の「主権の制限」に従った共同体機関により規律される司法領域の創設という目的のために、イタリア憲法がイタリアの諸国家機関に付与した立法、行政、および司法権限が制限されることを意味する[50]。ただし、こうしたEU法の優越は、イタリアが主権を制限した範囲において受け入れられるのである。

では、どの範囲までイタリアがEU法の優越を受け入れるのか、という点についてであるが、本判決では、個人の司法保護についての権利がイタリア憲法第2条が保障する不可侵の人権に該当し、これを侵害しない限りにおいて主権の制限が可能、つまり共同体法の優越を認めることができることを、例示的に示した[51]。この点が、イタリアによるEU法の優越に対する「対抗限界（controlimiti）」として後に確立していく[52]。

（2）　イタリア憲法とEU規則との関係
① 1972年イタリア破毀院Schiavello事件判決

San Michele事件判決では、原則としてEU基本条約がイタリア憲法による審査を受けないことがイタリア憲法裁判所により確認されたが、EU基本条約にしたがい制定されるEU派生法がイタリア憲法による審査の対象となるかという問題はあつかわれなかった。この点について考察を行なったのが、1972年のイタリア破毀院Schiavello事件判決[53]である。

本件の事案の概要は次である。

1966年9月22日付EEC理事会規則第136号第38条は、オリーブオイルの生産者に対し、一定の補償を規定していた。同規則に関し、イタリアは適宜実施法令を制定し、1966年11月10日より農産物市場調整局が1966～7年の収穫期に生産されたオリーブオイルに関し、一定の補償を行うことと、補償の付与はオイル生産者の請求にもとづき実施されることとを規定していた。

Nesci氏は、一定量のオイルの受取りを対価にSchiavello氏に耕作地を貸借していたところ、1966～7年分としてSchiavello氏が同一定量のオイルを引渡した際、上記イタリア法令により定められた補償分が加重されていなかったとして、Schiavello氏に対し同補償分相当の支払い等を求めた。

Schiavello氏は、補償金の受取人はオイルの「生産者」、つまり本件では成果物および当該物のその他の用益が帰属する借受人のみであり、貸主をも

含むと考えられるべきではないと主張した。

　第一審、第二審とも、Nesci 氏の主張を認めたところ、Schiavello 氏がイタリア破毀院に上告したのが本件訴訟である。上告に際し、Nesci 氏は、上記イタリア法令による土地の所有者および借受人に対する留保が、差別的取扱いであり、イタリア憲法第3条に反するとの合憲性の問題を提起した。

　本件について、イタリア破毀院は、先のイタリア憲法裁判所の San Michele 事件判決を根拠に、EU 基本条約のみがイタリア憲法に基づいた司法審査の対象とならないのではなく、EU 基本条約に基づき採択される派生法もまたイタリア憲法に基づいた司法審査の対象とはならないと述べ、EEC 理事会規則 136/66 号の規定は、補償の受取人を生産者と特定しているため、貸主ではなく、借受人のみが、本件で問題となっている補償を受取ることができると判示した[54]。

　このように、イタリア破毀院の Schiavello 事件判決は、EU 基本条約がイタリア法規範とは別個独立でありイタリア憲法に基づいた司法審査の対象とならないとのイタリア憲法裁判所 San Michele 事件判理を発展させ、EU 基本条約に基づき採択される派生法もまた、イタリア憲法に基づいた司法審査の対象とはならないと判断した。

② 1973年イタリア憲法裁判所 Frontini 事件判決

　次の年、イタリア憲法裁判所は、第1に、前年のイタリア破毀院の Schiavello 判決を支持するか否かという問題と、第2に、同じく前年の司法裁判所のコミッション対イタリア事件判決[55]の判示に対してどのように判断するかという問題とを扱った。すなわち、TFEU 第288条によれば、EU 規則にはそれ自体で国内的効力が認められねばならないが[56]、イタリアでは伝統的に、条約の派生法が国内的効力を発生するには、条約と同様派生法もそれぞれ国内法化されねばならず[57]、当然 EU 規則も国内法を介して施行されていたところ、その他の国内法との抵触が問題となり、批判を受けていた[58]。そ

のような折、司法裁判所がイタリアによる EU 規則の複製ないし国内法化を否定したが、それに対してどのように判断するのかという点である。

これらの問題についてイタリア憲法裁判所は、1973 年の Frontini 事件判決[59]で、EU 規則の直接適用可能性およびイタリア憲法に対する優越を認める判示を行なった。

本件の事実の概要は次の通りである。

イタリアへのチーズの輸入とその運送会社 Frontini 社は、欧州理事会制定の規則にしたがって課された輸入チーズに対する農産物課徴金について異議を申し立て、トリノ地方裁判所に提訴した。トリノ地方裁判所は訴訟を中断し、1957 年 10 月 14 日 EEC 条約批准施行法第 1203 号のような通常の法律が、EEC 条約第 189 条（TFEU 第 288 条）において EEC に広範な立法権能を与え、国内法秩序において直接適用する立法制定を可能にしているという点で、立法に関するイタリア憲法第 70 条から第 77 条[60]に含まれる確固とした憲法的規範に違反をしているか、また、反対に、「各国の間に平和と正義を確保する国際機関に必要な主権の制限」を認めたイタリア憲法第 11 条によって正当化されるのか、イタリア憲法裁判所に判断を付託した[61]。

本件につき、イタリア憲法裁判所は、次のように判示した。

第一に、イタリア憲法第 11 条にもとづく 1957 年 10 月 14 日 EEC 条約批准施行法第 1203 号は、イタリア憲法に違反しない[62]。第二に、EEC 条約第 189 条（TFEU 第 288 条）により発せられた個別の規則は、憲法審査に服さない。加盟国の法規範と共同体法規範は、双方自律し、区別される法制度である。また、平等、および法的安定性のため、EEC 規則は全加盟国において直接適用される必要がある。したがって、共同体規則は、加盟国による受容や実施を経る必要はなく、またイタリア憲法規定により影響を受けない[63]。第三に、イタリアは、イタリア憲法第 11 条にもとづき、EEC 条約により経済関係に限ってイタリアの主権を制限しているのであり、条約第 189 条（TFEU 第 288 条）が EEC 機関にイタリア憲法の基本的原則および不可

侵の人権を侵害する権能まで与えたと解釈されるのならば、イタリア憲法裁判所は、個々の規則ではなく、EEC 条約の憲法審査権を留保する[64]。

（EEC 条約および条約は EU 基本条約に、共同体は EU に、読み替える。）

本件では、EU 規則について、二元論ないし変型理論の伝統に反し、国内法への置換を介さないイタリア国内における直接適用が認められた。つまり、イタリア法規範は、イタリア憲法第 11 条にもとづき、EU 基本条約批准施行法を通じた EU 基本条約規定からの派生法に対しても適応することとなった[65]。そしてこれら派生法は、イタリア憲法第 11 条にその憲法上の「根拠（ancoraggio）」が認められ、したがって国内法規範とは異質な EU 法に対するイタリア憲法規定による審査を原則として受けない[66]。

ただし、この EU 法に対する憲法審査の否定には、留保が加えられている。すなわち、イタリア憲法の根本的原則および不可侵の人権を侵害する場合は EU 法の優越は認められないという射程が示されれた。EU 規則がイタリア憲法の基本原則や不可侵の人権を侵害したと考えられる場合には、個別の規則についてではなく、EU 基本条約施行法が憲法審査される[67]。

3　EU 規則と通常法律の抵触の解決

（1）　イタリア憲法第 11 条を介した EU 法の優越性

Frontini 事件では、EU 規則と抵触する国内後法が制定された場合にも、通常の裁判官がそのような国内後法を適用排除して既存の EU 規則を適用できるのか、という点は明らかにならなかった。

次の 1975 年イタリア憲法裁判所 ICIC 事件判決ではこの点が問題となった[68]。本件の事実の概要は次である。

中部イタリア化学産業会社（Industrie chimiche dell'Italia centrale、以下「ICIC」）は、トウモロコシ 6 千トンの EU 域内への輸入権公布のため供託

金を支払ったが、輸入は実現されず、供託金は部分的に国庫移転された。ICIC は、海外商業省を相手取り、同国庫移転が、規則 1967 年第 120 号に規定された限度を超えると主張した。同規則は、1968 年 2 月 20 日緊急命令第 59 号に複製され、3 月 18 日の法律第 224 号等へと、内容が修正されていた。

一審、二審では、国内後法のみ適用されるとし、ICIC の主張が退けられた。最終審は、規則の国内法への複製は EEC 条約第 189 条 2 項（TFEU 第 288 条）の違反となること、および EU 法が国内法に対し優越するということが判示されているが、そのような優越性の国内的確保の方法については明確化されていないと考え、イタリア憲法第 11 条違憲の問題としてイタリア憲法裁判所に付託した。

イタリア憲法裁判所は次のように判示した。

第一に、フロンティーニ事件判決で述べた理由により、共同体規則は、直接適用されることが必要であり、その内容が規定として完全である場合、加盟国による複製・受容・実施の措置の対象となってはならない[69]。第二に、国内後法の制定は、共同体規則と実質的に同じ内容であっても、適用遅延によるローマ条約条約第 189 条（TFEU 第 288 条）の明らかな違反の可能性を生じるのみならず、共同体司法裁判所の解釈権を侵害し、全加盟国における同一適用を保障するための条約第 177 条（TFEU 第 267 条）の明らかな違反となる。そのような抵触はイタリア憲法第 11 条の違反を形成する[70]。第三に、イタリア法規範は、共同体法と抵触することとなった国内後法を、共同体法の優越性を前提に適用排除する権限を、イタリアの裁判官に与えていない。イタリア裁判官はその国内後法の憲法審査の提起を求められるのである[71]。

（ローマ条約および条約は EU 基本条約に、共同体は EU に、読み替える。）

本件では、国内法に先立ち制定された EU 規則（以下「先行 EU 規則」とする）を複製する国内後法、およびそれと抵触する国内後法が問題となっ

た。イタリア憲法裁判所は、先行 EU 規則と重複または抵触する国内後法は、EU 規則について規定する EEC 条約第 189 条（TFEU 第 288 条）の違反であり、したがって同意済みの自らの主権の制限を立法者が無視したことによるイタリア憲法第 11 条の違反となるとした。

ただし、同時に、イタリア国内の通常裁判官が独自の判断で実在する国内後法を適用排除して先行 EU 規則を適用することは認めなかった。イタリアでは、憲法審査権限はイタリア憲法裁判所の排他的権限である。例え通常裁判官が抵触国内後法を適用排除（disapplicare）し EU 法を適用したとしても、それは当該訴訟当事者間関係においてであり、抵触国内後法の効力は存続するのである[72]。したがって、イタリア国内裁判官は、そのような国内後法が違憲であることをイタリア憲法裁判所に確認してから、初めて先行 EU 規則を適用することができるのである[73]。イタリア憲法裁判所は、その理由として、イタリア国内の立法の意義、権力分立に対する配慮を挙げている[74]。

本判示で見られたイタリア憲法裁判所の姿勢は、イタリア法が EU 法「それ自体（per se）」の優越性を認めたのではなく、EU 法の、あくまで「イタリア憲法第 11 条を介した」優越性を認めたのみにとどまるものとして分析されている[75]。

このような ICIC 事件判決の立場は、第 2 章で確認した司法裁判所の 1978 年 Simmenthal 事件判決の判示により否定されることになった。

（2）　EU 法「それ自体（per se）」の優越性

ICIC 判理に対する司法裁判所の反論を受け、1984 年 Granital 事件判決[76]でイタリア憲法裁判所は最終的な判例変更を行った。すなわち、EU 規則と国内後法との抵触の場合にも、イタリア憲法裁判所による国内後法の違憲無効化を経ずに、イタリア国内通常裁判官が自らの判断によって国内後法を即適用排除し、EU 規則を適用できることになったのである。

① Granital 事件の概要

本件で問題となったのは、規則と抵触する国内前法・後法双方についてであった。

まず、1972 年に Granital 社は、課税基準日に関し同社に不利な基準日を規定する 1967 年 6 月 13 日の規則 120/67 ではなく、それに先立ち同社に有利な基準日を規定していた 1965 年の大統領令第 723 号に従い農産物税を支払った。1967 年 6 月 13 日規則 120/67 については、1976 年のフレカッセティ事件の際に司法裁判所が解釈を行い、同社に不利な基準日が再確認された[77]。1977 年 4 月 28 日に税関当局は、Granital 社が同社に有利な基準日に基準に支払った額と、同社に不利な基準日を基準に税額が算定されたとした場合の額との差額の支払いを Granital 社に求めたが、Granital 社は拒否し、同差額支払い義務が不当であるとジェノヴァ地方裁判所に訴えた。その後イタリアは、係争中に、1978 年大統領令第 695 号第 3 条により、1967 年規則 120/67 の解釈に関する 1976 年の司法裁判所の先決判決が公報に載った 1976 年 9 月 11 日に効力を発すると規定した。

1979 年 4 月 30 日にジェノヴァ地方裁判所は、1978 年大統領令第 695 号が EEC 条約第 189 条（TFEU 第 288 条）の規則の直接適用可能性の原則に抵触し、よってイタリア憲法第 11 条に違反しているとの合憲性についての疑義を、イタリア憲法裁判所に付託した[78]。

② Granital 事件判決

本件について、イタリア憲法裁判所は次のように判示した。

「国内法規定と共同体法規定の間に重大な不一致がある場合、いずれにしろ後者が優越する。」[79]

「共同体法と国内法の関係に関して確立してきた判例によると、二法規範（共同体法とイタリア法）はそれぞれ自律し分離しているが、EEC 条約によって設定および確定されている権限配分にしたがって調整されねばならない……。共同体法から派生する規定は、イタリア憲法第 11 条を根拠に、イ

タリア国内において直接に適用されるのであるが、国内法規範に属すものではない。であるとすれば、論理的に、共同体法規定は、国内法規範に属する規定間の抵触解決のための枠組みにしたがって評価され得ないのである……。調整は、イタリア憲法第 11 条を根拠に、認められた範囲内で権限を行使できる権限を共同体機関に委譲する条約の施行法がイタリア法規範内にあることに由来する……。共同体規則の規定は、他の全加盟国と同じようにイタリアでも直接適用されることが意図されている。一方イタリア法は、権限のある共同体機関により制定された共同体規則がイタリアで効力をもつことを許容するほどまでに、共同体法規範に対して自らを開放するのである……。EEC 法規範とそれを支える主権の制限という特別な関係により、イタリア法規範において、共同体規則の効力は共同体規則によって決定される。」[80]

「このような法規定の適用の保証は、イタリア憲法第 11 条により、完全および継続的である。正確には、直接適用（immediata applicabilità）の要件を満たす共同体法規定は、共同体法規定として、その効力が国内法によって損なわれることなく、イタリアにおいて発効し、効力を持ち続けるのである。共同体法規定に対する国内法制定の時間的前後は問題とならない。共同体規則は、いかなる場合においても問題となっている特定の領域のための解決を決定づける。しかし、イタリア国内法規定の効力は、共同体規則の効力によって当然に失効するのではなく、国内裁判官によって事案の解決のための考慮から排除されるのみである。一国家の法規範に属する複数法規の関係を意味する廃止等とは、用語として区別されねばならない……。二法規範の分離という根拠に従い、共同体規則の優越は、共同体法事項となり共同体規則によって規定されている領域に国内法は介入しないという意味に解釈されるべきである……。」[81]

「共同体規則は、それに抵触する国内法が時間的に前に制定されたか後に制定されたかに関わらず、常に適用されねばならない。適用の権限を与えられた国内裁判官は、［EEC］条約第 177 条（TFEU 第 267 条）に規定された

解釈に関する先決判決手続を補助的に利用することができる。この方法によってのみ、共同体全域にわたって共同体規則の適用基準が等しく同一であらねばならないという法的安定性の要請が満たされるのである……。このような結論に司法裁判所もまた到達している。と言っても、司法裁判所は、共同体法規範と加盟国規範は一つの法規範に融合していると考えているので、憲法裁判所の掲げる前提とは異なる前提から出発していることになる。しかし、重要なのは条約の派生法に直接および継続的効力が保証されることであり、この点については、抵触国内法との関係において常に共同体規則がイタリア裁判官により即適用されるという方法により充足される……。

このことにより、加盟国間および加盟国国民間の平等が確立・保障されることになる。」[82]

「共同体法と国内法の関係に関する事項は、完全に憲法裁判所の権限から除去されるわけではない。憲法裁判所は、万一イタリア憲法の基本原則や不可侵の人権を侵害する場合には、EEC条約施行法が違憲審査の対象となる旨を1973年判決第183号で指摘した。本判決でもう1点指摘すべきは、原則の運用または中核について EEC 条約の不断の遵守を妨げ害することになる場合、そのような違憲の国内法規定は本憲法裁判所によって審査されねばならないことである。当然、国内法と個々の共同体規則の抵触が問題となっている場合は、この限りではない。憲法裁判所が判断するのは、イタリア憲法第11条に基づく EEC 条約施行法を通して通常立法者が自らに課した主権に対する限界を不当に取り除いたかどうかという点である。」[83]

「結論として、ジェノヴァ地方裁判所により提起された質問は、不適法である。本件の文脈において問題の共同体規則と共同体法規範が農産物税制度を許容するかどうか、いかなる資格で司法裁判所の解釈の公表日までしか遡及効が発生しないとされるのか、判断するのは付託者であるジェノヴァ地方裁判官である。」[84]

（EEC条約、ローマ条約および条約は EU 基本条約に、EEC および共同体は EU に、読み替える。）

第3節　EU法とイタリア法の関係 – Granital 判理 –

前節で確認した Granital 事件の判理は、その後、1985年イタリア憲法裁判所判決第113号[85]、1989年イタリア憲法裁判所判決第389号[86]、1991年イタリア憲法裁判所判決第168号[87]・第453号[88] などを経て、次のように発展・確立していく[89]。

1. 国内・EU二法秩序各々の自律性と、その間の設立条約に従った管轄配分に必要な調整
2. EU規則、直接効果を有する指令およびEU司法裁判所の判例法の国内裁判官による直接適用、抵触国内法の国内裁判官および行政による適用排除、ならびにEU法と国内法との関係に関する事項のイタリア憲法裁判所の権限からの除去
3. 国内法がEU法とその原則に抵触する場合のイタリア憲法裁判所による違憲審査権の保持
4. イタリア憲法の基本原則と人権に反する場合のイタリア憲法裁判所によるEU基本条約批准施行法の憲法審査権の保持

1　EU法とイタリア法の分離理論

先に確認したように、司法裁判所の判例においては、EU法の優越性は、一元論的な理論構成およびEU法と国内法の階層関係から、当然に導かれている。これと同等の結論に、イタリア憲法裁判所判例は、二元論に着想を得た理論構成のなかでの困難な道のりを経ながらも、辿りついたことになる[90]。

イタリア憲法裁判所は、イタリア学説の伝統的な考え方を修正し、二元論にもとづきつつも、その調整（temperamento）を行った。つまり、イタリア憲法裁判所は、イタリア憲法第11条にしたがい EU 機関に権限を委譲す

る施行法律を有することにより、EU法と加盟国国内法は自律的な別個の法制度であるとはいえ、条約により画定された権限配分にもとづき調整されるとしている。これは、EU法規範と国内法規範との関係を、階層関係ではなく権限分離関係としてとらえつつも、国内法規範のEU法規範への調整の必要を強調することで、イタリア憲法裁判所が、司法裁判所の結論と同様の結論に達していることを示している。イタリア憲法裁判所の理論の前提は、両法規範の分離という、司法裁判所の理論のものとは異なる前提にもとづき展開されているが、帰結は異なっていない。イタリア憲法裁判所は、純粋な二元論にもとづいた帰結は否定する。つまり、国内法規範に受容されたEU法規定が、EU法規定を施行する、国内法規定と同等の効力序列を有するという帰結は否定するのである。むしろ、直接効果を有するEU法規定は、その効力が前法であれ後法であれ国内法に影響を受けることなく、イタリア法規範に受容され、効力を有し続け、抵触する国内法規定に関係なくイタリア裁判官により即適用されねばならないとし、EU法の優越性を認めているのである。学説は、このイタリア憲法裁判所の理論の司法裁判所の理論との結果における整合性を支持し、国内法規範におけるEU法の効力を説明するのに適当な伝統的二元論アプローチとして、「調整された二元論（dualismo temperato）」と呼ぶ[91]。

2　EU法に抵触する国内法の適用排除

（1）　通常裁判官による適用排除

Granital判理によれば、国内裁判官は、EU規則により事案が解決されるよう、抵触国内法を考慮することなく、また憲法審査を通じた抵触国内法の違憲無効化を待つこともなく、EU規則の即時の適用を確保せねばならない。国内裁判官は、EU法規定を適用して当該訴訟を解決するのであるから、イタリア憲法裁判所による憲法審査は不適法となる（1993年イタリア憲法裁判所判決第115号[92]）[93]。

① Granital 判理の意義

Granital 事件以前は、EU 法の優越性はイタリア憲法裁判所によるイタリア憲法第 11 条違憲無効化を通じて確保されていたが、Granital 事件後は、各国内裁判所により EU 法自体（per se）の優越性が確保されるようになった。Granital 判理により、ICIC 事件判決で提示された「EU 法のイタリア憲法第 11 条を介した優越性の確保」における欠点が、克服されたのである。

② 適用排除の範囲

Granital 事件後、国内裁判官が直接適用する規定が、規則から、直接効果の要件である「無条件であり充分に具体的であると認められる」という条件を満たす指令（1991 年イタリア憲法裁判所判決第 168 号[94]）、さらに EU 司法裁判所の判例にも拡張されている。イタリア憲法裁判所は、EU 司法裁判所による EU 法に関する判断と国内法が抵触する場合、EU 司法裁判所による判断が同様に直接適用されることを確認した（先決付託手続については 1985 年イタリア憲法裁判所判決第 113 号[95]、取消訴訟については 1989 年イタリア憲法裁判所判決第 389 号[96]）。

③ 適用排除の帰結

EU 規則と抵触する国内法は、国内裁判官による事案の解決のために適用されないとはいえ、廃止・無効となるわけではない。イタリア憲法裁判所は、「二法規範の自律性という論理上においては実際存在しない、規定の瑕疵（vizi）を想起する」抵触国内法の「廃止（disapplicazione）」という表現は、文言としては採用しないのが適当であると判断し、代わりに国内法規定の「適用排除（non applicazione）」と表現することで、対世的な無効化が行われるのではないことを示した（1991 年イタリア憲法裁判所判決第 168 号）[97]。抵触する国内後法は、EU 法の適用の事項的および時間的射程外においてその効力を維持する。したがって、EU 法と国内後法との抵触は、具体的訴訟における当事者間において適用排除（disapplicazione）されることに

より解決されるが、適用排除された国内後法は、廃止されるまで存続し続ける。その廃止は国による義務である[98]。イタリア憲法裁判所自身も、抵触国内法が「適用排除となるからといって、優越する共同体法との抵触・不調和を取り除くために必要な国内法の修正・廃止の要請がなくなるわけではない」し、「関係加盟国は、法的安定性のために、国内法が共同体法規範に適合し、結果として同一で均整の取れた制度となるよう、自らの国内軌範を修正、改正、編入する義務をもつ」[99]（共同体はEUに、読み替える）と意識している。

(2) 立法による抵触排除

こうした義務に応える方法の1つとして、国内法規範をEU法規範に適応させることを目的とした制度が構築されてきている[100]。

① ファッブリ法

EU指令の実施は、当初イタリアでは、通常法律の制定や、政府の委任立法により行なわれていた。しかしその手続は、各指令毎に法律等の制定を要し、そしてその多くが政府の委任措置による補完を要することから、結果として慢性的な遅延をもたらしていた[101]。

実施手続の合理化の最初の試みは、1987年4月14日法律第183号（ファッブリ法）[102]である。同法は、従前の手続を能率化し、行政規則による指令の実施を最大限可能にした。同法により、指令実施の遅延は大幅に改善された[103]。

② ラ・ペルゴラ法

続いて、「イタリアの欧州法制定過程への参画に関する一般規定」を定める1989年3月9日法律第86号（ラ・ペルゴラ法）[104]が採択された。同法は、当時の共同体法のイタリアにおける実施手続を初めて完全な形で規律するものであった[105]。同法は、その目的として、イタリアのEUへの加盟に

由来する義務の履行、規則、指令、および決定により生じる義務の履行、ならびに EU 司法裁判所により確認された国内立法および行政規定の EU 基本条約規定との不一致により生じる義務の履行を確約した（第1条）。また、同法は、年次の「共同体法律（legge comunitaria）」の採択を規定していた。共同体法律は、直接的に EU 法（指令およびその他の直接適用不可能な法的行為）の実施規定となり、抵触する国内法規定を廃止し、EU 法のイタリアにおける完全な適用のために必要な措置を規定し、または政府が、共同体法律に定められた基準にしたがい、委任立法もしくは行政規則の採択により EU 法義務を実施することを認めるものである[106]。

このようなラ・ペルゴラ法にもとづく制度は、採択後初期は効果的に機能したが、その後混乱を生じ、イタリアは EU 指令の実施に関して再び劣等生の一国に戻った。イタリアによる指令実施の遅延には、いくつかの理由が考えられる。1つは、立法手続の遅さである。これは、特に EU 義務の履行のための立法活動にのみ限った問題ではない。イタリアの立法手続は、完全ないし平等な二院制を採用しており、両院が同一の立法案に関してそれぞれ承認を与えねばならず、修正案が出された場合は、一方の議会から他方の議会に付託される、といった特徴を有している。その他の理由としては、同法が、緊急の性質を有する立法機能の行使を可能にする手段を備えていない点が挙げられる[107]。

その他の特徴として、ラ・ペルゴラ法は、EU 法規定の実施が行政的措置のみならず、州（ならびにトレント自治県およびボルツァーノ自治県）法によっても行われることを認めていた（第9条[108]）。したがって、特別自治州のみならず、通常の州もまた、州の排他的権限分野のみならず［国との］共有権限分野においても、共同体法律の発効を待つことなく、指令を即時実施することができる。この EU 法規定の実施権限の州への付与は、後に、「イタリア憲法第2編第5章を修正」する 2001 年 10 月 18 日憲法的法律第 3 号第 3 条[109]により改正されたイタリア憲法第 117 条[110]に盛り込まれ、イタリア憲法規定によっても確認されている[111]。

第 3 章　イタリア憲法と EU 法　141

③　ラ・ロッジャ法

　他方、指令の実施を州が怠った場合は、国による不履行として国が責任を問われ、国に対する義務不履行訴訟がとられる。そのため、州による実施の不履行の場合には、国が代替的に実施措置をとることが不可欠になる。そこで、同 2001 年 10 月 18 日憲法的法律第 3 号第 6 条により改正されたイタリア憲法第 120 条 2 項[112]は、州による国際条約または EU 法規定の不履行の場合には、政府が州に代わって行動する旨を直接規定した。この点に関して、「共和国法秩序の 2001 年 10 月 18 日憲法的法律第 3 号への適合化のための規定」に関する 2003 年 6 月 5 日法律第 131 号（ラ・ロッジャ法）[113]第 8 条により、EU 法の不実施の場合の政府による州の代替措置の手続が規定された[114]。

　同ラ・ロッジャ法はまた、第 5 条において、州および自治県による EU 措置の形成過程への参加をも規定した[115]。

④　ブッティリオーネ法

　こうした上述の内容を含むラ・ペルゴラ法にもとづいた既存の EU 義務の履行をより迅速にするために、ラ・ペルゴラ法の改正法として、2005 年にブッティリオーネ法[116]が採択された[117]。具体的には、第 10 条により、共同体法律の発効以前に指令の実施期限が経過してしまうような場合には、政府が緊急に実施措置をとることができる。その他の重要な点としては、議会および州の理事会における立法作業への関与に関する規律を導入した点が挙げられる（第 3〜6 条）。政府は、理事会の法案または議事に関し、議会または州への諮問を経ることにより、議決を行うことができる。これは、理事会の作業への国内議会によるさらなる参加の必要性、および上述の 2001 年 10 月 18 日憲法的法律第 3 号により修正されたイタリア憲法第 2 編第 5 章の州および中央政府の関係に対応する規律の導入の必要性に応えて導入されたものである[118]。

　ブッティリオーネ法は、2009 年に修正され、新たに第 14 条の 2 が規定さ

れた。同条は、原則として EU 市民との関係でイタリア市民が差別的な状況に置かれることのないよう規定するものである[119]。

⑤ 2012 年法律第 234 号

さらに、ブッティリオーネ法は、2012 年末に改正され、新たに「イタリアの EU 法および EU 政策の形成および実施への参画に関する一般規定」を定める 2012 年 12 月 24 日法律第 234 号[120]等が制定された。

同法は、まず、EU の立法形成過程における議会による政府のコントロールをさらに強化する（第 4～6 条）等、特に財政に影響を与える EU 立法の過程での議会の権限を強める諸改正を行った。また、新たな点として、共同体法律を「二分（sdoppiamento）」し、「欧州委任法律（legge di delegazione europea）」（毎年 2 月 28 日までに、EU 行為の行政行為による委任立法および実施承認を行う）、および「欧州法律（legge europea）」（EU 司法裁判所の判決に対応した国内法規定の改廃や、EU のその他の行為ないし EU が締結した国際条約の国内実施を、適宜行う）を規定した（第 29～30 条）。

同法によっても、ブッティリオーネ法の 2009 年修正により新設された第 14 条の 2（イタリア市民の EU 市民の差別禁止）の規定は、実質的に修正されていない（第 32 条 1 項 i、第 53 条））[121]。

3　イタリア憲法裁判所による EU 法違反の国内法の違憲無効化

EU 法規定が直接効果を有する場合は、それに抵触する国内法が通常裁判官により適用排除され、直接効果を有する EU 法規定が適用される（Granital 判理 2.）。他方、EU 法規定が直接効果を有しない場合、それに抵触する国内法は、イタリア憲法裁判所によるイタリア憲法第 11 条違反を理由とした憲法審査により、廃止（ricaduta）される必要がある（Granital 判理 3.）。違憲無効化された後は、国内裁判官は、EU 法に抵触する国内法を事案に適用することができなくなり、EU 法との抵触が解決された国内法にも

とづき事案を解決することが求められる[122]。この点については、Granital 事件判決後に精緻化が行われ、その意味するところが明確化されていく。

（1）　抽象的訴訟における EU 法違反の国内法の違憲無効化

1994 年イタリア憲法裁判所首相対ウンブリア州事件では、未発効の地方自治体法が EU 規則と抵触しているという抽象的訴訟（ricorso in via principale）であったが、イタリア憲法裁判所が当該地方自治体法をイタリア憲法第 11 条違憲と判断した[123]。イタリア憲法裁判所は、具体的訴訟（ricorsi in via incidentale）、つまり発効済みの地方自治体法が実際に具体的な事件で問題になった場合であったのならば、国内裁判所によって単に適用排除される（Granital 判理 2.）が、抽象的訴訟においては、イタリア憲法裁判所はいつでも EU 法規定と抵触する国内法の審査を行える（Granital 判理 3.）とした[124]。

この事件の翌年に、同様に EU 規則に反する州法について違憲審査が行われたが、この場合の州法も発効以前のものであり[125]、抽象的訴訟であった。

つまり、Granital 判理 2. は、直接効果を有する EU 法規定と国内法との抵触が問題となっている具体的訴訟における原則である。そして Granital 判理 3. は、まず第 1 に、抽象的訴訟における原則である。

イタリア憲法裁判所は、「……共同体規範に対する違反についての抽象的訴訟はいかなる場合も受け付ける。具体的訴訟については、国内裁判官が共同体法規定と国内法規定との間の抵触を解決し去っていない場合、不適法である」（共同体は EU に、読み替える）[126] としている。

さらに、Granital 判理 3. は、直接効果を有しない EU 法規定と国内法の抵触が問題となっている具体的訴訟における原則でもある。通常裁判所における具体的事件において、直接効果を有しない EU 法規定と国内法の抵触が問題となっている場合、直接効果を有しない EU 法規定に国内法が抵触しているとすれば、それはイタリア憲法 11 条および第 117 条の違憲の問題であるので、通常裁判官は、必要であれば司法裁判所への当該 EU 法規定の解釈

についての先決付託手続を経た上で、イタリア憲法裁判所に付託することとなる（「二重先決付託」(doppia pregiudizialità)[127]）。

図表 3

	EU法規定に直接効果あり	EU法規定に直接効果なし
具体的訴訟	通常裁判所による 抵触国内法の適用排除 （Granital 判理 2.）	憲法裁判所による 抵触国内法の違憲無効化 （Granital 判理 3.）
抽象的訴訟	憲法裁判所による 抵触国内法の違憲無効化 （Granital 判理 3.）	憲法裁判所による 抵触国内法の違憲無効化 （Granital 判理 3.）

（2）　イタリア憲法裁判所による司法裁判所の先決付託手続への付託の否定

　イタリア国内法がEU法と抵触する場合、当該国内法は、イタリアのEU加盟の根拠条文であるイタリア憲法第11条（およびイタリア立法府によるEU法義務の遵守を規定したイタリア憲法第117条）の違反を構成しうるため、イタリア憲法裁判所が上記の2通りの訴訟手続により違憲審査を行うことがある。その場合にイタリア憲法裁判所が下す判決に対しては、イタリア憲法第137条3項によれば、いかなる上訴も認められない。

　他方で、TFEU第267条は、国内裁判所においてEU法の解釈または効力が問題になった場合に、司法裁判所に判断を求めることができると規定し、また、同第3段によれば、加盟国裁判所の「その決定についての司法的救済が存在しない」場合には、EU法の解釈に関する質問の付託が義務的となる。そこで、イタリア憲法裁判所は果たしてこの同第3段の付託が義務的な裁判所に該当するのだろうかという点が問題となる。

　この問題について、イタリア憲法裁判所は、1991年第168号判決において、イタリア憲法裁判所は司法裁判所への先決付託の権限があるとしたが、行使はしなかった[128]。

　しかしその後、1995年イタリア憲法裁判所第536号決定では、EU法の問

題について自らは司法裁判所に先決判決を求めることができない、と判示した。その理由は、イタリア憲法裁判所の機能は、イタリア憲法の番人であって、EEC 条約第 177 条（TFEU 第 267 条）の意味における「加盟国の裁判所・審判所」ではなく、司法裁判所に先決付託手続を直接求めるのは、国内法と EU 法の抵触を扱っている係属裁判所であるというものであった。よってイタリア憲法裁判所は、直接効果がないと考えられる EU 指令と国内法の抵触が問題となっている具体的訴訟につき、自らによる審理を拒否し、事案の係属国内裁判所に司法裁判所への付託をさせるべく、事案を差し戻した[129]。イタリア憲法裁判所のこうした姿勢はその後も 1996 年 7 月 26 日決定第 319 号[130]、1998 年決定第 108 号[131]・第 109 号[132] で確認された。

イタリア憲法裁判所は、自らの性格について、「憲法裁判所は、（イタリア憲法に言及される）通常司法機関でも特別司法機関でもない。イタリア法規範に新しく導入された憲法裁判所に託された使命と、歴史的に築きあげられた既存の司法機関の固有の使命との相違は多大」であり、自らを「EEC 条約第 234 条（TFEU 第 267 条）のいう『国内裁判所』とは認められない」とした[133]。

しかし、抽象的訴訟において、または付託通常裁判所が司法裁判所への先決付託を行わなかった場合の具体的訴訟における直接効果をもたない指令との関係で、イタリア憲法裁判所が EU 法と国内法の問題を扱うときにもイタリア憲法裁判所は先決付託手続への付託を行わないとなると、問題となる可能性がある。抽象的訴訟においてはイタリア憲法裁判所は「判断が国内法上、法的救済のない裁判所または審判所」にあたると思われるし、また、具体的訴訟においても、指令の直接効果は自明ではない場合が多く、その判断については最終的には司法裁判所の判断によるのであるから、イタリア憲法裁判所が出した判決が、もし司法裁判所に付託したなら出されていたであろう判決と異ならないという保証はない。これらの場合において、EU 法の解釈がイタリア憲法裁判所の裁量に左右されてしまう可能性が残っていた。

（3） 抽象的訴訟における司法裁判所への付託

その後、2008 年 2 月 12 日、イタリア憲法裁判所は、決定第 103 号[134] により、従前の判例を変更し、抽象的訴訟につき、司法裁判所への先決付託手続への付託を行った。同決定で扱われていた問題も、未発効の州法の EU 法との抵触の問題、つまり抽象的訴訟であった。

本件決定においてイタリア憲法裁判所は、抽象的訴訟において提起された違憲性の審査に際しては、自らが適法に司法裁判所の先決付託手続への付託することができると述べた。その理由として、イタリア憲法裁判所は、イタリア憲法第 137 条 3 項の規定によれば自らの判断に対してはいかなる異議申立ても認められないこと、抽象的訴訟においては、具体的訴訟と異なり、イタリア憲法裁判所が当該争訟に関し判断を求められる唯一の裁判官であること、よって、自らがその国内法規範における憲法保障に関する最高機関であるという独特な立場にあるにも関わらず、EC 条約第 234 条（TFEU 第 267 条）第 3 段規定の国内裁判所に該当し、かつ、特に、一審であり終審である裁判所に該当するという点を指摘した。にもかかわらず「抽象的訴訟において提起された違憲審査の際に EC 条約第 234 条［TFEU 第 267 条］の先決付託手続を行うことが可能でないとすれば、司法裁判所によって解釈が行われる共同体法の単一的な適用という一般的利益の侵害となるであろう[135]」（共同体は EU に、読み替える。）というのである。

すでに指摘したとおり、抽象的訴訟において、イタリア憲法裁判所が司法裁判所に先決付託を行うことができないとすれば、EU 法の解釈がイタリア憲法裁判所の裁量に左右されてしまう可能性が残る。この問題をイタリア憲法裁判所も危惧し、EU 法の単一的な適用という一般的利益を守るため、従前の判例の解釈を変更し、自らを TFEU 第 267 条第 3 段の「裁判所」に該当するとして、先決付託を行なったのである。その意味で、「親 EU 法的態度」を示すものとして評価できる[136]。

ただ、本判決も認めるように抽象的訴訟においてイタリア憲法裁判所が一審かつ終審である以上、本来は EU 法の解釈問題を付託することは EU 基本

条約上の義務である。しかし本判決は、イタリア憲法裁判所の「権限」のみに言及し、TFEU 第 267 条にもとづく付託義務を受け入れたのかは明確ではない[137]。学説には、具体的訴訟におけるイタリア憲法裁判所も、EU 法の観点からは、先決付託の「義務」が生じる裁判所に該当するとする見解があった[138]。

また、本判決については、次の点も指摘された。すなわち、イタリア憲法裁判所が判示したのは、あくまでも抽象的訴訟において国内法の EU 法違反を審査する場合に、自らが TFEU 第 267 条第 3 段の終審「裁判所」として、先決付託をするとしたという点である[139]。このことはつまり、具体的訴訟において、直接効果を有しない EU 法規定と国内法との抵触の問題がイタリア憲法第 117 条違憲としてイタリア憲法裁判所に付託された場合には、イタリア憲法裁判所は司法裁判所に付託をしない可能性をも意味しえた。また、いずれの審査手続にしろ、EU 法規定と対抗限界（イタリア憲法の基本原則および不可侵の人権）が争点である場合にもイタリア憲法裁判所が司法裁判所に付託をするのかは、明らかでないとの指摘があった[140]。

（4）具体的訴訟における司法裁判所への付託

こうした指摘があった中、2013 年、イタリア憲法裁判所は、第 207 号決定により、初めて具体的訴訟における司法裁判所の先決付託手続への付託を行った。イタリア憲法裁判所 2013 年決定第 207 号[141]で扱われた問題は、次の通りである。

特定の有期労働の枠組協定に関する指令 1999/70 の附属書第 5 箇条 1 項は、加盟国に対し、労働者が有期契約の更新により雇用されうる最長の期間の設定を求め、およびそのような有期契約の更新による搾取を防止し制裁を与えるために適切な規定を国内法へ導入することを求めると同時に、客観的正当化事由が存在する場合には指令に規定された原則からの国内法の逸脱が認められうる旨を規定していた。

他方、イタリアの 1999 年法律第 124 号第 4 条 1 項および 11 項は、学校職

員の年次代理の採用に際する有期契約(更新可能、期限・更新回数無制限、損害賠償請求の方法の規定なし)の利用を認めていた。

この同法条項に関して、複数の学校職員等により提起された訴訟に際し、ローマ等の複数の地方裁判所は、同法条項が指令1999/70と抵触するおそれがあり、したがってイタリア憲法第11条および第117条に違反するかという問題を、イタリア憲法裁判所に移送した。

まず、本件は、具体的訴訟であった。また、本件で争点となった指令1999/70の附属書第5箇条1項は、すでに司法裁判所により直接効果を有しないと判断されていた[142]。従前の判例によれば、本件のように、具体的訴訟に際して、直接効果を有しないEU法規定と国内法との抵触の問題を審理する場合、イタリア憲法裁判所は、自らをTFEU第267条第3段規定の裁判所とはみなさず、司法裁判所に付託を行わない可能性があった。しかし、本件においてイタリア憲法裁判所は、直接効果を有しないEU法規定と国内法との抵触の問題を審理する具体的訴訟の場合にも、自らがTFEU第267条第3段規定の裁判所に該当すると認めた。そして、指令1999/70附属書第5箇条1項は1999年法律第124号第4条1項および11項の適用を排除するという意味で解釈されねばならないのかという点、および、有期契約の学校職員採用に際する損害賠償請求について規定しない1999年法律第124号の関連条項のような規定は、指令1999/70附属書第5箇条1項にもとづき、イタリア学校制度組織の必要性として客観的正当化事由たりえるか、という点について、司法裁判所の先決付託手続への付託を行なった。

本件2013年決定第207号は、具体的訴訟において、国内法が抵触するEU法規定が直接効果を有しない場合においてもイタリア憲法裁判所が司法裁判所への先決付託を行うこととし、結果として、イタリア憲法裁判所の違憲審査手続のそれぞれの類型において、司法裁判所の先決付託手続への付託が行われる途が開かれた点に意義がある。

イタリア憲法裁判所は、本件による判例変更の理由について、多くは語っていない。すでに述べたように、学説には、以前より、具体的訴訟における

イタリア憲法裁判所も、EU 法の観点からは、TFEU 第 267 条第 3 段規定の裁判所に該当し、先決付託の義務があるとする見解があった。本判決は、こうした学説の動向に足並みを揃え、EU 法の統一的適用を尊重する親 EU 法的な判示の一つとして評価できる[143]。

4 「対抗限界（controlimiti）」

Granital 判理 4. は、San Michele 事件判決でその原型が現れ、Frontini 事件判決で定式化された、EU 法の優越性に対する限界としての「対抗限界（controlimiti）」が再度確認された。すなわちイタリアは、イタリア憲法第 11 条にもとづき、EEC 条約等により本来は経済関係に限ってイタリアの主権の制限を受け容れたのであり、EU 法がイタリア憲法の基本原則と不可侵の人権に反する場合には、イタリア憲法裁判所が EU 基本条約批准施行法の憲法審査権を行使するというものである[144]。

（1）対抗限界の意義

イタリア憲法は、伝統的公民権・政治的権利から経済・社会・文化的権利にわたり、福祉国家として典型的な基本的権利の、内容がかなり詳細な憲法規定をもっている。人権に関する条約は、多国間・2 国間ともに数多く締結されており、それらは国内法の一部となり、通常の国内裁判所によって遵守確保がされ得る。権利の実現方法としては、イタリア司法管轄内のイタリア国民・その他の個人は、通常の司法手続きにおける具体的訴訟と、その結果としてのイタリア憲法裁判所による違憲審査を通じて、基本権に反する立法の司法審査を求めることができる。さらに、イタリア憲法裁判所の判決でさえも、イタリアが締約国である国際条約の中で認められている人権の遵守を保障する国際（準）司法手続きによって見直されることもある。しかし、このような成熟したイタリア憲法の基本権保障の仕組みは、EU 法の領域に入ってしまえば、EU 司法裁判所による排他的・自律的司法制度に取って代わられてしまうのである。イタリア憲法裁判所にとって、基本権の保障とい

う権限は、イタリア憲法で保障されている基本権遵守確保の効果的な司法制度に匹敵する制度が、EU の基本権保護制度として確立しない限り、放棄することのできない権限であった[145]。

（２） EU における基本権保障の進展

このような理由から、先述したようにイタリア憲法裁判所は San Michele 事件判決、Frontini 事件判決、および Granital 事件判決を通じて EU 法の優越性を受け容れると同時に、それへの対抗限界を示してきた。

他方、これに呼応する形で、EU における基本権保障も、次第に進展してきている。

EEC は、当初、欧州審議会等と違って、経済的実体集団として設立され、個人の権利の保護の統一を目的としていなかったため、基本権憲章を備えていなかった。しかし、1960 年代後半から現在に至るまで、EU 司法裁判所は、特に欧州議会の支持を得て、不文の原則を固めてきた。すなわち、基本権が EU 法の一般原則の不可欠の一部であること、EU 法制度内の基本権保護の根拠を明確にするために加盟国に共通の憲法的伝統および欧州人権条約等の国際人権条約を参照することなどである[146]。

そのような中、1989 年イタリア憲法裁判所 Fragd 事件[147]では、イタリア憲法の基本原則と不可侵の人権（対抗限界）と EU 法との抵触が実際に検討された。

Fragd 事件の事実の概要は次の通りである[148]。

1980 年 7 月、原告会社は輸出の際、当時有効であった規則 1541/80 に従い、イタリア税関当局へ保証金を支払った。1980 年 10 月 15 日、司法裁判所は、当該規則を無効としたが、同判決の日付に先立って国内当局に支払われた保証金については、無効性を主張できないとした[149]。司法裁判所の判決を受け、原告は、保証金の一部返還を求め、イタリア当局を相手取り、ヴェネツィア地方裁判所に訴訟を提起した。

ヴェネツィア地方裁判所は、当該EU規則の有効性について改めて司法裁判所に質問をし、司法裁判所は、1985年5月22日の判決にて、同規則は無効であるが、無効宣言判決に先立ってなされた保証金支払についての訴訟の根拠とはならない旨を再確認した[150]。ヴェネツィア地方裁判所は、司法裁判所の判決を受け入れられないとし、先決判決に関するEEC条約第177条（TFEU第267条）の規定が、個人の司法保護を規定するイタリア憲法第24条の基本原則に反しているのではないか、という問題をイタリア憲法裁判所に付託した[151]。

本件につきイタリア憲法裁判所は次のように判示した。

まず、イタリア憲法裁判所は、共同体法秩序における基本権保障の発展に鑑みれば可能性は低いが、共同体機関により解釈・適用される条約規定のいずれであれ、イタリア憲法の基本原則および不可侵の人権に違反するか否かを、条約の施行法を通じて審査する権限をもつこと、およびイタリア憲法第24条の個人の司法的保護がイタリア憲法の基本原則であることを確認した[152]。そしてイタリア憲法第24条の侵害は、司法裁判所によって発せられた先決判決が、国内裁判官によって決定が下されねばならない当該訴訟に適用されない、という場合にのみ起こるとしたが、本件はそれに該当しないと判断した。なぜなら、司法裁判所は前回の決定においてすでに問題の規則の規定が無効であることを宣言しており、付託裁判官の要請でなされた本件における先決判決は、無効宣言がされていることを単に確認するにとどまるということに過ぎなかったからである[153]。

（EEC条約はEU基本条約に、共同体はEUに、読み替える。）

このように、イタリア憲法裁判所は、EU法秩序における基本権保障の進展においても、対抗限界の保持を明確にした。また、イタリア憲法の基本原則および不可侵の人権として、具体的にイタリア憲法第24条を挙げた[154]。

また、従前のFrontini事件判決およびGranital事件判決と、本件との相違点としては、次の点が指摘されている。すなわちイタリア憲法裁判所は、

前者では、対抗限界に反するEU基本条約のみを憲法審査するとし、本件では、対抗限界に反するEUの個別の行為をも憲法審査できることを示したため、施行法律を通じた対抗限界にもとづく憲法審査が、必ずしもイタリアのEUへの参加の是非を問うこととならなくなった[155]。

(3) 対抗限界の維持

その後もEU法規範は基本権保障の制度を発展させた。従前の司法裁判所の判例法は、1993年のマーストリヒト条約によるEU基本条約の改正で、当時のEU条約第F条2項（TEU第6条3項）に明文化された。また、注目すべき点として、同EU条約第F条1項（TEU第4条2項）が、「連合は、その政府組織が民主主義の原則に基く加盟国の独自性を尊重する」[156]と規定し、イタリア憲法裁判所が掲げる対抗限界に対応するような規定を設けた。

さらに1996年6月には、欧州理事会においてEU基本権憲章を制定することが合意され、2000年末には宣言として採択された。EU基本権憲章は、2009年になりようやく、リスボン条約によって、EUの基本権目録としてEU基本権憲章にTFEUと同等の法的効力が付与され、さらに従来の司法裁判所の判例法が維持されると同時に、EUによる欧州人権条約への加入もEU基本条約に規定されるに至ることとなる[157]。

このように、次第にEU法が基本権保障制度を確立してくる一方でも、対抗限界はイタリア憲法判例において確立したものとなり、堅持された（1991年イタリア憲法裁判所第168号判決[158]、1993年イタリア憲法裁判所第115号判決[159]、等）。イタリア憲法裁判所は、EU法が「イタリア憲法の基本的な原則に反しないか、不可欠な基本的人権を侵さないかを審査する自らの権限」が「不可侵であることを再確認」し、「国際機関における国家の個別性を保つための最小限の要請」として主張している[160]。

とはいえ、対抗限界の援用にあたっては、かなり厳格な基準が設けられている。1998年イタリア破毀院判決第1512号では、対抗限界の援用は、EU

法によるイタリア憲法の基本原則および不可侵の人権の抵触が、イタリアのEUからの撤退という極端な法的手段を正当化するほど潜在的に重大である場合に限られるとされた[161]。今のところイタリア憲法裁判所は対抗限界を発動していないが、イタリア破毀院およびイタリア国務院は、対抗限界を前提にした判示が出ている（第5章第5節1）[162]。

また、このようなEU法の優越性に対する対抗限界を、イタリア憲法に明示的に規定しようとする試みもあった。1997年6月30日に承認された憲法的法律案による、イタリア憲法第2部の「イタリアの欧州連合への参画」に関わる第5章第116条の改正案では、「イタリアは、他国との平等の条件で、法規範の至上原則と侵されざる人権を遵守しながら、欧州統合の過程に参画する」との文言が規定された（欧州条項）が、憲法改正には至らなかった。

第4節　イタリア憲法改正後のEU法とイタリア法の関係

1　イタリア憲法第2部第5章改正

欧州条項の導入を含むイタリア憲法第2部の大々的改訂は保留となったが、2001年11月にイタリア憲法第2部のうち第5章が改正され、随所で欧州共同体ないしEUへの言及が導入された。特に、立法権限の配分を規定した改正第117条は特に注目に値する。

　イタリア憲法　第117条　1項　立法制定権は、憲法、さらに共同体法規範、国際的義務から派生する義務を遵守しながら、国と州とによって行使される。
　（共同体はEUに読み替える）

イタリア憲法第117条の改正以前は、国際条約にもとづく義務履行について、イタリア憲法上の保証は存在しなかった。したがって、国際条約義務の

履行は、通常適応手続または特別適応手続を通じて、国内的に実施され、その履行を確保する法令による保証しか受けていなかった。よって、国際条約が法律を通じて施行されていた場合には、当該国際条約は、原則として当該施行法律の効力を有するとされていた。結果として、そうした国際条約に由来する規定は、イタリア憲法規定に服し、さらに国内後法により逸脱される可能性があった。

このように、国内後法に対する国際条約由来の規定の優越性の規定がなかった状況は、特に国際人権保障に関する条約について不都合を生じており、国際条約に一定の憲法上の保証を付与する必要性が議論されるようになってきていた[163]。そのようななか、改正第117条が、立法機能に対する制限という位置付けを通して、国際的義務およびEU法義務の遵守をイタリア憲法上保証することとなったのである。

2 改正イタリア憲法第117条によるEU法と国際条約の性質

改正第117条は、国と州の立法が国際的義務およびEU法義務を遵守することを規定している。

本条は、国際条約およびEU法に対する自動的適応を規定しているのではなく、また、イタリアにおける国際条約およびEU法の国内実施方法を規定したのでもなく、国内法秩序におけるさまざまなメカニズムを通じて国際的義務およびEU法義務が履行されることを前提としている。一般的には国際条約はイタリア憲法第80条にもとづき、批准施行法により国内施行されるが、改正第117条はそのような国際条約の批准施行法に憲法の効力を付与することによって形式的な序列を変更するものではない。しかしながら、本条にもとづき、国際条約およびEU法に抵触する国内法規定は、イタリア憲法裁判所の判断によりイタリア憲法第117条違憲となることになったのである[164]。

このように、改正第117条は、特に国際条約に関してはこれまで存在しなかったイタリア憲法上の保証を与え、またさらにEU法の実施には新たな直

接的憲法保証を追加するものである。改正第117条の文言上は、特に「共同体法規範」と「国際的義務」との扱いに差異が設けられてはいない[165]。にも関わらず、EU 法と国際条約法の間には次の相違がある。

まず、改正第117条は、EU 法に関して、イタリア憲法第11条にもとづく既存の EU 法の実現手続を修正するものではない。国内法規定が EU 法に抵触する場合、それが抽象的審査で問われるとき[166]、および具体的審査で基準となる EU 法規定に直接効果が認められないときには[167]、イタリア憲法裁判所によりイタリア憲法第11条および第117条の違憲審査が行われるが、具体的審査で直接効果を有する EU 法に国内法が抵触する場合は、従来通り、当該事案が係属している国内裁判所の裁判官が、抵触国内法を適用排除することとなる。

また、EU 法が（対抗限界を除く）イタリア憲法規定に優越する一方で、国際条約はイタリア憲法に対して優越しない[168]。

さらに、イタリアは、憲法的法律でもってしても（対抗限界が問題である場合とイタリアの EU 脱退の場合を除いて）EU 法義務から免れることができない一方で、国際条約からは憲法的法律でもってその義務を免れることができる[169]。

小括

以上を要するに、以下のことがいえる。

EU 法に関するイタリア判例から明らかなように、EU 司法裁判所とイタリア憲法裁判所は、それぞれの判例を通じて司法的対話を行う。

一般的な国際条約と同様、EU 基本条約も、イタリアでは、批准施行法により国内法秩序に受容された。一般的な国際条約は、締約国が憲法にしたがいその法的性質を決定できる。イタリア憲法には、国際条約の国内法秩序における序列に関する規定がないので、EU 基本条約に認められる序列も、当初は、EU 基本条約を批准施行する法律の序列とされた。

しかし、EU 法の要請は、EU 法が全加盟国で等しく解釈・適用されることであった。そのための EU 法の要請としては、EU 法の性質が EU 法自体、EU 司法裁判所によって決定され、直接適用可能であり、イタリア憲法を含む各加盟国法に対し優越し、国内法における直接効果が認められることが必要であった。すなわち、EU 法は各加盟国の主権の制限を伴う法秩序である。イタリア憲法裁判所は、そのような主権の制限を、イタリア憲法第 11 条を根拠に受け入れた。

しかし同時にイタリア憲法裁判所は、イタリア憲法第 11 条が認める主権の制限にもとづく EU 法の優越性や直接効果は、EU 基本条約によりイタリアが EU に付与した権限の範囲に限られ、特にイタリア憲法の基本原則および不可侵の人権に反する場合には、イタリア憲法裁判所が EU 法の優越性を否定するとの姿勢を示している。EU 法は、原則として加盟国の憲法に対しても優越するため、イタリア憲法裁判所が示したように、対抗限界を主張する必要があったのである。

これに応じる形で、EU 法は独自の基本権保障のシステムを構築してきている。その結果、実際にイタリア憲法裁判所が対抗限界に依拠したことは今までなく、EU 法により規律される領域においては、原則として基本権保障が EU 法に委ねられ、例外的に、重大な看過しがたい人権侵害が EU 法によって生じる場合にのみ、EU 法により規律されるはずの領域において、イタリア憲法にもとづく人権保障を行う可能性が排除されてはいないという、均衡関係が保たれている。

注

1　Condinanzi ［2003］, p. 13.
2　例えば、EEC 条約は、1957 年 10 月 14 日法律第 1203 号により批准承認・施行命令された。
3　Condorelli ［1974］, p. 33.
4　ウィーン条約法条約第 31 条。
5　Sacerdoti ［1976］, p. 234.

6 Sacerdoti [1976], p. 232; Sacerdoti and Venturini [1992], p. 339.
7 伊藤 [2002A]、111～112 頁。曽我 [2006]、88～9 頁。
8 Consiglio di Stato, decisione 7 novembre 1962, n. 778, *Foro italiano*, 1963, III, 145-6.
9 伊藤教授は、本件イタリア国務院判決と司法裁判所の Van Gend & Loos 判決との理由付けが、以下の点で類似していると指摘されている。第1に、EEC 条約第31条（アムステルダム条約により削除）の規定内容が、現状凍結義務規定であって、その実施につき何ら後の国内法令の制定を必要としない点を指摘した点、第2に、EEC 条約が、司法裁判所に対する先決問題の移送を規定することにより、私人の国内裁判所における条約規定の直接援用可能性を認めているとの解釈を示した点、第3に、加盟国が EEC との関係において自己の主権を制限したとの理由付けを示した点である。これらはいずれも司法裁判所の判決に取り入れられ、更に敷衍されている点で注目すべきであり、司法裁判所の Van Gend & Loos 判決の意義は、このようなイタリア判例の開いた途を更に押し進め、独自の法秩序としての EU 法秩序の成立を、より総合的体系的に論拠づけようとした点にこそある。伊藤教授によれば、本件イタリア国務院判決は、Van Gend & Loos 判決の評釈においてしばしば言及されることとなった（伊藤 [2002A]、112 頁。Samkalden, "Annotation on Case 26/62", *Common Market Law Review*, Vol. 1, 1963-4, p. 91）。
10 C.S., decisione n. 778 del 1962, *cit.*, 145.
11 例えば、1957 年 3 月 25 日の EEC 条約は、1957 年 10 月 14 日法律第 1203 号により批准・執行。
12 Maengo, Silvio, ed., *La Nuova encicropedia del diritto e dell'economia*, Garzanti, 1990, p. 1360.
13 田畑・石本編 [2001]、20 頁。
14 Mengozzi, Paolo, *European Community Law*, 2nd ed., Translated by Patrick Del Duca, Kluwer Law International, 1999, p. 95.
15 Jyränki, Antero, "Transferring Powers of a Nation-State to International Organizations: The Doctrine of Sovereignty Revisited", Antero Jyränki, ed., *National Constitutions in the Era of Integration*, Kluwer Law International, 1999, p. 64; Cassese, A., "Il Consenso alle Limitazioni della Sovranità Necessarie per la Pace e la Giustizia", a cura di Branca, G., *Commentario della Costituzione*, Zanichelli, 1975, p. 582.

16　樋口・吉田編［2001］、159頁。
17　Cassese［1975］, pp. 581-2.
18　*Ibid.*, p. 583.
19　*Ibid.*, pp. 581-583.
20　「最高の効力をもつ。したがって、それは、対象となる事項についても、法律制度を改変する力についても、何らの制限をもたない。すなわち、それは、憲法そのものであれ、他の憲法的法律であれ、いかなる法規範をも廃止しまたは改正することができる」(ボルゲーゼ［1969］、138頁)。
21　イタリア憲法第138条規定の憲法の改正、憲法的法律の手続き。
22　イタリア憲法第70～74条規定の法律の制定手続。
23　Cassese［1975］, p. 584.
24　C.C., sentenza 27 dicembre 1973 n. 183 (イタリア憲法裁判所ウェブサイト (アクセス：2013年6月4日)), punto 6. in considerato in diritto.
25　Laderchi, Francesco P. Ruggeri, "Report on Italy", Slaughter, Anne-marrie, and others, ed., *The European Court and National Courts – Doctrine and Jurisprudence*, Hart, 1998, pp. 157-158.
26　1957年10月14日法律第1203号。
27　伊藤［2002B］、109頁。
28　C.C., sentenza n. 14 del 1964, *cit.,* punto 6. in considerato in diritto.
29　C.C., sentenza n. 14 del 1964, *cit.*
30　Giudice conciliatore, ordinanza 10 settembre 1963, *cit.*
31　Giudice conciliatore, ordinanza 21 gennaio 1964, *cit.*
32　C.C., sentenza n. 14 del 1964, *cit.*
33　*Ibid.*, punto 6. in considerato in diritto.
34　*Ibid.*, P.Q.M.
35　Condinanzi［2003］, *Ibid.*, p, 43.
36　この時点では、適合性の推定は用いられなかった。
37　Case 6/64, *cit.*, p.589.
38　*Ibid.*
39　Condinanzi［2003］, p. 44.
40　Giudice conciliatore, ordinanza 21 gennaio 1964, *cit.*
41　C.C., sentenza 12 luglio 1965, n. 66, *Foro italiano*, 1965, I, 1372.
42　Conciliatore di Milano, sentenza 4 maggio 1966, *Costa c. E.n.el.*, *Foro Italiano*,

1966, 938.
43 *Ibid.*, 939-43.
44 Case 6/64, *cit.*, p. 606.
45 C.C., sentenza, 27 dicembre 1965, n. 98, *Acciaierie S. Michele c. CECA*, *Rivista di diritto internazionale privato e processuale*, 1966, p. 106.
46 ECSC は 50 年の期限を設けていたため、現在では無効となっている。
47 Legge 25 giugno 1952, n. 766, *GU Serie Generale* n. 160 del 12 luglio 1952, Suppl. Ordinario n. 1.
48 C.C., sentenza n. 98 del 1965, *cit.*, punti 2. a 5. in considerato in diritto.
49 Laderchi [1998], p. 161.
50 Condinanzi [2003], p. 14.
51 *Ibid.*, pp. 53-4; C.C., sentenza n.98 del 1965, *cit.*, punto 2. in considerato in diritto.
52 本章第3節4.参照。
53 Cass., sentenza 6 ottobre 1972, n. 2896, *Schiavello c. Nesci, Giurisprudenza costituzionale e civile*, 1972, I, 2769.
54 *Ibid.*, 2772.
55 Case 39/72, *cit.* 第2章第1節4.参照。
56 岩沢 [1985]、252 頁。
57 このことは、原則として、拘束力を有する国連安保理決議に関しても同様である（例外的に、国連安保理決議のうち、EU の権限外のもので、武器の輸出入および輸送に関するものは、1985 年 7 月 9 日法律第 285 号等を根拠に、イタリアにおいて直接適用される（Vismara [2011], p. 1067; Mancini [2000], p. 1031））。
58 Conforti [2002A], pp.306, 311-312.
59 C.C., sentenza 27 dicembre 1973 n. 183, *Frontini e altro c. Ministero delle Finanze, Rivista di diritto internazionale privato e processuale*, 1974, p. 508.
60 イタリア共和国憲法 第2編 共和国の機構 第1章 国会 第2節 法律の制定 第70条［立法権］ 第71条［法律の発案］ 第72条［法律案の審議および採血］ 第73条［法律の審署・公布・施行］ 第74条［大統領の再議要求権］ 第75条［法律廃止の国民投票］ 第76条［立法の委任］ 第77条［政令および暫定措置］（阿部 [2005]、27～8 頁参照。）
61 Oppenheimer, Andrew, ed., *The Relationship between European Community Law and National Law: The Cases*, Vol. 1, Cambridge, 1994, pp. 629-30.
62 C.C., sentenza n. 183 del 1973, *cit.*, punto 4. in considerato in diritto.

63 *Ibid.*, punti 7. e 8. in considerato in diritto.
64 *Ibid.*, punto 9. in considerato in diritto.
65 Condinanzi [2003], p. 18.
66 *Ibid.*, p. 44.
67 *Ibid.*, p. 54.
68 C.C., sentenza 30 ottobre 1975 n. 232, *Industrie Chimiche Italia Centrale*, *Giurisprudenza costituzionale*, 1975, p. 2211.
69 *Ibid.*, punto 4. in considerato in diritto.
70 *Ibid.*, punto 8. in considerato in diritto.
71 *Ibid.*, punto 6. in considerato in diritto.
72 Condinanzi [2003], p. 45.
73 C.C., sentenza n. 232 del 1975, *cit.*, p. 2218.
74 山根裕子『ケースブック EC 法』東京大学出版会（1996 年）、137 頁。
75 Laderchi [1998], p. 165.
76 Constitutional Court Decision 170/84, *Granital*, *Common Market Law Review*, 1984, p. 756; C.C., sentenza 8 giugno 1984, n. 170, *Granital*, *Foro italiano*, 1984, 2062.
77 Case 113/75 *Frecassetti* [1976] ECR 983.
78 30 aprile 1979 n. 24, *S.p.a. Granital c. Amministrazione delle Finanze dello Stato*, *Gazzetta Ufficiale*, 1979, II, p. 1802.
79 C.C., sentenza n. 170 del 1984, *cit.*, punto 3. in considerato in diritto.
80 *Ibid.*, punto 4. in considerato in diritto.
81 *Ibid.*, punto 5. in considerato in diritto.
82 *Ibid.*, punto 6. in considerato in diritto.
83 *Ibid.*, punto 7. in considerato in diritto.
84 *Ibid.*, punto 8. in considerato in diritto.
85 C.C., sentenza 19 aprile 1985, n. 113（イタリア憲法裁判所ウェブサイト（アクセス：2003 年 12 月 4 日））。
86 C.C., sentenza 4-11 luglio 1989, n. 389（イタリア憲法裁判所ウェブサイト（アクセス：2013 年 6 月 4 日））。
87 C.C., sentenza 8-18 aprile 1991, n. 168（イタリア憲法裁判所ウェブサイト（アクセス：2013 年 6 月 4 日））。
88 C.C., sentenza 4-13 dicembre 1991, n. 453（イタリア憲法裁判所ウェブサイト（アクセス：2013 年 6 月 4 日））。

89 Caridi, Settimio Carmignani, red., *Dieci anni di giurisprudenza della Corte costituzionale nelle relazioni dei presidenti pronunziate in occasione delle conferenze stampa*, 4ª ed., Palazzo della Consulta, 1998（イタリア憲法裁判所ウェブサイト〈http://www.cortecostituzionale.it/〉（アクセス：2003年12月4日））, pp. 23, 41-2, 78-9, e 102.

90 Condinanzi [2003], p. 41.

91 *Ibid.*, pp. 12-13.

92 C.C., sentenza 24-26 marzo 1993, n. 115（イタリア憲法裁判所ウェブサイト（アクセス：2013年6月4日））.

93 Condinanzi [2003], p. 49.

94 C.C., sentenza n. 168 del 1991, *cit.*

95 C.C., sentenza n. 113 del 1985, *cit.*

96 C.C., sentenza n. 389 del 1989, *cit.*

97 Condinanzi [2003], p. 49.

98 *Ibid.*, p. 48.

99 Caridi [1998], pp. 41-42.

100 *Ibid.*, pp. 41-42.

101 Gerli, Simonetta, red., *Diritto dell'Unione europea*, Simone, 2010, p. 98.

102 Legge Fabbri, 16 aprile 1987, n. 183, *Gazzetta Ufficiale*, supplemento ordinario del 13 maggio 1987 n. 109.

103 Gerli [2010], p. 101.

104 Legge La Pergola, 9 marzo 1989, n. 86, *Gazzetta Ufficiale*, 10 marzo 1989 n. 58.

105 Gerli [2010], p. 101.

106 Condinanzi [2003], pp. 31-32.

107 Contaldi, Gianluca, "La disciplina della partecipazione italiana ai processi normativi comunitari alla luce della riforma della legge La Pergola", Predieri e Tizzano, red., *Il Diritto dell'Unione europea*, Giuffrè, 2005, pp. 515-516.

108 1998年4月24日共同体法律第128号13条により改正後のもの。

109 Legge costituzionale, 18 ottobre 2001, n. 3, *Gazzetta Ufficiale*, 24 ottobre 2001 n. 248.

110 イタリア憲法第117条 5項 州ならびにトレントおよびボルツァーノ自治県は、自らの権限内の事項に関して、自治体法の形成に関するいかなる決定にも参加し、国の法律によって定められた手続にしたがい、国際条約およびEU法令の

履行および執行を行う。国の法律は、州がその責務を遂行しない場合、州に代わって国がとる手続を定める。

111 Condinanzi [2003], p. 32.

112 イタリア憲法第120条2項　政府は、州、首都、県または市町村の機関が国際法規、条約または共同体の法令に違反したとき……地方政府の境界にとらわれることなく、これらの機関に代わって行動することができる……。

113 Legge La Loggia, 5 giugno 2003, n. 131, *Gazzetta Ufficiale*, 10 giugno 2003 n. 132.

114 Condinanzi [2003], p. 33.

115 Gerli [2010], p. 109.

116 Legge Buttiglione, 4 febbraio 2005, n. 11, *Gazzetta Ufficiale*, 15 febbraio 2005 n. 37.

117 Contaldi [2005], p. 516.

118 *Ibid.*, p. 516.

119 2008年共同共同体法律（Legge 7 luglio 2009, n. 88, *Gazzetta Ufficiale*, Serie Generale n.161 del 14 luglio 2009, Suppl. Ordinario n. 110）第6条1項d（「第14条の後に、以下を挿入する。『第14条の2（平等取扱い）1項　欧州共同体および欧州連合の規定および原則の受容および実施のためのイタリアの規定は、国内領域に居住または開業する他のEU加盟国の市民との関係でイタリア市民を平等に扱い、イタリア市民が不利に扱われないよう保証する。2項　国内領域に居住または開業する共同体市民の状況および取扱いとの関係で、差別的な効果をもたらすイタリア法規定または国内実行は、イタリア市民との関係では適用されない。』）により導入。

120 Legge 24 dicembre 2012, n. 234, *Gazzetta Ufficiale*, 4 gennaio 2013 n. 3.

121 Vezzani, Simone, "Diritto UE, discriminazioni a rovescio e loro rimozione nell'ordinamento italiano", *Diritto Pubblico Comparato ed Europeo*, vol. 2, 2015, p. 530.

122 Condinanzi [2003], p. 52.

123 C.C., sentenza 10 novembre 1994, n. 384, *Presidente del Consiglio dei ministri c. la Regione Umbria, Foro italiano*, 1994, I, 3289.

124 Caridi [1998], p.206.

125 C.C., sentenza 30 marzo 1995, n. 94（イタリア憲法裁判所ウェブサイト（アクセス：2013年6月4日））。

126 Caridi [1998], p.234.

127 Pistoia, Emanuela, "Una nuova pronuncia della Corte costituzionale sui rapport tra diritto nazionale e diritto europeo", *Rivista di diritto internazionale*, vol. 94, fasc. 1, 2011, pp. 95-6.

128 C.C., sentenza n. 168 del 1991, *cit*.

129 C.C., ordinanza 15-29 dicembre 1995, n. 536, *Messaggero Servizi S.r.l.*, *Rivista di diritto internazionale*, 1996, p. 502.

130 C.C., sentenza 18-26 luglio 1996, n. 319（イタリア憲法裁判所ウェブサイト（アクセス：2013年6月4日））.

131 C.C., sentenza 26 marzo - 6 aprile 1998, n. 108（イタリア憲法裁判所ウェブサイト（アクセス：2013年6月4日））.

132 C.C., sentenza 26 marzo - 6 aprile 1998, n. 109（イタリア憲法裁判所ウェブサイト（アクセス：2013年6月4日））.

133 Caridi［1998］, p.234.

134 C.C., ordinanza 13 febbraio 2008, n. 103（イタリア憲法裁判所ウェブサイト（アクセス：2013年6月4日））.

135 *Ibid*.

136 須網［2010］、68頁。Rossi, Lucia Serena, "Recent Pro-European trends of the Italian Constitutional Court", *Common Market Law Review*, Vol. 46, 2009, pp. 328-331.

137 須網［2010］、67頁。Pistoia［2011］, p. 97.

138 Vismara, Fabrizio, "Rapporti tra Corte costituzionale italiana e giudice ordinario nella dinamica del rinvio pregiudiziale alla Corte di giustizia", *Il Diritto dell'Unione europea*, 2012, n. 2, p. 317

139 Zicchittu, Paolo, "Il primo rinvio pregiudiziale da Palazzo della Consulta: verso il superamento della teoria dualista?", *Quaderni costituzionali*, 2008, n. 3, p. 617.

140 Gennusa, Maria Elena, "Il pimo rinvio pregiudiziale da Palazzo della Consulta: la Corte costituzionale come 〈〈giudice europeo〉〉", *Quaderni costituzionali*, 2008, n. 3, p. 614.

141 C.C. ordinanza del 18 luglio 2013, n. 207（イタリア憲法裁判所ウェブサイト（アクセス：2015年2月4日））.

142 Case C-268/06 *Impact*［2008］ECR I-2483, etc.

143 東史彦「イタリア憲法裁判所による司法裁判所の先決付託手続への付託」EUSIウェブマガジン（2016年）（http://eusi.jp/mail-magazine/commentary/

commentary_0381)。

144　Condinanzi [2003], pp. 53-6.

145　Francioni [1992], pp. 195-198.

146　庄司 [2003]、161〜2頁。

147　C.C., sentenza 21 aprile 1989, n. 232（イタリア憲法裁判所ウェブサイト（アクセス：2003年12月4日））。

148　伊藤洋一「EC判例における無効宣言判決効の制限について（1）」『法学協会雑誌』第111巻2号（1994年）、161頁。

149　Case 145/79 *SA Roquette Frères* [1980] ECR 2917.

150　Case 33/84 *SpA Fragd* [1985] ECR 1605.

151　C.C., sentenza n. 232 del 1989, *cit.*, punto 1. in ritenuto in fatto.

152　*Ibid.*, punti 3.1. a 3.2.

153　*Ibid.*, punto 6.

154　EU法規定の憲法審査の事由となる対抗限界には、全ての憲法規定が含まれるのではなく、イタリア憲法の基本原則および不可侵の人権のみに限定される。例えば、国と州の国内的権限配分に関するイタリア憲法規定は、対抗限界には含まれない（1996年イタリア憲法裁判所第126号判決（C.C., sentenza 17-24 aprile 1996, n. 126（イタリア憲法裁判所ウェブサイト（アクセス：2004年3月4日））））（Condinanzi [2003], p. 55）。

155　Condinanzi [2003], p. 54.

156　訳出に際しては、山本編 [1994]、344頁を参照。

157　庄司 [2003]、170〜1頁。

158　C.C., sentenza n. 168 del 1991, *cit.*

159　C.C., sentenza n. 115 del 1993, *cit.*

160　Caridi [1998], p. 234.

161　Corte di casssazione, sentenza 13 febbraio 1998, n. 1512, *Talamucci, Giustizia civile*, 1998, I, p. 1935.

162　第5章第5節1.参照。

163　Mirate [2009], pp. 92-3.

164　Cannizzaro, Enzo, "La riforma 〈〈federalista〉〉 della Costituzione e gli obblighi internazionali", *Rivista di diritto internazionale*, vol. 84, 2001, fasc. 3, pp. 922-6.

165　Condinanzi [2003], p. 50.

166　*Ibid.*, pp. 50-1.

167 直接効果を有しない枠組決定に反する国内法を具体的違憲審査によりイタリア憲法第11条および第117条違反と判示した事例として、2010年イタリア憲法裁判所第227号判決（C.C., sentenza n. 227 del 2010, *cit.*）等。

168 Rossi［2009］, p. 321.

169 Rescigno［2002］, pp. 780-785.

第4章　イタリア憲法と欧州人権条約

　本章では、イタリア憲法秩序における欧州人権条約の位置づけを考察する。

　まず前提として、イタリアは、イタリア憲法第 11 条により、諸国間の平和と正義を確保する制度に必要な主権の制限に同意するとし、イタリアでは、同第 11 条、および、条約の法律による批准承認を規定したイタリア憲法第 80 条にもとづき、主権を制限する条約の通常法律による批准施行が認められている[1]。

　EU 基本条約は、イタリア憲法第 80 条により批准施行されているが[2]、この EU 基本条約にもとづく EU 法は、派生法ないし EU 司法裁判所の判決を含めて、イタリア憲法第 11 条を根拠として、イタリア憲法の基本原則および不可侵の人権に反しない限り、EU 法の適用範囲においてイタリア法に対し優越することによりイタリアの主権を制限するが、その根拠となっているのがイタリア憲法第 11 条である。

　一方、欧州人権条約は、どのような性質を有しているであろうか。欧州人権条約は、国際人権規約等の一般的な人権条約と異なる特徴を備えている。すなわち、国連の主な人権条約の場合、締約国が条約違反を行ったとき、条約が設置した委員会への国家報告制度や個人通報制度を通じて、委員会が条約違反の有無を審査し勧告を決定するが、これに法的拘束力はない[3]。国連の主な人権条約には、拘束力ある判決を出せる人権裁判所の設置を認めたものはまだないのである[4]。これに反して、欧州人権条約の場合、締約国が欧州人権条約違反を行ったとき、欧州人権裁判所への国家または個人申立てにより、訴訟が行われ、同裁判所は、欧州人権条約違反の締約国に対し、違反の是正を命じる拘束力を有する判決を下すことができる[5]。このような欧州人権条約ないし欧州人権裁判所の判例法は、EU 法の場合と同じ態様でイタ

リアの主権を制限するのであろうか、つまり、イタリア憲法第11条にもとづきイタリア法に優越し、条件を満たせば直接効果を認められるのであろうか。本章では、同議論について、判例を確認しつつ、学説の検討を行う。

第1節　欧州人権条約とイタリア法

　第2章で確認したように、EUは、まだ欧州人権条約の締約当事者ではないが、欧州人権条約法は、EU法の一般原則として、およびEU基本権憲章を介在して、EU法規範に取り込まれている。EU法規範に取り込まれた欧州人権条約法の法的性質は、EU法にしたがって決定され、EU法の適用範囲内において適用される。他方、イタリア（ないし他のEU加盟国）は欧州人権条約の締約国であり、EU法の適用範囲外では、欧州人権条約の法的性質は、各締約国の憲法にもとづき決定される。そこで、次では、EU法の適用範囲外におけるイタリア憲法にもとづく欧州人権条約の法的性質を確認する。

1　イタリアと欧州人権条約

　イタリアは、欧州人権条約の起草段階に参加し、署名の場を提供し、かつ最初に署名した10ヶ国の1国である。イタリアは、1950年11月4日に欧州人権条約に署名し、1955年10月25日に批准した。イタリアはその際、留保を行なっていない。イタリアはその後1973年には個人申立制度を受諾し、以降多くの申立が行われてきた[6]。1959年から2012年までの統計によれば、イタリアに対する判決は2229件で、欧州人権条約締約国のなかではトルコに次ぐ2番目に位置しており、そのうちなんらかの条約違反が認定されたのは1687件で、やはりトルコに次いで2番目に件数の多い締約国となっている[7]。イタリアを相手取った申立の数が非常に多い原因には、イタリアでは欧州人権条約の国内法に対する優越が認められていないこと、欧州人権条約の直接適用可能性について争いがあること、イタリア憲法裁判所への申立が

裁判官および国家機関に限定され、個人による申立が認められていないこと[8]、およびイタリア裁判所が欧州人権裁判所判例と一線を画すことが多かったこと等が挙げられる[9]。

2 欧州人権条約の批准・施行

イタリアでは、欧州人権条約は、1955年8月4日付法律第848号（以下、「1955年第848号法律」）[10]により、批准施行された。1955年第848号法律の第1条は、欧州人権条約および各追加議定書の批准のイタリア議会による承認を規定し[11]、同第2条は、国内における完全な施行の命令を規定している[12]。欧州人権条約および各追加議定書は、1955年10月26日に発効した[13]。

イタリア法における欧州人権条約は、国際人権規約を含む一般的な国際条約と同様、施行命令を規定する法的行為と同等の序列に属するため、通常の法律と同等の序列を有する[14]。そのためやはり、2001年のイタリア憲法第117条改正以前は、後法優越の原則の適用により、国内後法が優先される可能性があった。

3 欧州人権条約の序列の問題

しかし、学説には、欧州人権条約の独特の内容およびその人権保護という目的から、法律に優る権威（authority）を同条約に与えるための理論や、イタリア憲法上の根拠を主張するものがあった。そのなかには、一般的な国際条約の場合と同様に、国内後法があいまいである場合、国家が先に引き受けている国際的義務を尊重できるように国内後法を解釈せねばならないという適合性の推定の理論[15]や、特別法優越の原則を欧州人権条約に適用し、特別法たる欧州人権条約の一般法たる法律に対する優位を主張する説[16]、さらに、締結した国際条約による規律と同様に国内で規律していた一定の問題を、以後国際条約による規律と異なる態様で規律するという意図と、すでに引き受けた国際的な約定を破棄するという二重の意図が明確な場合のみに、

国内後法が条約に優越するとする「条約の特別性」の理論も主張された[17]。

イタリア憲法上の根拠としては、イタリア憲法第10条1項にもとづき、欧州人権条約の優越を主張する学説もあった[18]。しかし、同条にもとづいた欧州人権条約の法律に対する優位の主張に対して、イタリア憲法裁判所は一貫して否定的な判示を堅持している[19]。

また、イタリア憲法第2条の規定が、国内法の人権と国際法の人権との双方の保護のために「開かれた規定」(open clause) であるという主張もなされた[20]。

さらに、EU法のイタリア法に対する優越性の根拠となっているイタリア憲法第11条にもとづく欧州人権条約の優越性も主張されている。ヨーロッパにおける人権保障を目的とする欧州人権条約は、人権保障を通じて「諸国家間の平和と正義を保障する」(イタリア憲法第11条)機構であり、そのための「主権の制限」という文言は、EUを念頭においた「立法、行政、および司法機能の実施のための国家権限の制限」という厳格な意味でのみ解釈されるべきではなく、欧州人権条約等のEU以外の人権条約機構をも包含する意味で解釈されるべきであるという主張である[21]。

確かに、司法裁判所が1970年代頃より、EU法の一般原則として欧州人権条約の諸権利に言及を開始し、そのような判例を明文化するものとして、1993年マーストリヒト条約による改正後のEU条約第F条2項（TEU第6条3項）が「連合は、……欧州人権条約により保障され、各加盟国に共通の憲法的伝統に由来する基本権を共同体法の一般原則として尊重する」（共同体はEUに読み替える）と規定したことから、EU条約第F条2項（TEU第6条3項）を根拠に欧州人権条約の国内法に対する優越を主張する説もある。この説は、欧州人権条約が、EU司法裁判所の判例ないしEU条約第F条2項（TEU第6条3項）により、GATT1947と同様に、「EU法化」されたと考え、欧州人権条約と国内法との関係はEU法と国内法の関係に等しい、したがって、欧州人権条約はEU法と同様にイタリア憲法第11条にもとづき国内法に対して優越する、という主張である[22]。

4 欧州人権条約の「EU法化」

　ここでまず、欧州人権条約のEU法化と、GATT 1947のEU法化との相違を確認しておく。

　GATT 1947の「EU法化」は、次の含意を有する。

　1947年当初、EUはまだ存在していなかったため、GATT 1947の締約国は、現在のEUの加盟国（の一部）であった。つまり、当初のGATT 1947は、加盟国にとって、一般的な条約の一つに過ぎなかった。その後、EECの創設を経て、1968年にEECの対外共通関税が発効すると、GATT 1947に関する権限は、EEC加盟国からEECに承継され、EECの排他的権限事項となった。すなわち、GATT 1947は完全に「EU法化」（当時の「共同体法化」（comunitarizzazione[23]））され、加盟国にとってEU法となった。

　つまり、GATT 1947の「EU法化」は、GATT 1947全体の性質が、加盟国にとって、一般的な条約からEU法へと変化したことを意味する。

　一方、欧州人権条約の「EU法化」は、次の含意を有する。

　1950年当初、EUはまだ存在していなかったため、欧州人権条約の締約国は、現在のEUの加盟国（の一部）であった。つまり、当初の欧州人権条約もまた、加盟国にとって、一般的な条約の一つに過ぎなかった。その後、EECの創設を経て、欧州人権条約は、1970年代に司法裁判所の判例により、1993年マーストリヒト条約による条約改正後のEU条約第F条2項（TEU第6条3項）により、EU法の一般原則としての言及を通じて、「EU法化」された（当時の「共同体法化」（comunitarizzazione））。しかし、欧州人権条約の「EU法化」は、GATT 1947の場合の完全な「EU法化」と異なり、欧州人権条約が保障する基本権がEUの排他的権限事項になったことを意味するわけではない。加盟国にとって欧州人権条約は、EU法の射程内では、EU法上の基本権としてEU法の一部となりうるが、EU法の射程外では、依然として一般的な条約の一つのままである[24]。

　つまり、欧州人権条約の「EU法化」は、加盟国にとっての欧州人権条約の性質が、EU法射程外では一般的な条約であることに加え、EU法射程内

ではEU法となりうることになったという点で、一般的な条約かつEU法としての、2面性を得たことを意味する点に注意せねばならない。

結果として、EU加盟国における基本権保障は、さながら基本権保障の「バベルの塔」[25]の様相を呈している。すなわち、法源が複数あり、その一部についての序列が定まっておらず、さらに国内裁判所、超国家的裁判所、国際裁判所の権限が競合しており、個人はそれぞれの裁判所に自らの権利保障を求め、それぞれが提供する権利保障も異なるという[26]、「多層的な（multi-livello）」[27]基本権保障の状況がある。

第2節　双子判決以前のイタリア憲法と欧州人権条約の関係に関する判例

1　イタリア憲法第117条改正以前の判例

イタリア裁判所による欧州人権条約規定の適用は、直接的に行われたものでも、統一のとれたものでもなく、消極的なものであった。これは、イタリア憲法に、国際条約を自動的に受容する規定や、国際条約に対して立法に優越する序列を与える規定等、国際条約一般と国内法との関係を積極的に規律する規定が2001年のイタリア憲法第117条改正まで存在しなかったことが第1の理由である。また、欧州人権条約規定の大部分がイタリア憲法の人権規定と重複しているため、国内裁判所は欧州人権条約規定よりもイタリア憲法規定をもとに判断をする傾向が強かったとも考えられている[28]。人権が国際条約によっても国内法によっても保障されている場合、わざわざ「謎めいた（mysterious）」外部の規範を適用する必要はないからである[29]。

（1）イタリア憲法裁判所

イタリア憲法第117条改正以前のイタリア憲法裁判所の判例から読み取れるのは、次の諸点である。

まず、イタリア憲法裁判所は、欧州人権条約に通常の法律に優越する序列

を認めるために学説が提示した数々の根拠を受け入れず、条約規定は、特別のイタリア憲法規定がないため、通常の法律の効力を有し、これが欧州人権条約にも妥当するという前提を維持している。

一方で、欧州人権条約は、まったく違憲性の審査の際に関連性を有しないのではなく、基本的にはイタリア憲法規定に基づいて違憲問題を判断するとはいえ、イタリア憲法による保障のほうが欧州人権条約よりも広範である（1961年イタリア憲法裁判所判決第1号[30]）、または欧州人権条約規定の内容はイタリア憲法と同様である（1970年イタリア憲法裁判所判決第123号[31]）、等と、イタリア憲法規定の解釈に欧州人権条約が参照される傾向がある。また、憲法審査の基準となるイタリア憲法規定のみならず（1967年イタリア憲法裁判所判決第120号[32]、1980年イタリア憲法裁判所判決188号[33]、2000年イタリア憲法裁判所判決第376号[34]、2001年イタリア憲法裁判所決定第305号[35]）、憲法審査の対象となる法律の解釈の基準として（1995年イタリア憲法裁判所判決第505号[36]、2001年イタリア憲法裁判所決定第305号[37]）も欧州人権条約が参照されることとなっていく。

1993年判決第10号では、欧州人権条約は「非典型的権限」（competenza atipica）にもとづくとし、後法に対する一定の効力を判示したが[38]、定着しなかった。

以下では、一部の代表的なイタリア憲法裁判所の判例を紹介する。

① 1980年イタリア憲法裁判所判決188号[39]

本件で問題となったのは、弁護人の弁護を望まない被告人に対しても専門家の弁護人による弁護が必要とする刑事訴訟法第125条および第128条の、欧州人権条約第6条3項c）および自らの選任する弁護人を通じた防御権を規定する自由権規約第14条3項d）との関係における、イタリア憲法第10条、第11条、および第24条との合憲性の問題であった。

本件でイタリア憲法裁判所は、刑事訴訟法第125条および第128条の合憲性の疑義は、根拠がないと判示した。

イタリア憲法裁判所は、条約規定は、特別の憲法規定がないため、通常の法律の効力を有するものであり、条約規定がそれ自体のみで司法審査の基準として援用された場合はより一層、合憲性の疑義が否定されること、および特に欧州人権条約第 6 条 3 項 c ）が弁護士強制を否定するものではないとの欧州人権委員会の解釈がイタリア憲法第 24 条 2 項の原則と一貫していることとを述べた。さらに、欧州人権条約および国際人権規約の違反による憲法第 10 条 1 項および第 11 条の違反に関して、憲法第 10 条 1 項については、その射程が、一般的な国際条約には及ばず、憲法第 11 条についても、本件の国際条約の場合、いかなる国家主権の制限も生じるものでないため、違憲審査の基準とならないことを確認した[40]。

本件では、条約規定は、特別のイタリア憲法規定がないため、通常の法律の効力しか有しないことが確認された。通常の法律の効力しか有しないとしても、イタリア憲法第 10 条 1 項またはイタリア憲法第 11 条の射程に入り、中間規範として機能することがあるかというと、欧州人権条約を含む国際条約は、イタリア憲法第 10 条 1 項およびイタリア憲法第 11 条の射程に入らないことが確認された。イタリア憲法第 11 条については、欧州人権条約は、EU 法のように国家主権の制限を生じないというのがその理由である。本件によって欧州人権条約の EU 法への類推は否定された[41]。

ただ、このように、欧州人権条約が通常の法律の効力しか有さず、イタリア憲法規定の射程も及ばないとはいえ、「条約規定がそれ自体のみで司法審査の基準として援用された場合はより一層、合憲性の疑義が否定される」との表現は、イタリア憲法規定と併せて援用した場合には、ある程度の基準としての役割が否定されていないように読める。実際、本件では、欧州人権条約規定の趣旨がイタリア憲法のそれと同様であることを確認しており、イタリア憲法規定の解釈に欧州人権条約が参照されている。

② 1993 年イタリア憲法裁判所判決第 10 号[42]

本件で問題となったのは、イタリア語を解さない外国人に対する召喚状に

当該外国人が解する言語の翻訳を添付するよう規定していない刑事訴訟法第555条3項等の、弁護権を保障するイタリア憲法第24条2項等との合憲性の問題であった。

本件でイタリア憲法裁判所は、刑事訴訟法第555条3項等の合憲性の疑義は、根拠がないと判示した。

イタリア憲法裁判所は、欧州人権条約第6条3項a) が『いかなる被告人も、最も短い期間内に、自らが理解する言語で、詳細な形で、自らに対して提起された訴訟の性質および理由を通知される権利を有する』と規定しており、自由権規約第14条3項a) もまったく同一の規定であり、これらの条約がその施行命令を擁する法律の効力をもってイタリア法秩序に導入され効力を有しており、これらは後の刑事訴訟法規定の規定によって廃されたとはみなされえないと述べ、その理由として、これらが非典型的権限に由来する法源から派生する規定 (norme derivanti da una fonte riconducibile a una competenza atipica) であることを挙げた。そして、これら国際条約規定に鑑み、被告人の権利は、通常法律の序列を有する法的行為に明示的に規定されたものではあるが、誰に対しても（市民であろうと外国人であろうと）侵害されざる防禦権（憲法第24条2項）、すなわち基本原則としての性質により、憲法第2条にしたがい、裁判官により、解釈の際、可能な限り拡張的な意味を与えられねばならず[43]、結論として、外国人の被告人が理解できる言語への翻訳の義務が明示されていない刑事訴訟法第555条3項等は、イタリアにより批准された国際条約および憲法第24条2項により認められる被告人の権利に適合するよう、召喚状を構成する全ての要素において被疑者が無料で翻訳を提供されることが読み込まれねばならないと判示した[44]。

本件で注目すべき点は、欧州人権条約（の批准施行法）規定が「非典型的権限に由来する法源から派生する規定 (norme derivanti da una fonte riconducibile a una competenza atipica) であるために、そのようなものとして、通常法律の規定による廃止や修正の影響を受けない」と判示されたことにより、通常の国内後法に対する特別な強度が認められた点である。ただ、この

欧州人権条約規定の強度は、抵触する国内後法を適用排除させるような適用面での効果ではなく、裁判官が、国内後法の解釈の際、国際条約に可能な限り拡張的な意味を与える義務のもとにおかれる、という意味である。このような理解で、イタリア破毀院もいくつかの判決において、本イタリア憲法裁判所判決を敷衍するが、イタリア憲法裁判所自身はその後、本判決を維持していない。

(2) イタリア破毀院

イタリア破毀院は、欧州人権条約の効力ないし適用に関して、判例の立場を徐々に変更してきた。

当初、イタリア破毀院は、欧州人権条約規定をプログラム規定と判断し（1982年2月12日イタリア破毀院判決[45]、1990年10月11日イタリア破毀院判決[46]）、締約国に対してのみ拘束力を有する（1983年3月23日イタリア破毀院判決[47]、1986年12月18日イタリア破毀院判決[48]）も私人には直接には効力を有しないと判示したが、一方で、欧州人権条約の自動執行性を認める判断も下すようになり（1982年イタリア破毀院判決第6978号[49]、1985年7月13日イタリア破毀院判決[50]、1986年4月14日イタリア破毀院判決[51]）、最終的には、欧州人権条約の規定ごとに、プログラム規定または締約国のみに義務を課すものもあれば（1999年2月23日イタリア破毀院判決[52]）自動執行性を有するものもあり（1988年11月23日イタリア破毀院判決[53]、1991年10月1日イタリア破毀院判決[54]）、いずれにしろイタリア憲法および通常法律の解釈の基準としての拘束力を有すると判示した（1990年11月22日イタリア破毀院判決[55]）。

とはいえ、欧州人権条約がその批准施行を行う国内法律の序列を有するという前提は変わらない。よって抵触する国内後法によって廃される可能性があったが、1993年のMedrano事件判決（1993年7月10日イタリア破毀院判決[56]）で、イタリア破毀院は、イタリア憲法裁判所の1993年第10号[57]を反映する形で、欧州人権条約が「特別な強度」（la particolare forza di resistenza）を有し、後法により廃されないと判断した。イタリア破毀院は、1998年にも、「非典型的権限」（una competenza atipica）にもとづく同様の判断を維持した（1998年イタリア破毀院判決第6672号[58]）。ただ、この判理の含意は、国内後法の解釈の際に欧州人権条約に可能な限り拡張的な意味を与える義務が裁判官にある、すなわち、欧州人権条約がおよび通常法律の解釈の基準となるという意味であり、欧州人権条約に抵触する国内法が適用排除されねばならないという意味ではない。

しかし、欧州人権条約に抵触する国内法が適用排除された事例（1991年イタリア破毀院判決第7662号[59]）もあった。ただし、欧州人権条約に抵触するとして適用排除されたのは、行政措置であって、後法である法律ではなかった。

（3） その他の裁判所

欧州人権条約規定の自動執行性が認められた事例（1984年ローマ地方裁判所判決[60]）、欧州人権条約に反する国内法が適用排除された事例[61]（欧州人権条約の批准施行法より前法である行政措置が適用排除された事例、つまり、後法は前法を廃するという原則と、上位法は下位法を廃するという原則に則した判断）（1985年最高司法会議（il Consiglio Superiore della Magistratura）判決[62]）、欧州人権条約、および、特にEU法に反するとして、国内法が適用排除された事例（2000年ミラノ税務委員会判決[63]）、ならびにEU法と欧州人権条約をまったく同一視し、イタリア憲法第11条にもとづき、EU法のみならず欧州人権条約でさえも国内法に対して優越するとし、抵触国内法を適用排除した事例[64]（2001年ジェノヴァ地裁[65]）がある。

2 イタリア憲法第117条改正以後の判例

既に触れたように、2001年10月8日憲法的法律第3号により[66]、イタリア憲法第117条が改正され、第1項の規定が「立法権は、憲法の定めるところにより、ならびに共同体法および国際的義務の範囲内において、国および

州に属する」(共同体は EU に読み替える)[67] と修正され、イタリア法規範における国際条約に関する言及が追加された。

学説は、2001 年憲法改正以後、国際条約に抵触する国内法令は、新たなイタリア憲法第 117 条第 1 項の間接的違反により、イタリア憲法裁判所により違憲無効となるのでは、と議論した[68]。

(1) イタリア憲法裁判所

イタリア憲法第 117 条改正直後の判例では、学説の予想とは異なり、イタリア憲法第 117 条は論点として扱われていないものが確認できる。とはいえ、いずれにしろ欧州人権条約の解釈の基準としての重要性は認識されている (2002 年イタリア憲法裁判所判決第 445 号[69]、2004 年イタリア憲法裁判所判決第 231 号[70])。

(2) イタリア破毀院

イタリア破毀院は、2002 年第判決第 10542 号で、欧州人権条約とイタリア法との抵触の問題は、EU 法の適用範囲内では司法裁判所の管轄になりうるが、EU 法の適用範囲外ではイタリア裁判官の管轄であるとの理解にたち、本件が EU 法の範囲外の問題であると考えた上で、欧州人権条約それ自体に抵触する国内法の適用排除を認めた[71]。このイタリア破毀院の判示は、国際条約に抵触する国内法令はあらたなイタリア憲法第 117 条 1 項の間接的違反によりイタリア憲法裁判所により違憲無効とされると予想していた学説[72]とは異なるものであった。イタリア破毀院が示した、欧州人権条約に反する国内法令が国内通常裁判官によって適用排除されるという手続は、直接効果を有する EU 法に反する国内法令を国内通常裁判官が適用排除する手続と同様である。この場合、イタリア憲法裁判所による国内法令の違憲無効化手続を経ない。つまり、国内法令と直接効果を有する EU 法との抵触の問題は、イタリア憲法裁判所の判断を介することなく、通常国内裁判所かぎりで解決することができる。

その他、欧州人権裁判所の判例が国内判例に対して拘束力を有し、直接適用可能性を有すると判示された事例（2004年イタリア破毀院判決第1338号[73]）、2002年判決第10542号を引用し、欧州人権条約の自動執行性および抵触する国内法の適用排除の法理を支持する事例（2004年イタリア破毀院判決第11096号[74]）、欧州人権条約に抵触する国内法の通常裁判官による適用排除が認められた事例（2004年イタリア破毀院判決第17837号[75]、2005年イタリア破毀院判決第28507号[76]）、欧州人権裁判所の判決に完全な効力を与えるために、既判力を有する国内判決が存在する場合にも、欧州人権条約第6条に違反する形で行われた刑事手続は見直されねばならないとした事例[77]（2006年イタリア破毀院判決第32678号[78]）、欧州人権条約の適正手続違反の終局判決の全てを執行してはならず、審理のやり直しに関する新規立法の必要を強調した事例[79]（2007年イタリア破毀院判決第2800号[80]）がある。

このように、イタリア憲法第117条改正後のイタリア破毀院の判例は、欧州人権条約に抵触する国内法の通常裁判官による適用排除を支持するものが多い。直接効果を有するEU法の場合と同様の手続によって欧州人権条約と国内法令の抵触を解決することは、イタリア破毀院のイタリア憲法裁判所との関係における権限の強化にもつながる。このようなイタリア破毀院の姿勢は、イタリア憲法裁判所との間の権限争いの様相を呈したものであるとの分析がある[81]。

その他、欧州人権条約に抵触する国内法の通常裁判官による適用排除を否定した事例もある。2004年イタリア破毀院判決第4932号[82]でイタリア破毀院は、欧州人権条約に抵触する国内法の通常裁判官による適用排除を否定する根拠として、イタリア憲法裁判所1993年判決第10号を援用し、欧州人権条約と国内法の抵触に際する通常裁判官の義務は、「可能な限り」の適合解釈であって、適用排除ではないとした。同判決の内容は、2004年3月27日イタリア破毀院判決第6173号[83]でも再確認されている。

(3) イタリア国務院

イタリア国務院は、2004年決定第1559号において、欧州人権条約と国内法秩序との関係について、次のように判示した。第一に、国際条約は国内受容規定により国内法秩序に編入され、通常法律によって受容される場合は通常法律の序列を有するため、欧州人権条約はその他の法律の違憲審査の基準となることはできず、理論的には、通常後法により廃止されることもありうる。また、国内法とEU法との関係ではEU法の優越性の原則によりEU法に抵触する国内法が適用排除されることがあるが、欧州人権条約の序列は通常の法律の序列と同一であるので、EU法と異なり、欧州人権条約と抵触する国内後法が適用排除されることはありえない[84]。

本件における欧州人権条約と国内法秩序との関係についての考察を、イタリア国務院は、2004年決定第5499号においても再確認した[85]。

このようにイタリア国務院は、当初欧州人権条約に通常法律の効力しか認めなかった。

(4) その他の裁判所

イタリア憲法第117条改正後のその他の裁判所の判例には、欧州人権条約に抵触する国内法の通常裁判官による適用排除を支持するものが散発している。また、その理由として、欧州人権条約が非典型的な権限に由来する点を挙げるもの（2005年1月20日フィレンツェ控訴院判決第570号[86]、2005年3月22日フィレンツェ控訴院判決[87]、および2006年フィレンツェ控訴院判決第1403号[88]）、欧州人権条約がEU法化されたとの指摘をするもの（2007年6月9日フィレンツェ控訴裁判所判決[89]）、EU法化された訳ではないが、EU法が有する特徴を欧州人権条約も備えているという点を指摘するもの（2007年3月23日ピストイア地裁判決[90]）、以上のうちの複数の理由を挙げるもの（2002年4月11日ローマ控訴裁判所決定[91]）がある。

(5) 立法による対応

この時期イタリア立法府は、欧州人権条約との適合性の確保に向けて対応を行っている。その1つは、下院に設置された「欧州人権裁判所判例常設オブザーバトリー（Osservatorio permanente delle sentenze della Corte europea dei diritti dell'uomo)」（以下「常設オブザーバトリー」）である。同機関は、欧州審議会の議員会議のイタリア代表団および法廷作業部会に対する法的助言を行うために、欧州人権裁判所判例を収集し、体系的に整理し、情報の普及に貢献している。また常設オブザーバトリーは、国内法を欧州人権条約基準に適合させるための起草や改正の際の助言等を行っている[92]。

2006年1月には、欧州人権裁判所判決の遵守を確保するための Azzolini 法[93]が採択された。同法は、イタリアに対する欧州人権裁判所の判決の遵守を確保するための首相の権限および義務を規定している。首相は、欧州人権裁判所の判決について時宜を得て議会に報告し、判決の履行に関する議会への年次報告を起草しなければならない[94]。

第3節　イタリア憲法裁判所の双子判決

このように、欧州人権条約の国内法秩序における位置付けがより重要なものとなってきている中で、国内通常裁判所は究極的なジレンマを抱えていた。すなわち、仮に欧州人権裁判所により欧州人権条約違反と判示されたイタリア憲法判例にしたがって判決を下した場合、当該判決がイタリア国内で上級審により覆される可能性を排除できるが、欧州人権条約違反の状態が解消できない。逆に、イタリア憲法判例を欧州人権条約違反と判示した欧州人権裁判所判例にしたがって判決を下した場合、当該判決はイタリア国内の上級審により覆される可能性が残る[95]。

イタリア破毀院は、このようなジレンマを解決すべく、自らイタリア憲法裁判所に質問を行った[96]。すなわち、イタリア憲法裁判所によりかつて合憲と判断された国内法令が、欧州人権裁判所により欧州人権条約違反と判断さ

れた場合、イタリア憲法上どちらにしたがわねばならないのか、という問題でもある。

1 事案

（1） 2007年イタリア憲法裁判所判決第348号[97]

2007年イタリア憲法裁判所判決第348号で審理された事例は、土地収用の際の損失補償額を巡って争っていた訴訟で、イタリア破毀院がイタリア憲法裁判所の判断を求めた事例であった。

イタリア破毀院が扱っていた事例は、トッレ・アンヌンツィアータ市による収容の際の補償額についてナポリ控訴院が下した判決に対する上告、モンテッロ市による収容の際の補償額についてブレッシャ控訴院が下した判決に対する上告、およびチェプラーノ市による収容の際の補償額についてローマ控訴院が下した判決に対する上告である。

問題となっていた点は、「公共財政の健全化のための緊急措置に関する」1992年7月11日付緊急命令（1992年8月8日付法律第359号により法律に変更）第333号第5条の2の規定に基づく補償額が、市場価格を下回っていた点である。同補償額について、イタリア憲法裁判所は、過去、1993年6月16日判決第283号で、1992年法律第359号第5条の2は、イタリア憲法第42条に適合していると判断していた[98]。しかしそれは、問題の規定が公共財政の安定を目的とした暫定的措置であるとの前提であった。しかしその後、同規定は2001年大統領令第327号により採択され2002年委任立法第302号により修正された収用法典第37条により、最終措置となっていた[99]。

欧州人権裁判所は、2006年3月29日 Scordino v. Italy 事件判決で、1992年法律第359号第5条の2は、欧州人権条約第1議定書第1条に規定された「財産の平和的な享有」の違反であると判断していた[100]。

イタリア破毀院は、2006年5月29日決定（2006年第402号）、および2006年10月19日決定（2006年第681号、2007年第2号）により、次の質問を提起した。すなわち、1992年法律第359号第5条の2が欧州人権条約

議定書第1条と抵触し、したがってイタリア憲法第117条の違憲であるか否か、という論点である。

(2) 2007年イタリア憲法裁判所判決第349号[101]
2007年イタリア憲法裁判所判決第349号で審理された事例は、土地収用の際の損失補償額を巡って争っていた訴訟で、イタリア破毀院およびパレルモ控訴院がイタリア憲法裁判所の判断を求めた事例であった[102]。

イタリアで判例により採用されていた収用には、行政機関が、正式な収用手続をとらずに、つまり土地の収用が適法か否かに関わらず、収用が行われた後公益事業が開始された場合、行政機関が正式な収用の以前から土地の権利を取得するという制度（「間接収用」(accessione invertita [acquisitiva; indiretta]))[103]があった。

イタリア破毀院が扱っていた事例では、市営住宅および社会福祉施設の建設のために、間接収用の手続により土地を収用された複数の私人が、アヴェッリーノ市およびその関連機関を相手どり、補償を求めていた。

パレルモ控訴院が扱っていた事例では、同じく公営住宅の建設のため、間接収容の手続きによる収用の対象となった建設用地の所有者である複数の私人が、補償を求めていた。

こうした事例における「公共財政の健全化のための緊急措置に関する」1992年7月11日緊急命令（1992年8月8日付法律第359号により法律に変更）第333号第5条の2、7項の2（「公共財政の合理化に関する」1996年12月23日付法律第662号第3条65項により追加）の規定に基づく補償額は、市場価格を下回っていた。

欧州人権裁判所は、こうしたイタリアの収用制度、および、公益を理由にした個人の所有権の違法な侵害に対する市場価格を下回る補償額は、欧州人権条約第1議定書第1条に規定された「財産の平和的な享有」に違反すると判断していた[104]。

イタリア破毀院およびパレルモ控訴院は、2006年5月20日決定および

2006年6月29日決定により、次の質問を提起した。すなわち、1992年法律第359号第5条の2、7号の2が欧州人権条約追加議定書第1条と抵触し、したがってイタリア憲法第117条の違憲であるか否か、という論点である。

2 判決

(1) 結論

① 2007年イタリア憲法裁判所判決第348号

イタリア憲法裁判所は、1992年法律第359号第5条の2が欧州人権条約第1議定書第1条に抵触し、したがって新たなイタリア憲法第117条1項に違反すると認定した。

② 2007年イタリア憲法裁判所判決第349号

イタリア憲法裁判所は、1992年法律第359号第5条の2、7項の2が、欧州人権条約追加議定書第1条と抵触し、したがって新たなイタリア憲法第117条第1項違反であると宣言した。

(2) 理由

① 2007年イタリア憲法裁判所判決第348号

「3. 3. ……当裁判所は、国内法規範における共同体法規定の直接適用を判示する前に、欧州人権条約規定について、憲法第11条が考慮される可能性を、すでに否定している。欧州人権条約との関係では、『いかなる国家主権の制限もみうけられない』という理由である（1980年判決第188号）。欧州人権条約規定と共同体法規定との区別は、当裁判所判例において確立されている本件手続においても強調されねばならない。つまり、欧州人権条約は、確かに基本的な人権および自由を保護している点で重要ではあるが、とはいえ国家に対して拘束力を生じる国際条約規定に変わりはなく、国内法規範における直接効果を生じるものではない。

したがって、訴訟において欧州人権条約規定を適用し、同時に欧州人権条

約規定に抵触する国内法規定を適用排除する権限は、国内裁判官には認められない。

2001年の第5章の改正により導入された規定をもって、憲法第117条1項は、当裁判所の上述の判例の方向性を確認している。憲法第117条1項は、実際、『共同体法規範』より生じる義務と『国際的義務』に由来する義務とを、意義深く区別している。

この区別は、単なる文言上の区別ではなく、実質的な区別である。

［EU基本］条約への加入により、イタリアは、［EU基本］条約が対象とする分野において、立法権限をも含めた主権の一部を委譲することにより、より広い、超国家的な性質を有する『法規範』の一部となった。この共同体法規範に対する唯一の制限は、イタリア憲法により保障される基本原理および原則の不可侵性のみである。

一方、欧州人権条約は、超国家的司法規範を創設しておらず、締約国において直接適用されうる規定を制定しない。

欧州人権条約は、多角的国際条約であると考えることができる。欧州人権条約は、独特の性質を備えているとはいえ、締約国に対して『義務』を生じるものであり、加盟国のすべての国内機関に対し直接（ommisso medio）拘束力を有する規定を決定機関が制定できるような、より広い制度にイタリア司法規範を組み込むものではない。

イタリア破毀院裁判官が、欧州人権裁判所により解釈された欧州人権条約規定と国内法との抵触の解決にあたって、欧州人権条約と抵触する国内法の適用排除を行うことを否定したのは、正しかった。」

「4. 2. まず、新しい憲法規定にしたがって、欧州人権条約規定の位置づけ、役割、およびそのイタリア司法規範に対する波及効果を再確認する必要がある。

憲法第117条1項は、国および州の立法権限の行使に際し、欧州人権条約を含む国際的義務の尊重を条件としている。憲法第117条1項の導入以前は、多数説および憲法裁判所の判例によれば、国際条約規定のイタリア法規

範への編入は、通常法律の序列を有する適応法律（legge di adattamento）に伝統的に委ねられており、潜在的に後法によって修正可能であった。このような位置づけでは、当然、欧州人権条約規定が憲法審査の審査基準として採用されることにはならなかった（1980年判決第188号、1990年判決第315号、1999年判決第388号等）。

4.3. 欧州人権条約規定は、一方では基本的人権の保護の範疇にあり、したがってイタリア憲法自体が保護する価値および原則の実施を補完していたが、他方では形式的には第1序列の法源でしかなく、その序列の判別が困難であったため、明確さが大幅に欠けていた。欧州人権条約が非典型的法源（fonti atipiche）であるとして（1993年判決第10号。その後の判例により支持されず）、立法者による修正や廃止の可能性を排除しようとした場合にも、欧州人権条約規定と後法規定との間の内容の不一致の場合の法的効力は、常に問題であった。

このような不明確な状況で、一部の通常裁判官は、欧州人権裁判所の解釈にしたがった欧州人権条約規定と抵触する立法規定を自ら適用排除した……。欧州人権条約の特別な性格から、欧州人権条約規定を修正または廃止するような国内後法規定は、それを上回る欧州人権条約の受動的な効力により、効力を有せず、国内後法規定が効力を有しないために通常裁判官によるその適用排除が正当化される、との結論を導いたのである。

今、当裁判所は、法曹の日常の実行においても実務的な波及効果を有するこのような規範的および制度的な問題について、明確化を求められている。3.3. で展開された議論（詳細は2007年判決第349号を参照）以外に、付け加えねばならない点としては、憲法第117条1項の新条文は、通常の後法を上回る欧州人権条約規定の強度（resistenza）を決定付ける一方、他方で、通常後法を当裁判所の権限範囲内に引き寄せるという点である。なぜなら、欧州人権条約規定と国内後法との抵触は、法の時間的な前後関係や、それぞれの階層内配置の検討の問題ではなく、合憲性の問題を生じるからである。したがって、通常裁判官は、欧州人権条約と抵触する通常立法規定を適

用排除する権限は有しない。なぜなら、両者の間の抵触は、憲法第117条1項の合憲性の問題として、憲法裁判所裁判官の排他的権限事項であるからである。

4.5. 本件質問が提起された憲法規範の構造は、他の憲法規定の構造と同様である。つまり、他の憲法規定は、憲法の下の序列の他の規定と密接に関連付けられて初めて具体的に運用性を帯びるものである。憲法の下の序列の規定は、審査基準が言及する法律が備えていなければならない特性を一般的に規定するにとどまる審査基準に内容を与えるのである。このような目的に必要な規定は、憲法の下位かつ憲法と通常法律との中間に位置する序列のものである。このような類型の規定を表すのに、学説および判例で利用されているが、その適切さにときおり異議が唱えられることのある『中間規範』という表現を使用するかは別として、憲法第117条1項にもとづく審査基準が、国および州の立法権を拘束する『国際的義務』が何なのかが決定されて初めて具体的な運用性を帯びるということは認められねばならない。本件では、審査基準は欧州人権条約規定によって補完され、運用可能となる。したがって、欧州人権条約の機能は、国の国際的義務の実質を具体化するものである……。

4.7. 欧州人権裁判所により解釈される欧州人権条約規定は、憲法規定の効力を獲得し、それゆえに当裁判所による合憲性の審査を免れるというものではない。欧州人権条約規定は、憲法審査基準を補完する規定であり、にもかかわらず憲法の下位に留まるものであるので、憲法に適合していることが必要となる。欧州人権条約規定の独特の性質は共同体法規定ともラテラーノ条約規定とも異なり、『中間規範』としての欧州人権条約規定の合憲性の審査の際の精査は、イタリア憲法の基本原則……や至上原則……の違反の事例に限定されず、憲法規定と抵触する事例すべてにおよぶ。

憲法に抵触する憲法より下位の規定で憲法に抵触する規定にしたがって立法規定が違憲と宣言されるという矛盾を防ぐために、合憲性審査基準を補完する規定自体が憲法に適合していなければならないという要請は、絶対的で

ある。中間規範と国内立法規定との抵触の主張より生じる問題にあたっては、双方が憲法に適合していること、すなわち、中間規範の憲法との適合性、および当該国内法規定の中間規範との適合性を、常に付加的に検討することが必要となる。

仮に中間規範が憲法規定と抵触しているとすれば、当裁判所は、当該中間規範の補完的違憲審査基準としての不適合性を宣言し、規定の手続きにより、イタリア司法規範より排除せねばならない。

上に明らかにしたように、欧州人権条約の規定は、欧州人権裁判所によって行われる解釈によって意味づけなされるため、合憲性の審査は、規定それ自体を対象とするのではなく、解釈の産物としての規定を対象とせねばならない。一方、国内法の憲法審査の際に欧州人権裁判所の判決が無条件に拘束力を有するということは認められない。憲法審査は常に、憲法第117条1項の規定する国際的義務と、憲法のその他の条文に規定され憲法により保護されている利益の保護との間の衡量に依拠せねばならない。

まとめると、中間規範が完全に機能するには、イタリア憲法規範と両立するという要件を満たさねばならない。イタリア憲法規範は、イタリアが憲法第11条の規定により主権の制限を認めた国際機関が定立する法規範以外の外部の法規範によっては修正されえない。」

（共同体はEUに読み替える。）

② 2007年イタリア憲法裁判所判決第349号
「6. 1.
……欧州人権条約の規定に関して当裁判所は、憲法に特別な規定があるわけではなく、通常法律によって国内法規範内で施行されている欧州人権条約規定は、通常法律の序列を有し、つまり憲法と同列にはないということを、幾度も判示してきた……。また、純粋に条約である規定がイタリア憲法第10条1項の射程にはいらないことも判示してきた……。

イタリア憲法第11条に関しては、当裁判所は次のように判示している。

『イタリア憲法第11条もまた考慮に入れられない。なぜなら、問題とされている当該条約規定に関しては、いかなる国家主権の制限も伴っていないからである』（1980年判決第188号）。さらに、基本権は、条約の解釈に限った権限の賦与や、主権の委譲が国家にとって想定可能である『事項（materia）』とは考えられえないということを強調しておかなければならない。

共同体の司法裁判所によって欧州人権条約規定の基本権が共同体法の一般原則として位置づけられたことに鑑みて、間接的にイタリア憲法第11条の憲法判断基準としての関連性が認められるということにもならない。

まず、欧州人権条約により規律される人権保護システムおよび……欧州審議会は、1957年のローマ条約により設立された欧州共同体とも、1992年のマーストリヒト条約により設立されたEUとも、司法的、機能的、制度的に異なる実体である。

2点目に、確かに、判例によれば、基本権は共同体法の一般原則の一部であり、加盟国に共通な憲法的伝統および特に欧州人権条約に着想を得つつ共同体裁判官は基本権の遵守を確保せねばならない……。しかし、このような基本権は、それが適用可能な事案に関してのみ関連性を有する。つまり、共同体措置や、共同体法を実施する国内措置、および基本権遵守の観点から正当と認められる共同体法の適用が除外される国内措置が問題となっている事案においてである（C-260/89[105]）。司法裁判所は、実際、共同体法の適用領域に該当しない法規定に関しては、管轄を有しないことを判示している（C-159/90[106]、C-299/95[107]）。

3点目に、EUが現在のところ欧州人権条約の締約当事者ではないという状況を考慮に入れないとしても、以前から全EU加盟国が欧州審議会およびそれに属するする基本権保護システムに参加しているという事実があり、結果として、欧州人権条約と加盟国の法規範との関係に関しては、共同体機関に付与され（共同体機関により行使される）共通の権限が存在しないため、それぞれ異なるとはいえ各加盟国の法規範により確固として規律される問題である……。

また、欧州人権条約規定と抵触する国内法は、通常裁判官によって単純に適用排除されれば、問題が解決すると考えるのは妥当ではない。……国にとって、欧州人権条約の構造および目的または特定の規定の性格に関するどの要素について判断しても、個人が属するそれぞれの国家の伝統的な法的制度から独立して、個人の法的地位が直接および即時に権利義務関係を生じ、裁判官が抵触する国内法を適用排除することまでを可能にするとは考えられない。欧州人権裁判所の判決は、個人が所属する自分の国家を相手に司法審査を提起する場合でも、加盟国の立法者に宛てて向けられ、加盟国の立法者の特定の行為を要求するものである……。

6．1．1．欧州人権条約の批准を承認し、そのイタリア法規範内における施行を命令する法律行為（つまり通常法律）と異なる序列は欧州人権条約規定に認められないため、欧州人権条約それ自体としては憲法規定と同等の位置づけにないとした判示が、当裁判所の判例に確認される……。

一般的な傾向としては、審査基準としての憲法や審査対象となる法令との関係における、欧州人権条約の解釈上の価値も認められている（1995 年判決第 505 号、2001 年決定第 305 号）。実際の判示には『法令の指標となり、超国家的な性質をも有する』とされている（2004 年判決第 231 号）。さらに、当裁判所は、数件の事例で、欧州人権条約規定に言及しながら、条約に対する適合的な解釈の論法を明確に展開した（2000 年判決第 376 号、1996 年判決第 310 号）……。

問題の［欧州人権条約］規定が『非典型的権限にもとづく法源』に由来するため、『通常の法律の規定によって改廃を受けない』とした先例（1993 年判決第 10 号）は、その後踏襲されていない。

6．2．2001 年 10 月 18 日憲法的法律第 3 号第 2 条による修正（イタリア憲法第 2 部第 5 編の修正）以前は、通常法律の国際条約に対する適合性の当裁判所による審査は、6．1．で既に示された限定的な事例においてのみ行われていたため、空白が存在していた。つまり、憲法第 10 条および第 11 条に規定されていない条約の性質を有する規定に由来する国際的義務の国内法に

よる違反は、憲法規定の直接的な違反に関してのみ違憲問題として扱われていた（1996年判決第223号）。

　国際義務の違反は、解釈のみをもってして適切に回避することは不可能であったし、すでに述べたように、欧州人権条約規定に関しては、共同体法の場合に行われる『適用排除』の主張も適法ではなかった。

　したがって、憲法規範および当裁判所の方向性を総合した枠組みに照らすと、新しい憲法第117条1項が空白を埋めたこと、ならびに、憲法典における体系的な配置は別にしても、他の欧州諸国の憲法と調和する形で、国家によって約された特定の国際的義務の遵守を明示的に第1に既に保障していた原理枠組みと一致したことは、疑いの余地がない。

　このことは、もちろん、憲法第117条1項によって、［条約に対する国内法の］適応のための通常法律の対象となっている国際条約の規定に憲法の序列が与えられるということではない。欧州人権条約の場合も同様である。

　むしろ、検討における憲法審査基準は、通常立法者の条約規定の遵守義務ということになり、結果として欧州人権条約規定、すなわち第117条1項の『国際的義務』と適合しない国内法規定は、そのことをもって、同憲法審査基準の違反となる。

　第117条1項によって、条約規定への動的な委付（rinvio）がついに実現され、条約規定が一般的に援用される国際的義務に意義を与え、条約規定が国際義務を通して審査基準に意義を与えることになり、条約規定は『中間規範（norma interposta）』としての位置づけを一般的に得るのである。そして一方条約規定は、後に触れるが、憲法規定との適合性の検証を受けることとなる。

　結果として、通常裁判官は、規定の文言が許容する範囲内で、国内法を国際条約規定に適合する形で解釈することとなる。不可能な場合、または『中間規範』である条約規定との国内法規定の適合性に疑義がある場合、裁判官は、まさに本件で行われたように、第117条1項の合憲性に関する質問を当裁判所に付託せねばならない。

さらに、欧州人権条約に関しては、国際条約一般と比べた場合のその特異性を考慮する必要がある。特異性とは、締約国間相互の権利義務という単純な図式を超越しているという点である。
　締約国は、基本権の統一的な保護制度を設立した。
　その適用および解釈は、当然、締約国の裁判官が第一義的には行うものであり、締約国裁判官は条約の一般裁判官としての役割を兼ねることになる。
　一方、最終的な適用の統一は、欧州人権裁判所に委ねられた欧州人権条約の集権的な解釈により保障される。欧州人権裁判所は、最終判断の権限を有し、その権限は『条約および条約（第32条1項）規定による条件にしたがい条約に附属する議定書の解釈および適用に関する問題のすべてに及ぶ』。
　……欧州人権条約のこうした特徴を考慮すると、『独自の』裁判官によって解釈されるという欧州人権条約は、明らかに国内法にとってのその重要性が国際条約一般と異なる。国際条約一般は、紛争が生じた場合の交渉、仲裁、または和解を通じた対立の解決の場合をのぞいて、その解釈は締約国が行う。
　当裁判所と欧州人権裁判所は、基本的人権を可能な限り保護するという同じ目的のためとはいえ、決定的に異なる役割を果たしている。欧州人権条約とその議定書の解釈は欧州人権裁判所が行うが、それによって締約国全体の内部における統一的な保護の水準の適用を保障するのみである。当裁判所は、欧州人権条約の一またはそれ以上の規定との（解釈によって解決できない）抵触を理由に、第117条1項に関して国内法規定の合憲性に関する質問が付託された場合、その抵触を検討し、抵触がある場合には、欧州人権裁判所による解釈における欧州人権条約規定がイタリア憲法により保障されている水準と少なくとも同等の水準の基本的人権の保護を保障しているかどうか審査する。
　これは、本件において理由なく国側が主張したように、欧州人権裁判所による欧州人権条約の解釈を審査するということではなく、締約国によって明示的に解釈の権限が委ねられた欧州人権裁判所裁判官による解釈における欧

州人権条約の規定が、関連する憲法規定と適合するか審査するということである。このような方法により、憲法により求められる国際的義務の遵守の保障の要求と、そのことが反対に憲法自体の違反となることを避けねばならないという要求とを両立させることが可能となるのである。」

（共同体は EU に読み替える。）

3 考察

（1） 欧州人権条約の国内法令に対する優越性？

2007 年イタリア憲法裁判所判決第 348 号および第 349 号（以下「双子判決」）本判決においてイタリア憲法裁判所が明らかにしたのは、立法府および国内裁判所が国際条約規定に適合するように国内法の採択および解釈を行う義務が、イタリア憲法上存することである[108]。本判決により、イタリア憲法裁判所によって国際条約に反する国内立法はイタリア憲法第 117 条 1 項に違反するとされることにより、法律に対する条約の優位が実質的に確保されることが明らかになった[109]。

欧州人権条約は、新たなイタリア憲法第 117 条 1 項に基づき、「超立法的」（supra-legislative）序列が与えられる。その意味は、国内法令は、イタリア憲法裁判所により、イタリア憲法のみならず、欧州人権条約との適合性をも審査されるという意味である。その際、イタリア憲法裁判所は、憲法審査の判断基準として、欧州人権条約の規定のみならず、欧州人権裁判所の解釈にも従う。その結果欧州人権条約法に抵触する国内法令は、新たなイタリア憲法第 117 条 1 項の違反により、違憲となるのである[110]。

このようなイタリア憲法第 117 条にもとづく違憲審査の基準たる性質を、「中間規範」（norme interposte/intermediate norm）と呼ぶ[111]。

このような欧州人権条約に基づく国内法令の審査は、イタリア憲法裁判所の排他的な権限である。つまり、欧州人権条約が EU 法と同様に国内法令に対して優越し、その結果、欧州人権条約に反する国内法令は国内通常裁判官によって適用排除されると判断した、イタリア破毀院や、その他の下級審の

判理は採用されなかった[112]。その理由は、欧州人権条約制度と EU 法制度[113] とが構造の面で異なるというものである。例えば、欧州人権条約には先決付託手続がなく、国内裁判所は欧州人権裁判所と直接に対話をしないという点で、EU 法制度とは異なる[114]。また、欧州人権条約は、EU 法と異なり、加盟国全域における厳密な統一的適用を要求していない。すなわち、欧州人権条約は、第53条によれば、下限設定基準（minimum standard）に過ぎない[115]。言い換えれば、欧州人権裁判所と国内裁判所との関係は、EU 法のように優越性の原則によって規律されるのではなく、補完性の原則によって規律されるという点で、EU 法と国内法との関係とは異なる。つまり、欧州人権条約制度は、「評価の余地」（margin of appreciation）理論に基き、国内法において欧州人権条約上の権利をどのように保護するか、また欧州人権条約が国内法に対してどのように優越するかという点について、加盟国に選択する自由を与えている[116]。欧州人権裁判所の役割は、国内法に基づく履行によって、私人に過度な、または受け容れ難い負担が課されないよう確保するために、特定事例を国際的に監督するものである[117]。人権の保護を第一義的に担うのは国内裁判所であって、国内裁判所には、国内法令を欧州人権条約に照らして解釈する義務が課される。国内法令が、欧州人権条約に照らし、解釈によって回避が不可能な程度に抵触している場合、国内裁判所は、事案をイタリア憲法裁判所に移送し、同法令の新たなイタリア憲法第117条1項違反による違憲宣言を得ねばならない[118]。

このような制度によりイタリアは、人権を尊重し、ならびに、その管轄において全ての者に対し欧州人権条約上の権利および自由を確保せねばならないという欧州人権条約第1条の国際的義務を、完全に履行することができると評価された[119]。

（2） 「対抗限界」（Counter-limits）？

同時に他方でイタリア憲法裁判所は、欧州人権条約規定および欧州人権裁判所によるそれらの適用がイタリア憲法と適合するか否かを判断する権限を

留保した。これは、EU 法とイタリア法との関係について Granital 事件判決でイタリア憲法裁判所が採用した立場（イタリア憲法裁判所は、EU 基本条約のイタリア憲法の基本原則および不可侵の人権との適合性を審査する権限を留保した[120]）を、欧州人権条約とイタリア法の関係においても適用するものであるとして、EU 法の場合と同様「対抗限界」という用語で表現されることがあるが[121]、対 EU 法との関係での対抗限界と、対欧州人権条約とのそれとは、次のように異なることに注意が必要である。

まず、EU 法の場合は、EU 法に対する対抗限界は、イタリア憲法規定のうち、イタリア憲法の基本原則および不可侵の人権に該当する法規のみである。他方、欧州人権条約の場合は、欧州人権条約は、イタリア憲法第 117 条により法律の違憲審査の際の中間規範となるとはいえ、それ自体はあくまでも通常の法律と同等の序列のものであるという前提であるので、イタリア憲法の下の序列にある。したがって、欧州人権条約に対する「対抗限界」は、イタリア憲法全体である。このことは、立法府および国内裁判所は、国際条約規定に適合するように国内法の採択および解釈を行う義務があるが、イタリア憲法上の人権規定を国際条約に照らして解釈する義務は、憲法上存しない[122]ことと一貫している[123]。したがって、イタリア憲法裁判所は、欧州人権裁判所の影響を免れ国内法の境界を守りつつ、国内法における人権保護で主導的役割を果たすことができる[124]。

第 4 節　双子判決以降のイタリア憲法と欧州人権条約の関係に関する判例

1　双子判決以降のイタリア判例

双子判決以降のイタリア判例は、双子判決を下したイタリア憲法裁判所自身はもちろん、イタリア破毀院、イタリア国務院もイタリア憲法裁判所の双子判決を確認するものが見受けられる。ただ、一部の国内裁判所は、欧州人権条約と抵触する国内法の国内通常裁判官による適用排除を認める以前のイ

タリア破毀院判例を支持するものもあった。

(1) イタリア憲法裁判所

イタリア憲法裁判所は、自身の双子判決以降、実際に欧州人権条約違反を疑われる国内法をイタリア憲法第117条の違憲の問題として審査するという判理を踏襲していく（2008年イタリア憲法裁判所判決第39号[125]、2009年イタリア憲法裁判所決定第97号[126]、2009年イタリア憲法裁判所決定第143号[127]、2009年イタリア憲法裁判所決定第162号[128]）。

その他、双子判決以降のイタリア憲法裁判所判例の代表的なものには次のものがある。

① 2009年イタリア憲法裁判所判決第311号[129]

本件で問題となったのは、2005年12月23日法律第266号第1条218項と、欧州人権条約第6条との関係であった。

2005年法律第266号第1条218項は、学校職員に関する緊急規定を定める1999年5月3日法律第124号第8条2項を解釈するものである。

本件でイタリア憲法裁判所は、2005年法律第266号第1条218項の欧州人権条約第6条との関係におけるイタリア憲法第117条の合憲性の疑義は、根拠がないと判示した。

実体的な面に関して、イタリア憲法裁判所は、欧州人権裁判所の判例を検討し、欧州人権裁判所が立法府による介入を絶対的に禁止しているわけではないことを確認した。なぜなら、様々な事案において、国内立法府による特定の遡及的介入は欧州人権条約第6条に適合すると、欧州人権裁判所により判断されているからである。そのような事例として、東西ドイツ統一等の歴史的事件が背景にあった場合（Forrer-Niederthal対ドイツ[130]）や、解釈される法律の技術的な欠陥を是正するために立法府が遡及的な法律をもって立法府の本来の意思に沿った解釈を再提示する場合が挙げられた（National & Provincial Building Society他対イギリス[131]等）。

理論的な面に関して、イタリア憲法裁判所は、双子判決の判示を再確認しつつ、若干の明確化を行なった。

イタリア憲法裁判所は、まず、国内裁判官は、国内法と欧州人権条約が抵触する場合、国内法を欧州人権条約に適合するように解釈せねばならないことを確認した。その際、2009年イタリア破毀院判決第10415号の判理を肯定し、「確立した欧州人権裁判所判例の評価は、同判例の実質を尊重する形で行われねばならない」とした。イタリア憲法裁判所は、また、その結果、国内法と欧州人権条約法との抵触が適合解釈により解決できない場合は、「（直接効果を有する共同体法規定とは）異なり、通常裁判官は、抵触国内法の代わりに欧州人権条約規定を適用してはならない」（共同体はEUに読み替える）こと、その場合にはイタリア憲法裁判所に違憲審査を付託せねばならないことを確認した[132]。

本判決は、欧州人権裁判所判例の直接適用は認めつつも、欧州人権条約法の直接効果、より正確には、通常裁判官による国内法の適用排除を否定していると考えられる[133]。

（２）イタリア破毀院

イタリア破毀院は、2008年判決第599号[134]にて、イタリア憲法裁判所の双子判決を反映し、収用の補償として、イタリア憲法裁判所により違憲と判断された国内法にもとづく市場価格を下回る価格ではなく、完全市場価格を採用する判断を行なった。

また、2009年判決第10415号[135]にて、イタリア憲法裁判所の双子判決の内容を敷衍し、国内通常裁判官は第1に、欧州人権裁判所判例にしたがった欧州人権条約規定に適合的に国内法を解釈せねばならないこと、第2に、適合解釈が可能でない場合には、イタリア憲法第117条違反の違憲訴訟を提起せねばらない旨を確認した。

（3） イタリア国務院

イタリア国務院も、2007 年決定第 5830 号[136]にて、イタリア憲法裁判所の双子判決の結論を反映する判示を行なった。

2007 年判決第 5830 号でイタリア国務院は、次のように判示した。

「12. 3. 欧州人権条約の規定は、イタリア法の解釈の第一義的かつ根本的な基準である。

法律による欧州人権条約規定との直接的な抵触の場合、新たなイタリア憲法第 117 条の違反による違憲の問題が生じる（2007 年憲法裁判所判決第 348 号および第 349 号）。

そのような抵触がなく、イタリア法が［欧州人権］条約に対して適合的に解釈される（または、法律は、［欧州人権］条約規定ないし欧州人権裁判所判例と抵触する国内実行を解決するために修正される）場合、欧州人権裁判所判例に則った、明確で統一された意味をイタリア法律に与える義務が、全ての解釈者にとって不可避である……」。

（4） その他

その他の下級裁判所には、イタリア憲法裁判所の判示に反する判断を行なったものもある。

2008 年 1 月 16 日ラヴェンナ地方裁判所判決[137]は、イタリア憲法裁判所の双子判決の内容を確認しつつ、双子判決以前のイタリア破毀院判例（2005 年イタリア破毀院判決第 28507 号）を支持した。その理由として、イタリア破毀院判例のほうが、欧州人権条約規定の直接的な裁判規範性（immediata precettività）を認めることにより、ヨーロッパ領域における基本権により実効性を与える姿勢である点を挙げた。

2 リスボン条約以降のイタリア判例

第 2 章で述べた通り、EU は、リスボン条約による EU 基本条約の改正にて、TEU 第 6 条 1 項により EU 基本権憲章に EU 基本条約と同等の法的拘

束力を付与し、同 2 項により欧州人権条約への将来の加入を規定し、また、同 3 項により従来の EU 法の一般原則としての基本権保障の仕組みも維持した[138]。

TEU 第 6 条 2 項規定の EU による欧州人権条約への加入のためには、加入協定が合意されて、すべての締約国および EU により署名、批准される必要がある。加入協定は、EU 司法裁判所を含む EU 諸機関および加盟国に対し、TFEU 第 216 条 2 項にもとづき、法的拘束力を有することとなる[139]。このような形で EU が締結する国際条約としての欧州人権条約に対しては、EU 法秩序内では EU 基本権憲章および法の一般原則が欧州人権条約に優越する[140]。しかし同時に、TFEU 第 6 条 3 項により、欧州人権条約は法の一般原則の範囲内に組み入れられており、TEU 第 6 条 1 項規定の EU 基本権憲章第 53 条により、欧州人権条約は EU における基本権保障の下限基準として参照され、また、EU 基本権憲章第 52 条 3 項により、憲章に含まれる権利は、欧州人権条約により保障される基本権に相応するときには、同一の解釈を付与される（ただし、それよりも広範な保護を妨げるものではない）[141]。

このような内容の新たな EU 基本条約を、イタリアは、2008 年法律第 130 号により批准施行した[142]。リスボン条約による新たな EU 基本条約体制は、2009 年 12 月 1 日より発効している。

（1）　イタリア憲法裁判所

リスボン条約以降のイタリア憲法裁判所判例は、引き続き、双子判決以降の判例と同様、欧州人権条約違反を疑われる国内法をイタリア憲法第 117 条の違憲の問題として審査する判例を維持する。しかし、リスボン条約による新たな EU の基本権保障体制の影響は特に見られない。

実際に国内法が欧州人権条約違反につきイタリア憲法第 117 条違憲と判断された事例として、2010 年イタリア憲法裁判所判決第 93 号[143]、2010 年イタリア憲法裁判所判決第 187 号[144]、2010 年イタリア憲法裁判所判決第 196

号[145] の他、重要ななものを次に紹介する。

2009 年イタリア憲法裁判所判決第 317 号[146]

本件で問題となったのは、弁護人が前もって職権で上訴を提案したにも関わらず、本人が訴訟手続ないし措置について有効に知り得なかったために期限内に種々の法定の条件にしたがって欠席裁判の判決に対して上訴できなかった被告人の再審（restituzione; misura ripristinatoria）を否定する刑事訴訟法第 175 条 2 項と、欧州人権条約第 6 条との関係であった。

本件でイタリア憲法裁判所は、次のように判示し、刑事訴訟法第 175 条 2 項を違憲と判断した。

「当裁判所は、憲法第 117 条 1 項による憲法審査の基準の補完（integrazione）は、中間規範（fonti interposte）としての機能とは無関係に、欧州人権条約規定それ自体の、憲法は言うに及ばず、通常法律に対する階層的な優位性（sovraordinazione）と解釈されてはならないということをすでに明確にした。基本権に関しては、国際的義務の尊重によって国内法秩序によりすでに規定されている保障を決して減じることになってはならないが、逆に、基本権の保障の拡大となる効果的な手段となることはありえるし、またそうあらねばならない……。

国内法による既存の基本権保障よりも劣る保障が憲法第 117 条 1 項によって認められてしまう事態を当裁判所が受け入れることができないのは明らかであるし、国内法による既存の保障よりも優れた保障が、憲法第 117 条 1 項によって導入することが可能であるはずにもかかわらず、権利者から奪われたままになってしまう事態も、当裁判所が受け入れることができないのは明らかである。この考察の帰結は、条約による基本権保障と憲法による基本権保障との間の比較が、憲法規定に本来含まれている潜在性を発展させることをも通して、基本権保障の最大限の拡大を目指して行われねばならない、ということである。

基本権保障の最大限の拡大の概念には、すでに 2007 年判決第 348 号・第

349号にて明らかにされたように、憲法により保障される他の利益、すなわち他の憲法規定との必要な衡量、が含まれねばならない。憲法の他の規定もまた、基本権を保障するものであり、一規定の保障が拡大することによって多大な影響を受ける可能性もあるからである。この衡量は、第一義的には立法府が行うものであるが、当裁判所が憲法規定の解釈においても行う。

　国内の『評価の余地』（欧州人権裁判所により精緻化された、欧州人権裁判所により明確化される原則の厳格性を和らげる理論）の考慮は、第一義的には議会における立法機能において具体的に行われるものであるが、当裁判所の考察においても常に行われねばならない。なぜなら、基本権保障は体系的でなければならないのであって、法令が相互に調整されておらず潜在的に抵触しあう状態の中で分裂していてはならないからである。個別の事案に関して個別の基本権にもとづき判断を下すのは、当然、欧州人権裁判所の役割であるが、同じように憲法および欧州人権条約によって保障されているにもかかわらず、一部の基本権保障が均衡を逸した形で発展し、他の基本権（憲法第2条の一般規定により保障される）が犠牲になることを防ぐのは、国内機関の義務である。

　法秩序の保障の統合の総合的な結果は、肯定的なものである。なぜなら、欧州人権条約の一規定がイタリアの立法に対して大きな影響力を有することにより、基本権保障制度全体にとって保障の改善につながるはずであるからである。

　当裁判所は、欧州人権条約規定に関する自らの解釈でもって、欧州人権裁判所のそれに代えることはできない。なぜならそれは自らの権限を逸脱し、イタリアが欧州人権条約の留保なしでの署名および批准により負った明確な義務に違反することになるからである（2009年判決第311号）。当裁判所が検討できるのは、欧州人権裁判所の解釈が、どのように、いかなる方法でイタリア憲法規範に編入されるかという点である。欧州人権条約規定は、憲法第117条1項を補完することになる場合、解釈および衡量の際、法制度内における憲法規定としての序列を占める。この解釈および衡量は、当裁判所が

その管轄内の全ての事案において求められる通常の作業である。

まとめるに、国内の『評価の余地』は、特に基本権全体を考慮して決定されうる。基本権全体を近くから、全体的に考察することは、立法府、憲法裁判所、および通常裁判所が自らの権限内において行う作業であろう。」[147]

「以上の考察にもとづき、イタリア破毀院が2008年判決第6026号で主張したように、裁判に欠席した被告人の防禦権が、憲法第111条2項の合理的な訴訟期間の原則と衡量されねばならない可能性を検討せねばならない。

しかし、そのような可能性は認められない。……基本権保障を欠くため『公正』でない訴訟は、いかなる期間のものであれ、憲法が想定する模範型には適合しない。

この問題は、真の衡量とはならないのであって、実は、憲法第111条の聴聞権、または憲法第24条2項の防禦権、いずれかの権利を純粋かつ単純に犠牲にすることとなるのである。そして憲法第111条および第24条2項の権利は、いずれも欧州人権条約第6条ないし関連する欧州人権裁判所の判例の拡大的効果の影響を受けるものである。

欧州人権条約規定の効果を明らかにすることによって導かれた基本権保障の促進は、当然、同じくこれらの基本権を保障する憲法の規定に違反するものではなく、その内容を明確にし、充実させるものである。結果として、基本権分野における国内法秩序全体の発展の程度を引き上げるものである。」[148]

このように、本件でイタリア憲法裁判所は、欧州人権条約規定それ自体の序列は通常法律に対して優位するものではないが、欧州人権条約規定がイタリア憲法第117条1項の中間規定として機能する場合、イタリア憲法規定としての序列を占めると判示した。しかし双子判決においてイタリア憲法裁判所は、欧州人権裁判所判例は無条件に拘束力を有するのではなく、イタリア憲法裁判所が欧州人権条約法義務とイタリア憲法上の利益の保護とを衡量すると述べていた。これら2つの判示は一見一貫していないようであるが、これらを整合させる試みであると思われるのが、「最大限の保障の基準」(the criterion of the maximum standard of protection)¹⁴⁹ である。すなわち、欧州人権条約による基本権保障とイタリア憲法による基本権保障とを比較して、欧州人権条約法によってイタリア憲法上の基本権保障が引き下げられるのであれば、欧州人権条約法はイタリア憲法上否定すべきであるが、欧州人権条約法によってイタリア憲法上の基本権保障が引き上げられるのであれば、欧州人権条約法はイタリア憲法上肯定すべきものであるという解釈原則である。

ただし、欧州人権条約法による基本権保障と、イタリア憲法による基本権保障の程度を比較する際には、直接争点になっている基本権のみに着目して衡量するのではなく、当該基本権保障により影響を受ける、他のイタリア憲法規定が保障する利益も考慮せねばならない。

（2） 行政裁判所

しかし、リスボン条約発効後のイタリア行政裁判所判例には、リスボン条約による基本条約の改正により、欧州人権条約のイタリアにおける法的性質に変化が生じたとし、欧州人権条約を EU 法と同様に扱うもの（2010 年 3 月 2 日イタリア国務院決定第 1220 号[150]、2010 年 5 月 18 日ラツィオ行政裁判所判決第 11984 号[151]、2010 年 9 月 29 日イタリア国務院決定第 7200 号[152]）が散発し始めた。

3　2011 年イタリア憲法裁判所判決第 80 号とそれ以降の判例

欧州人権条約に EU 法と同様の性質を認める上記の国内裁判所の判例に対し、イタリア憲法裁判所は、2011 年判決第 80 号により、再度、欧州人権条約に抵触する国内法の通常裁判官による適用排除を否定する判示を行った。

（1）　2011 年イタリア憲法裁判所判決第 80 号[153]

① 事案

本件提起に先立ち、欧州人権裁判所は、2007 年 11 月 13 日 Bocellari およ

びRizza対イタリア事件判決において、欧州人権条約第6条1項により保障される司法手続の公開原則が、裁判に服する者を公の監視の目を逃れる秘密裁判から保護するものであり、裁判官への信頼を維持するための適切な手段であって、公正な裁判手続の実施に資することを判示した。欧州人権裁判所によれば、欧州人権条約第6条1項は、司法当局が事案の性質を考慮し裁判の公開原則から逸脱する可能性を排除しているわけではない。しかし、イタリア法規範における予防措置の適用手続で生じるように、訴訟手続が一般的かつ絶対的な規定にもとづいて非公開で行われ、裁判に服する者が公開の裁判を要求する可能性を与えられていない場合は、事情は異なる。そのような手続は、欧州人権条約第6条1項に適合するとは考えられないというのである[154]。

一方、1956年12月27日付法律第1423号第4条（安全および公衆道徳を理由とした危険人物に対する保安処分）、および1965年5月31日法律第575号第2条の3（マフィアおよび外国犯罪組織に対する規定）は、「保安処分手続が公開の法廷で行われることを、当事者の要請により、認めない」と規定する。

2009年11月12日付決定により、イタリア破毀院は、同法律条項のイタリア憲法第117条1項の合憲性に関する質問を提起した。

② 判決

まずリスボン以前の状況が確認され、先例である憲法裁判所2007年判決第348・第349号の判理がいまだに有効であることが判示された。すなわち、EU法の射程内では、欧州人権条約規定が従前のEU条約第6条2項規定の「［EU］法の一般原則」として関連性を有する場合、EU法上の基本権として当該欧州人権条約規定にイタリア憲法第11条の射程が及ぶ。一方、EU法の射程外では、欧州人権条約にイタリア憲法第11条の射程は及ばない。欧州人権条約制度はEUとは異なるからである[155]。

次に、リスボン以降の状況の考察が、本件で新たに判示された。すなわ

ち、リスボン条約以降の EU における基本権保障の根拠として欧州人権条約が関連性を有する3事例について、それぞれ考察が行われた。

まず、TEU 第6条3項規定の「EU 法の一般原則」として EU 法上の基本権と認められる欧州人権条約規定に関しては、従前通り EU 法の射程内ではイタリア憲法第 11 条の射程が及ぶが、EU 法の射程外ではイタリア憲法第 11 条の射程は及ばないことが示された[156]。

次に、TEU 第6条1項規定の EU 基本権憲章規定に「対応する」欧州人権条約規定に関しては、基本権憲章第 52 条3項の「同等性条項」にもとづき、EU 法の射程内ではイタリア憲法第 11 条の射程が及ぶが、EU 法の射程外ではイタリア憲法第 11 条の射程は及ばないことが示された。なぜなら、基本権憲章は、EU の基本権保障に関する権限を拡張するものではない（TEU 第6条1項、リスボン条約附属宣言1）ため、EU 法の射程内においてのみ適用される（基本権憲章第 51 条）からである[157]。

また、TEU 第6条2項規定の EU が加入予定である欧州人権条約に関しては、EU は欧州人権条約に未加入であるので、同条は未発効につき効力を有しないことが示された。ただし、発効時にどのような効力を有するかは、将来の加入態様によるとされた[158]。

（2） 考察―リスボン条約による欧州人権条約の「EU 法化」（「(EU 基本) 条約化」(trattatizzazione)) ？―

本件では、リスボン条約による欧州人権条約の「EU 法化」によるイタリア法における欧州人権条約の位置づけについての判示が行われた（なお、リスボン条約による欧州人権条約の「EU 法化」は、リスボン条約による改正により、EU 基本条約に欧州人権条約へ言及した規定が拡充されたことに鑑み、「(EU 基本) 条約化」(trattatizzazione) と称されるが、以下では「EU 法化」と呼ぶ)。

結論としては、双子判決の判理が再確認され、それはリスボン条約の影響を受けるものではないことが明らかになった。よってリスボン条約による欧

州人権条約の「EU法化」によるイタリア法における欧州人権条約の位置づけに変更はない。

　つまり、欧州人権条約は、EU法の射程内では、欧州人権条約法が、EU基本権憲章の「同等性条項」を介してであれ、EU法の一般原則としてであれ、EU法に媒介される場合、EU法上の基本権として、当該欧州人権条約法にイタリア憲法第11条の射程が及ぶ。その結果、当該欧州人権条約法はEU法としてイタリア法に対する優越性が認められ、抵触するイタリア国内法は通常裁判官により適用排除されうる。そのようなEU法としての当該欧州人権条約法の優越性がイタリア法により否定されるのは、当該欧州人権条約法が「対抗限界」、すなわちイタリア憲法の基本原則および不可侵の人権に抵触する場合のみである。

　一方、欧州人権条約は、EU法の射程外では、イタリア憲法上は一般的な国際条約の一であるので、イタリア憲法第11条の射程が及ばない。結果、当然欧州人権条約法には、イタリア法に対するEU法としての優越性が認められず、よって抵触するイタリア国内法を通常裁判官が適用排除することはできない。欧州人権条約法とイタリア国内法の抵触の際には、適合解釈が不可能な場合、通常裁判官は、国際的義務の遵守を定めるイタリア憲法第117条の違憲訴訟をイタリア憲法裁判所に提起せねばならない。つまり、欧州人権条約法の優越を、EU法の場合のように通常裁判官が確保することができず、欧州人権条約法の場合はイタリア憲法裁判所に委ねなければならない。そしてイタリア憲法裁判所は、欧州人権条約法が、「対抗限界」（イタリア憲法の基本原則および不可侵の人権）のみならず、いずれのイタリア憲法規定であれ、イタリア憲法に抵触する場合、欧州人権条約法の優越を否定することになる。

　このような説明を図に示すと、次の通りになる。
　このように、欧州人権条約法は、EU法の射程内では①の序列が認められるのに対して、EU法の射程外では②の序列しか認められないこととなる。

第4章　イタリア憲法と欧州人権条約　207

－図4－

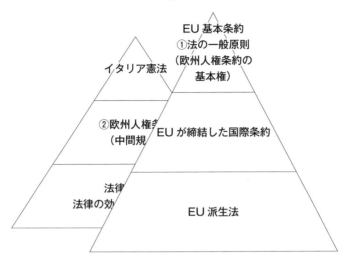

（3）　学説の反応

このような、双子判決から引き続き、2011年判決第80号でも維持されたイタリア憲法裁判所の判理について、学説の反応には批判的なものが多い[159]。

① イタリア憲法第3条の問題

欧州人権条約の位置づけは、その法的効力が欧州人権条約自体によっては決定されないのが現状である。つまり、欧州人権条約は、EU法の射程内ではEU法によってその性質が決定され、EU法の射程外ではイタリア法（各締約国法）によりその性質が決定される。同じ欧州人権条約法であっても、事案が異なれば異なる結論が導かれる。

例えば、EUレベルで経済活動を行う者は、EU法としての欧州人権条約法にもとづき、ときには直接効果を通じて、自らの人権を保障させることができるのに対して、弱小の事業者で、国内のみで経済活動を行う者は、まったく同一の欧州人権条約法が認める人権であっても、EU法としての欧州人権条約法ではなく、イタリア法秩序の下での欧州人権条約法として適用され（または適用されず）、人権を保障させることができないということが、理論

的には起こりうる。つまり、同じイタリア市民の間にも差別的取扱いが許容される事態を生じうるのである[160]。

また、差別的取り扱いは、イタリア市民と他の加盟国のEU市民との間でも生じうる。同一の問題でも、イタリア市民がイタリア政府を相手取って訴訟をする場合と、他の加盟国のEU市民がイタリア政府を相手取って訴訟をする場合では、前者の場合には「全く国内的な状況」としてEU法との関連性が否定される可能性が高くなる一方で、後者の場合にはEU法の問題とされる可能性が高くなる。結果として、後者の場合に、他の加盟国のEU市民は、EU法としての欧州人権条約法にもとづき、ときには直接効果を通じて、自らの人権を保障させることができるのに対して、前者の場合に、イタリア市民は、まったく同一の欧州人権条約法が認める人権であっても、EU法としての欧州人権条約法ではなく、イタリア法秩序の下での欧州人権条約法として適用され（または適用されず）、人権を保障させることができないということが、理論的には起こりうる[161]。

さらに、EU法の適用範囲におけるEU法上の基本権保障と、イタリア法の適用範囲におけるイタリア憲法上の基本権保障との間の相違は、実体的な面でも後者に対する差別として不利に作用する可能性がある。その理由として、前者のほうがより発展的な解釈を通じて新しい権利を認める傾向があること、前者のほうが財産権や企業の権利に手厚い保障を施す傾向があること、前者がリスボン条約以降社会権についても重視する可能性があること等が挙げられる[162]。

いずれにしろ、このようなイタリア市民と他の加盟国のEU市民との間の差別については、EU法の観点からは問題とされないが、イタリア憲法の観点からは、まさにイタリア憲法第3条規定の差別禁止原則違反の可能性が高い[163]。

このような状況は、イタリア憲法第11条の解釈が形式的に過ぎるために生じているのであるが、Strozziは、このような不平等を生じる教条主義的な理論を放棄して、より実効的な基本権保障を選択すべきであると主張して

いる[164]。他にも、欧州人権条約を、特にイタリア憲法第11条、およびその他のイタリア憲法規定（例えばイタリア憲法の人権関連規定）の射程内に含めて解釈すべきとの主張が多い[165]。Villani は、イタリア憲法第11条により、欧州人権条約に反する国内法を通常裁判官が直接に適用排除するべきであると主張する[166]。Ferraro は、イタリア憲法第11条（のみならず、イタリア憲法第2条、および一部の側面についてはイタリア憲法第10条1項）にもとづき欧州人権条約に自らの拘束力（un suo valore vincolante）を認めるようにするのが望ましいと主張する[167]。Ruggeri は、イタリア憲法第10条や第11条以前に、第2条および第3条の射程に欧州人権条約を含め、欧州人権条約の位置づけを「憲法未満（subcostituzionale）」のものから格上げすべきであると主張する[168]。

　欧州人権条約をイタリア憲法第11条の射程に含める根拠としては、Caianiello は、欧州人権条約法が TEU 第6条を通じて、EU 法の第1次法と同等となったことの重要性を指摘する[169]。これは、一部の国内裁判所が何度か示した主張に沿うものである。また、Immediato は、イタリア憲法第11条の「主権の制限」を広義で捉え、「主権の制限」は通常条約によってももたらされうる、つまり欧州人権条約法も「主権の制限」をもたらすので、イタリア憲法第11条の射程で捉えるべきであると主張する[170]。このような見解をとれば、確かにイタリア憲法第11条が規定する「主権の制限」を伴う法制度は、EU 法に限らない。また、イタリア憲法第11条が規定する「諸国間の平和・正義に資する国際制度」も、EU に限らない。よって、イタリア憲法第11条規定の「『諸国間の平和・正義に資する国際制度』に必要な『主権の制限』」という文言の射程には、欧州人権条約のみならず、国際人権規約等の国際人権保障制度も入る可能性が開かれることになる（ただしその場合には、現在の国連憲章ないし国連安全保障理事会決議等の国内的取扱いをも根本的に変更せざるをえないことを意味するであろう）。Randazzo は、欧州人権条約を含む「国際人権憲章（Carte internazionali dei diritti）」をいずれかのイタリア憲法規定の射程に捉えることを否定するのは困難であると

論じている[171]。

とはいえ、欧州人権条約法、ひいては EU 法のような、外部の法秩序をイタリア法がイタリア憲法第 11 条を根拠に自動的に受容することについては、特に、公立学校における十字架設置や同性婚等の機微な問題が欧州人権裁判所で扱われる際等に際立つように、慎重な立場も見られる[172]。Rossi は、イタリア憲法第 117 条の考察の際に、通常国内裁判官がイタリア憲法裁判所のフィルターを通さずに全ての国際条約を直接適用してしまうことは危険であるとしている[173]。

② 2012 年法律第 234 号の問題

第 3 章第 3 節 2. で確認したように、2012 年法律第 234 号第 53 条は、「平等取扱い」と題して、「国内領域において EU 市民に保証される状況および取扱いとの関係で、差別的な効果をもたらすイタリア法規定または国内実行は、イタリア市民との関係では適用されない」と規定している。同条の目的は、他の加盟国の市民の有利な扱いを自動的にイタリア市民にも付与するものである。いいかえれば、「全く国内的な状況」を EU 法の射程内の状況と同じく扱うための「自動変換器 (trasformatore automatico)」の役割を果たす[174]。

しかし、同法律によっても、逆差別の問題は解決されているとは言えない[175]。以下の問題が指摘される。

第一に、同法律のイタリア市民の逆差別の禁止により解消される逆差別は、法律より下位の序列の行政行為、および同法律以前に制定された法律によるイタリア市民の逆差別のみである。第二に、同法律のイタリア市民の逆差別の禁止により解消される逆差別には、イタリアの自然人の逆差別は含まれるが、法人に対する逆差別は含まれない[176]。第三に、同法律のイタリア市民の逆差別の禁止が適用される逆差別は、全く国内的な状況であり、EU 法の適用範囲には入らないため、イタリア憲法第 11 条および第 117 条の恩恵を受けない。その結果、まず、全く国内的な状況に置かれ逆差別されたイ

タリア市民がEU法規定の適用を主張する際、当該EU法規定がイタリア憲法の基本基本原則および不可侵の人権以外のイタリア憲法規定に反する場合、2012年法律第234号第53条は違憲ということになる。また、フランコヴィッチ判理にもとづきイタリアの国家責任を追及することもできない[177]。

こうした問題点は、2012年法律第234号第53条により解決されない逆差別が、EU法と抵触する国内法の通常裁判官による適用排除により解決されるのではなく、イタリア憲法裁判所による違憲無効化を経ねばならないことを示している[178]。

以上を要するに、2012年法律第234号によっても、逆差別の問題は解決されていないといえる。

（4）　対抗限界の発動

その後のイタリア憲法裁判所の事例には、欧州人権裁判所の判決を否定するものも登場している。2012年判決第264号[179]である。

本件で問題となったのは、単年度および複数年度国家予算形成に関する2006年12月27日法律第296号（以下、「2007年財政法」）第1条777項と、欧州人権条約第6条1項との関係であった。2007年財政法第1条777項は、一般強制保険年金の増額および新計算方法に関する1968年4月27日付大統領令第488号第5条2項の解釈を明確にするもので、外国での収入は、同一期間にイタリアで支払われた年金額に対して規定されたものと同じパーセンテージとなるよう、その割合が調整されねばならない旨を規定していた。

イタリア憲法裁判所は、すでに2008年判決第172号[180]により、2007年財政法のイタリア憲法第3条等の合憲性に関する疑義について、根拠がないと判断していた。

しかしその後、欧州人権裁判所は、2007年財政法が欧州人権条約に適合しないと判示した[181]。

本件は、イタリア憲法裁判所が合憲と判断したものの、欧州人権裁判所が欧州人権条約違反と判断した国内法を、再度どのように判断するのかが問題

となった。

本件でイタリア憲法裁判所は、初めて欧州人権裁判所の欧州人権条約違反の判断から逸脱した[182]。

本件では、まず、一般的利益にもとづく優越的理由が認められない限り、遡及的立法介入は欧州人権条約第6条1項違反となり、本件遡及的立法介入は一般的利益にもとづく優越的理由が認められないので、欧州人権条約第6条1項違反であるとの、欧州人権裁判所の結論が触れられた[183]。

そして、遡及的立法介入は、イタリア憲法第25条によっても、一般的利益にもとづく優越的理由が認められない限り、違憲となるとの見解が示された[184]。しかし、欧州人権裁判所の判断と異なり、イタリア憲法裁判所の判断は、本件遡及的立法介入に関しては、一般的利益にもとづく優越的理由が認められるというものであった。その理由は、イタリア憲法上保障され、他のイタリア憲法上の価値との衡量において優越的な地位を占める、平等と連帯の原則であった[185]。

イタリア憲法裁判所は、「個別の権利に言及しつつ、様々な価値を部分的な方法で保障しようとする」欧州人権裁判所の考察とは異なり、自らは「総合的な評価、衡量」を行うと述べ、その総合的な評価、考量の結果として、イタリア憲法規範全体に照らして許容される国内法を条約違反と判断する欧州人権裁判所の判決は、イタリア憲法に反する[186]ことになるためイタリア憲法第117条の「中間規範」として採用せず、本件合憲性についての疑義は、根拠がないと結論した[187]。

このように、EU法射程外の欧州人権条約法とイタリア法の関係においては、欧州人権条約の位置づけはイタリア憲法と法律の「中間規範」であるので、欧州人権条約法がイタリア憲法のいずれの規定に抵触しても、法律の違憲審査の基準としては採用されないという事態が生じるのである。

本件は、EU法を含め、イタリア憲法裁判所が初めて外部の法規範に対してイタリア憲法上の「対抗限界」を援用した事例として注目されるが[188]、イタリア憲法裁判所がこのような姿勢を維持し続ければ、訴訟が多発し[189]、

当該国内法がEU法に違反するとの申し立てを通じた、国内法の適用排除へと通ずることになるのではないか、との予想もある[190]。

小括

以上を要するに、以下のことがいえる。

従来のイタリア判例では、欧州人権条約は、EU法とは異なり、イタリア憲法第11条が規定する「主権の制限」をともなわない条約制度であり[191]、よってイタリア憲法第80条のみにもとづく一般的な条約の一、つまり通常法律と同等の序列を有する規範であるとされたが、その自動執行性は条文によっては認められるようになった。

他方で、司法裁判所は、欧州人権条約に含まれ、EU法の一般原則と認められる基本権を遵守するという姿勢を、判例で確立した[192]。また、そのような司法裁判所の判例は、マーストリヒト条約第6条2項に明文化された。このような経緯から、欧州人権条約がEU法の一部となったと捉え、EU法と同様に、欧州人権条約にも、イタリアにおける直接効果を認めるべきであるという主張もあった[193]。

その後、2001年にはイタリア憲法第117条が改正され、イタリアの立法権は国際的義務およびEU法にしたがい行使されることとなった。その結果、イタリア法の射程内で欧州人権条約に反する法律は、イタリア憲法裁判所によりイタリア憲法第117条違反とされることとなった[194]。イタリア憲法裁判所が法律のイタリア憲法第117条違反、つまり欧州人権条約違反を判断するということは、国内通常裁判官が条約違反の法律を適用排除し条約規定を適用するという形式の直接効果の、否定を意味している。その理由は、欧州人権条約に含まれEU法の一般原則と認められる基本権の位置づけは、EU法の適用範囲内においてのみ、EU法によって決定されるのであり、EU法の適用範囲外における欧州人権条約と加盟国法との関係は、加盟国法によって決定されるところ、欧州人権条約は、そもそも主権の制限をともなわ

ないのであるから、イタリア憲法第 11 条にもとづき EU 法に認められるような直接効果は生じない、という理由である[195]。

その後、2009 年には、リスボン条約により EU 基本条約が改正され、従前の EU 条約第 6 条が改正された。現在の EU 条約第 6 条 1 項および 2 項は、欧州人権条約の EU 法における関連性を従前よりも高めるものである。とはいえ、EU 法における欧州人権条約の関連性は、あくまでも EU 法の適用範囲内においては EU 法規範にしたがって決定されるが、EU 法の適用範囲外においては各加盟国法により決定されるという状況は、従前となんら変わらない[196]。つまり、イタリア法の射程における欧州人権条約には、イタリア憲法第 11 条にもとづき EU 法に認められるような直接効果が生じないとしても、EU 法上は何ら問題はない。にもかかわらず、EU 基本条約の改正を受け、イタリアでは、イタリア法における欧州人権条約の位置づけを巡って議論が高まっている。一部の国内裁判所には、欧州人権条約を EU 法と同様に捉え、イタリア憲法第 11 条の射程で捉えるものが散見される。学説にも、逆差別を避けるため、欧州人権条約法と EU 法を同様に扱うべきであるとする論調が目立つ。

注

1　C.C., sentenza n.14 del 1964, *cit*.
2　Legge 14 ottobre 1957, n. 1203, *Gazzetta Ufficiale*, 23 dicembre 1957 n. 317;
　　Legge 2 agosto 2008, n. 130, *Gazzetta Ufficiale*, 8 agosto 2008 n. 185.
3　条約実施機関の勧告は、法的拘束力を有しないとはいえ、人権条約の重要な解釈指針として無視できない影響力を事実としてもちはじめている。これと異なる解釈を国内裁判所が採用した場合には、国家報告制度の場で取り上げられることになり、当該国はそこで自国の裁判所の解釈の妥当性の立証を迫られることになる（芹田健太郎他『国際人権法』信山社（2008 年）、166、216 頁）。
4　同上、156 頁。
5　欧州人権条約第 46 条 1 項によれば、締約国は自国が当事者であるいかなる事件においても裁判所の最終判決に従うことを約束する。ただし、これは国際的な平面での法的拘束力であり、ヨーロッパ人権条約が国内的効力を有している国で

も、判決が国内的効力やましてや執行力を有するとは限らない（小畑郁「ヨーロッパ人権裁判所の組織と手続」戸波江二他編『ヨーロッパ人権裁判所の判例』信山社（2008年）、15頁）。
6　Soriano [2008], p. 401.
7　欧州人権裁判所ウェブサイト〈http://www.echr.coe.int/〉（アクセス：2013年9月4日）。
8　Soriano [2008], pp. 417-8.
9　*Ibid.*, p. 433.
10　Legge 4 agosto 1955, n. 848, *Gazzetta Ufficiale*, 24 settembre 1955 n. 221.
11　1. Il Presidente della Repubblica è autorizzato a ratificare la Convenzione per la salvaguardia dei diritti dell'uomo e delle libertà fondamentali, firmata a Roma il 4 novembre 1950, ed il Protocollo addizionale alla Convenzione stessa, firmato a Parigi il 20 marzo 1952.
12　2. Piena ed intera esecuzione è data alla Convenzione e Protocollo suddetti, a decorrere dalla data della loro entrata in vigore.
13　Soriano [2008], p. 402.
14　Mirate [2009], p. 92; Soriano [2008], p. 405.
15　Conforti [1997], p. 11.
16　Soriano [2008], p. 405.
17　Conforti, Benedetto, *Diritto internazionale*, Jovene, 1999, p. 316; Conforti [1997], pp. 12-14.
18　Quadri [1968], p. 64.
19　C.C., sentenza n. 188 del 1980, *cit.*, punto 5. in considerato in diritto; C.C., sentenza 19 giugno 1969, n. 104（イタリア憲法裁判所ウェブサイト（アクセス：2013年6月4日））, punto 5. in considerato in diritto; C.C., sentenza 18 maggio 1960, n. 32（イタリア憲法裁判所ウェブサイト（アクセス：2013年6月4日））, punto 3. in considerato in diritto, etc.
20　Cocozza [1994], pp. 57-58; Barbera [1975], p. 102, etc.
21　Mori, P., "Convenzione europea dei diritti dell'uomo, Patto delle Nazioni unite e Costituzione italiana", *Rivista di diritto internazionale*, 1983, pp. 322-326; Picchio は、イタリア憲法第11条が想定していた「主権の制限」は、国連のように、欧州人権条約が備えている個人申立制度を備えていない、緩い国際組織によるものであるので、EUはもちろん、欧州人権条約もイタリア憲法第11条の射程に含

めるべきであると論じた(Picchio, L. Forlati, "Deroga alla giurisdizione e parità delle armi nel processo del lavoro", *Studi parmensi*, XVIII, Milano, 1977, p. 232).
22　TAR Trentino-Alto Adige, Trento, sentenza17 luglio 2008, n. 171; Martinico, Giuseppe, "Is the European Convention Going to be 'Supreme'? A Comparative-Constitutional Overview of ECHR and EU Law before National Courts", *European Journal of International Law*, Vol. 23, No. 2, 2012, 423.
23　第2章参照。
24　C-260/89 *ERT* [1991] ECR-I 2925, para. 42.
25　Panzera, Claudio, "Il bello d'essere diversi. Corte costituzionale e Corti europee ad una svolta", *Rivista trimestrale di diritto pubblico*, 2009, n. 1, p. 1, pp. 26-30.
26　Salvato, Luigi, "La tutala dei diritti fondamentali nelle fonti interne ed 'esterne': poteri e compiti del giudice 'comune'", *Il Diritto dell'Unione europea*, 2011, n. 1, p. 260.
27　Ruggeri, Antonio, "Riconoscimento e tutela 'multilivello' dei diritti fondamentali, attraverso le esperienze di normazione e dal punto di vista della teoria della Costituzione", 8 giugno 2007 (Associazione italiana dei costituzionalisti ウェブサイト〈http://archivio.rivistaaic.it/dottrina/libertadiritti/ruggeri.html〉(アクセス:2013年8月20日))。
28　Soriano [2008], p. 428.
29　イタリア裁判官が国際法規定の適用に不慣れな象徴的な例の一つとして、Scovazziは、1992年イタリア憲法裁判所判決第62号を挙げている。同件判示において、イタリア憲法裁判所は、自由権規約が未だ充分な数の締約国により批准されていないため、多数国条約として未発効であると述べた(C.C., sentenza n. 62 del 1992, *cit.*, punto 6. in considerato in diritto)が、実際は自由権規約は1976年3月23日に発効しており、イタリアに関しても1978年12月15日より施行されていた(1977年9月25日法律第881号) Scovazzi [1997], pp. 59-60, 65.
30　C.C., sentenza 11 marzo 1961, n. 1 (イタリア憲法裁判所ウェブサイト(アクセス:2013年6月4日))。
31　C.C., sentenza 9 luglio 1970, n. 123 (イタリア憲法裁判所ウェブサイト(アクセス:2013年6月4日))。
32　C.C., sentenza n. 120 del 1967, *cit.*
33　C.C., sentenza n. 188 del 1980, *cit.*
34　C.C., sentenza 12-27 luglio 2000, n. 376 (イタリア憲法裁判所ウェブサイト(ア

クセス：2013 年 6 月 4 日））.
35 C.C., ordinanza 12-25 luglio 2001, n. 305（イタリア憲法裁判所ウェブサイト（アクセス：2013 年 6 月 4 日））.
36 C.C., sentenza 14 dicembre 1995, n. 505（イタリア憲法裁判所ウェブサイト（アクセス：2013 年 6 月 4 日））.
37 C.C., ordinanza 12-25 luglio 2001, n. 305（イタリア憲法裁判所ウェブサイト（アクセス：2013 年 6 月 4 日））.
38 C.C., sentenza n. 10 del 1993, *cit.*
39 C.C., sentenza n. 188 del 1980, *cit.*
40 *Ibid.*, punto 5. in considerato in diritto.
41 Villani, Maria Claudia, "La rinnovata battaglia dei giudici comuni a favore della diretta applicabilità della CEDU. Tra presunta 'comunitarizzazione' dei vincoli convenzionali e crisi del tradizionale modello di controllo accentrato della costituzionalità" (federalismi ウェブサイト 〈http://www.federalismi.it/〉（アクセス：2012 年 8 月 4 日））.
42 C.C., sentenza n. 10 del 1993, *cit.*, p.52.
43 *Ibid.*, punto 2. in considerate in diritto.
44 *Ibid.*, punto 5. in considerate in diritto.
45 Cass., sentenza 12 febbraio 1982, *cit.*
46 Cass., sentenza 11 ottobre 1990, *Rivista internazionale dei diritti dell'uomo*, 1991, p. 927.
47 Cass., sentenza 23 marzo 1983, *Giustizia penale*, 1984, III, 226.
48 Cass., sentenza 18 dicembre 1986, *Rivista internazionale dei diritti dell'uomo*, 1988, I, p. 122.
49 Cass., sentenza 14 luglio 1982, n. 6978, *Rivista penale*, 1983, p. 447.
50 Cass., sentenza 13 luglio 1985, *cit.*
51 Cass., sentenza 14 aprile 1988, *Foro italiano*, 1986, II, 269.
52 Cass., sentenza 23 febbraio 1999, *Rassegna forense*, vol. 32, 1999, p. 943.
53 Cass., sentenza 23 novembre 1988, *Rivista internazionale dei diritti dell'uomo*, 1990, p. 419.
54 Cass., sentenza 1 ottobre 1991, *Rivista internazionale dei diritti dell'uomo*, 1992, p. 815.
55 Cass., sentenza 22 novembre 1990, *cit.*

56 Cass., sentenza 10 luglio 1993, *Cassazione penale*, 1994, p. 439.
57 C.C., sentenza n. 10 del 1993, *cit.*
58 Cass., sentenza 8 luglio 1998, n. 6672, *Rivista italiana di diritto pubblico comunitario*, 1998, p. 1380.
59 Cass., sentenza 10 luglio 1991, n. 7662, *Giustizia civile*, 1992, I, p. 744.
60 Tribunale di Roma, 7 agosto 1984, *Temi romana*, 1985 II, p. 979.
61 Villani [2012].
62 CSM, 5 luglio 1985, *Foro italiano*, 1986, III, 46.
63 Commissione tributaria regionale di Milano, sez. V, sentenza 19 settembre 2000, *Rivista italiana di diritto pubblico comunitario*, 2002, p. 160.
64 Villani [2012].
65 Tribunale di Genova, sentenza 4 giugno 2001, *Foro italiano*, 2001, I, 2653.
66 *Gazzetta Ufficiale*, n. 248, 24 ottobre 2001.
67 訳出に際しては、阿部 [2005]、32頁を参照。
68 Treves [2005], pp. 692-3; Conforti, Sulle Recenti modifiche della Costituzione italiana in Tema di rispetto degli obblighi internationali e comunitari, *Foro italiano*, novembre 2002, V, 229 (estratto), p. 4; Rescigno [2002], p. 784, etc.
69 C.C., sentenza 12 novembre 2002, n. 445（イタリア憲法裁判所ウェブサイト（アクセス：2013年6月4日））.
70 C.C., sentenza 16 luglio 2004, n. 231（イタリア憲法裁判所ウェブサイト（アクセス：2013年6月4日））.
71 Cass., sentenza 19 luglio 2002, n. 10542, *Foro italiano*, 2002, I, 2606; Cass., sentenza 3 settembre 2004, n. 17837, *Rivista italiana di diritto pubblico comunitario*, 2005, p. 275.
72 Conforti [2002B], p. 4; Rescigno [2002], p. 784, etc.
73 Cass., sentenza 26 gennaio 2004, n. 1338, *Foro italiano*, 2004 I, 693.
74 しかし、実体的な論点については、「欧州人権裁判所の判決を正確に解釈すると、本件において欧州人権条約規定、特に第1議定書第1条の違反はない」と判断した。Cass., sentenza 11 giugno 2004, n. 11096, *Corriere giuridico*, 2004, p. 1467.
75 Cass., sentenza n. 17837 del 2004, *cit.*
76 Cass., sentenza 23 dicembre 2005, n. 28507（altalex ウェブサイト〈http://www.altalex.com/〉、以下略（アクセス：2013年8月7日））.
77 Cannizzaro [2009], pp. 180-1.

78 Cass., sentenza 12 luglio 2006, n. 32678（penale it ウェブサイト〈http://www.penale.it/〉（アクセス：2013年8月7日））．
79 Soriano［2008］, p. 429.
80 Cass., sentenza 1 dicembre 2006-25 gennaio 2007, n. 2800（federalismi.it ウェブサイ〈http://www.federalismi.it/〉（アクセス：2013年8月7日））．
81 酒井［2011］、403頁。
82 Cass., sentenza 10 marzo 2004, n. 4932（amicuscuriae.it ウェブサイト〈http://www.amicuscuriae.it/〉（アクセス：2013年8月7日））．
83 Cass., sentenza 27 marzo 2004, n. 6173（amicuscuriae.it ウェブサイト〈http://www.amicuscuriae.it/〉（アクセス：2013年8月7日））．
84 C.S., decisione 24 marzo 2004, n. 1559（イタリア国務院ウェブサイト（アクセス：2013年6月4日）), punto 6.3.2. in diritto.
85 C.S., decisione 10 agosto 2004, n. 5499（イタリア国務院ウェブサイト（アクセス：2013年6月4日）), punto 4.3.3. in diritto.
86 Corte d'appello di Firenze, sentenza 20 gennaio 2005, n. 570（altalex ウェブサイト（アクセス：2013年8月7日））．
87 Corte d'appello di Firenze, sentenza 22 marzo 2005, *Giurisprudenza di merito*, 2005, p. 1649.
88 Corte d'appello di Firenze, sentenza 14 luglio 2006, n. 1403（AmbienteDiritto.it ウェブサイト〈http://www.ambientediritto.it/〉（アクセス：2013年8月7日））．
89 Corte d'appello di Firenze, sentenza 9 giugno 2007, *Rivista giuridica del lavoro e della previdenza sociale*, 2008, II, p. 479.
90 Tribunale di Pistoia, sentenza 23 marzo 2007, *Rivista giuridica del lavoro e della previdenza sociale*, 2008, II, p. 481.
91 Corte d'appello di Roma, ordinanza 11 aprile 2002, *Giurisprudenza costituzionale*, 2002, 2221.
92 Soriano［2008］, pp. 432-433.
93 Legge 9 gennaio 2006, n. 12, "Disposizioni in materia di esecuzione delle pronunce della Corte europea dei diritti dell'uomo", *Gazzetta Ufficiale*, 19 gennaio 2006 n.15（イタリア議会ウェブサイト〈http://www.parlamento.it〉（アクセス：2013年7月3日））．
94 Soriano［2008］, p. 433.
95 *Ibid.*, p 428.

96 Mirate［2009］, p. 98.
97 C.C., sentenza n. 348 del 2007, *cit.*
98 C.C., sentenza 16 giugno 1993, n. 283（イタリア憲法裁判所ウェブサイト（アクセス：2013年6月4日））.
99 Mirate［2009］, p. 104.
100 ECtHR, Great Chamber, 29 March 2006, *Scordino v. Italy,*（N. 36813/97）（欧州人権裁判所ウェブサイト〈www.echr.coe.int〉、以下略（アクセス：2013年6月4日））.
101 C.C., sentenza n. 349 del 2007, *cit.*
102 Mirate［2009］, pp. 106-8.
103 Cass., sentenza 16 febbraio 1983, n. 1464, *Giurisprudenza italiana,* 1983, I, 1, 1629.
104 ECtHR, 17 May 2005, *Scordino v. Italy,*（N. 43662/98）（欧州人権裁判所ウェブサイト（アクセス：2013年6月4日））.
105 第5章第2節1. 参照。
106 第2章第2節1. 参照。
107 第5章第4節1. 参照。
108 Soriano［2008］, p. 407.
109 酒井［2011］、391頁。
110 Mirate［2009］, p. 99.
111 Rossi［2009］, p. 323.
112 Mirate［2009］, p. 100.
113 Adinolfi, Adelina, "The Judicial Application of Community Law in Italy", *Common Market Law Review,* 1998, pp. 1313 ss.; Siciliano, Angela, "State Liability for Breaches of Community Law and its Application within the Italian Legal System", *European Public Law,* Vol. 5, 1999, 405; Mastroianni, Roberto, "On the Distinction between Vertical and Horizontal Direct Effects of Community Directives: What Role for the Principle of Equality?", *European Public Law,* Vol. 5, 1999, 417; Mengozzi, Paolo, "Corte di giustizia, giudici nazionali e tutela dei principi fondamentali degli Stati membri", *Il Diritto dell'Unione europea,* 2012, n. 3, p. 562.
114 Mirate［2009］, p. 100.
115 Polakiewicz, Jörg, "The Status of the Convention in National Law", Blackburn, R., – Polakiewicz, J., *Fundamental Rights in Europe,* Oxford, 2001, pp. 52-53.
116 Mahoney, Paul, "Marvellous Richness of Diversity or Invidious Cultural Relativ-

ism?", *Human Rights Law Journal*, 1998, pp. 1-6; MacDonald, Ronald. St. John, "The Margin of Appreciation in the Jurisprudence of the European Court of Human Rights", *International Law at the time of its Codification, Essays in honour of Judge Robert Ago*, Giuffrè, 1987, p. 187.
117 Wildhaber, Luzius, "A Constitutional Future for the European Court of Human Rights?", *Human Rights Law Journal*, 2002, p. 162.
118 Mirate [2009], p. 101.
119 *Ibid*.
120 Greco, Guido, "I rapporti tra ordinamento comunitario e nazionale", Chiti, M. P., - Greco, G., *Trattato di diritto amministrativo europeo*, II ed., Giuffrè, 2007, p. 857; Adinolfi [1998], p. 1322.
121 Mirate [2009], pp. 101-2.
122 Soriano [2008], p. 407.
123 イタリア法規範において欧州人権条約の完全な実効性を確保するには、欧州人権条約をイタリア憲法に組み込む (incorporate) ことが必要であるとする主張もある (例えば、憲法問題委員会のイタリア憲法第111条改正のための報告書) (Soriano [2008], p. 426)。
124 Mirate [2009], p. 103.
125 C.C., sentenza 27 febbraio 2008, n. 39 (イタリア憲法裁判所ウェブサイト (アクセス：2013年6月4日))。
126 C.C., ordinanza 2 aprile 2009, n. 97 (イタリア憲法裁判所ウェブサイト (アクセス：2013年6月4日))。
127 C.C., ordinanza 8 maggio 2009, n. 143 (イタリア憲法裁判所ウェブサイト (アクセス：2013年6月4日))。
128 C.C., ordinanza 22 maggio 2009, n. 162 (イタリア憲法裁判所ウェブサイト (アクセス：2013年6月4日))。
129 C.C., sentenza 26 novembre 2009, n. 311 (イタリア憲法裁判所ウェブサイト (アクセス：2013年6月4日))。
130 ECtHR, 20 February 2003, *Forrer-Niederthal v. Germany* (N. 47316/99) (欧州人権裁判所ウェブサイト (アクセス：2013年6月4日))。
131 ECtHR, 23 October 1997, *The National & Provincial Building Society and others v. U.K.* (N. 117/1996/736/933-935) (欧州人権裁判所ウェブサイト (アクセス：2013年6月4日))。

132 C.C., sentenza n. 311 del 2009, *cit.*, punto 6. in considerato in diritto.

133 Cannizzaro, Enzo, "Diritti 'diretti' e diritti 'indiretti': i diritti fondamentali tra Unione, CEDU e Costituzione italiana," *Il Diritto dell'Unione europea*, n. 1, 2012, pp. 176-7.

134 Cass., sentenza 14 gennaio 2008, n. 599（ヴェネツィア IUAV 大学ウェブサイト）〈http://www.iuav.it/〉（アクセス：2013 年 6 月 4 日））.

135 Cass., sentenza 6 maggio 2009, n. 10415, *Rivista di diritto internazionale*, 2009, p. 1194.

136 C.S., decisione 30 ottobre 2007, n. 5830（イタリア国務院ウェブサイト（アクセス：2013 年 6 月 4 日））.

137 Tribunale di Ravenna, sentenza 16 gennaio 2008, *Rivista giuridica del lavoro e della previdenza sociale*, 2008 II, p. 480.

138 TFEU 第 6 条 1〜3 項。

139 庄司克宏「EU 条約・EU 機能条約コンメンタール 第 12 回 EU 条約第 6 条と基本的人権の保護（下）」『貿易と関税』第 61 巻 4 号（2013 年）、74 頁。

140 庄司［2013A］、343 頁。

141 庄司［2013］、327〜9 頁。

142 Legge n. 130 del 2008, *cit.*

143 C.C., sentenza 12 marzo 2010, n. 93（イタリア憲法裁判所ウェブサイト（アクセス：2013 年 6 月 4 日））.

144 C.C., sentenza 28 maggio 2010, n. 187（イタリア憲法裁判所ウェブサイト（アクセス：2013 年 6 月 4 日））.

145 C.C., sentenza 4 giugno 2010, n. 196（イタリア憲法裁判所ウェブサイト（アクセス：2013 年 6 月 4 日））.

146 C.C., sentenza 4 dicembre 2009, n. 317（イタリア憲法裁判所ウェブサイト（アクセス：2013 年 6 月 4 日））.

147 *Ibid.*, punto 7. in considerato in diritto.

148 *Ibid.*, punto 7. in considerato in diritto.

149 Cannizzaro［2009］, pp.179-80.

150 C.S., decisione 2 marzo 2010, n. 1220（イタリア国務院ウェブサイト（アクセス：2013 年 6 月 4 日））.

151 TAR Lazio, sentenza 18 maggio 2010, n. 11984（altalex ウェブサイト（アクセス：2013 年 6 月 4 日））.

152 C.S., decisione 29 settembre 2010, n. 7200（イタリア国務院ウェブサイト（アクセス：2013 年 6 月 4 日））.
153 C.C., sentenza 11 marzo 2011, n. 80（イタリア憲法裁判所ウェブサイト（アクセス：2013 年 6 月 4 日））.
154 ECtHR, 13 Novembre 2007, *Bocellari et Rizza c. Italy*, N. 399/02（欧州人権裁判所ウェブサイト（アクセス：2013 年 6 月 4 日））.
155 C.C., sentenza n. 80 del 2011, *cit.*, punto 5.1. in considerato in diritto.
156 *Ibid.*, punto 5.4. in considerato in diritto.
157 *Ibid.*, punto 5.5. in considerato in diritto.
158 *Ibid.*, punto 5.3.
159 Ferraro, Angelo Viglianisi, "Significative Aperture Giurisprudenziali nei confronti della CEDU: Ma 〈〈il Fine non Giustifica I Mezzi〉〉", *Diritto comunitario e degli scambi internazionali*, 2011, n. 1, p. 7; Conforti, Benedetto, "Atteggiamenti preoccupanti della giurisprudenza italiana sui rapport fra diritto interno e trattati internazionali", *Diritti umani e diritto internazionale*, 2008, p. 581 ss; Tesauro, Giuseppe, "Costituzione e norme esterne", *Diritto dell'Unione europea*, 2009, p. 213; Ruggeri, Antonio, "La CEDU alla ricerca di una nuova identità, tra prospettiva formale-astratta e prospettiva assiologico-sostanziale d'inquadramento sistematico"（Forum Costituzionale ウェブサイト〈http://www.forumcostituzionale.it/〉（アクセス：2013 年 6 月 4 日））.
160 Ferraro [2011], p. 32.
161 Strozzi, Girolamo, "Il sistema integrato di tutela dei diritti fondamentali dopo Lisbona: attualità e prospettive", *Il Diritto dell'Unione europea*, n. 4, 2011, p. 848, pp. 852-856.
162 Vezzani [2015], pp. 548-50.
163 実際に、パスタの製造に関して、他 EU 加盟国業者と比べて、在イタリア業者を逆差別するイタリア法が、EU 法上は問題とならないとしても、イタリア憲法 3 条の平等原則違反となるとされた事例がある（C.C., sentenza 16-30 dicembre 1997, n. 443, punti 6. a 7. in considerato in diritto）。
164 Strozzi [2011], pp. 858-859.
165 Cannizzaro [2012], pp. 38-39, etc.
166 Villani [2012].
167 Ferraro [2011], pp. 41-42.

168 Ruggeri, Antonio, "La Corte fa il punto sul rilievo interno della CEDU e della Carta di Nizza-Strasburgo (a prima lettura di Corte cost. N. 80 del 2011)" (イタリア憲法裁判所ウェブサイト (アクセス：2012年6月4日)), pp. 7-8.

169 Caianiello, Michele, "La Riapertura del processo per dare attuazione alle sentenze della Corte europea dei diritti: verso l'affermarsi di un nuovo modello", *Quaderni costituzionali*, 2001, n. 3, p. 669.

170 Immediato, Miriam, "Il futuro dei diritti fondamentali nel sistema 'CEDU-Carta'", *Diritto comunitario e degli scambi internazionali*, 2011, n. 3, p. 465.

171 Randazzo, Alberto, "Brevi note a margine della sentenza n. 80 del 2011 della Corte costituzionale" (giurcost.org ウェブサイト 〈http://www.giurcost.org/decisioni/index.html〉 (アクセス：2013年6月4日)).

172 La China, Sergio, "Diritti unami: qualche piccola precisazione", *Rivista trimestrale di diritto e procedura civile*, 2012, n. 3, p. 835, etc.

173 Rossi [2009], p. 325.

174 Vezzani [2015], p. 531.

175 *Ibid.*

176 *Ibid.*, p. 540.

177 *Ibid.*, pp. 542-3.

178 *Ibid.*, p. 543.

179 C.C., sentenza 28 novembre 2012, n. 264 (イタリア憲法裁判所ウェブサイト (アクセス：2013年6月4日)).

180 C.C., sentenza 23 maggio 2008, n. 172 (イタリア憲法裁判所ウェブサイト (アクセス：2013年6月4日)).

181 ECtHE, 31 may 2011, *Maggio and others v. Italy*, Ns. 46286/09, 52851/08, 53727/08, 54486/08 and 56001/08 (欧州人権裁判所ウェブサイト (アクセス：2014年5月8日)).

182 C.C., *Giustizia costituzionale dell'anno 2012*, 12 aprile 2013 (イタリア憲法裁判所ウェブサイト (アクセス：2013年7月4日)), p. 353.

183 C.C., sentenza n. 264 del 2012, *cit.*, punto 5.1. in considerato in diritto.

184 *Ibid.*, punto 5.2. in considerato in diritto.

185 *Ibid.*, punto 5.3. in considerato in diritto.

186 個別の憲法規定のいずれに違反するのかという点については、明確に特定されているわけではない (Conforti, B., "La Corte costituzionale applica la teoria dei

controlimiti", *Rivista di diritto internazionale*, vol. 96, 2013, fasc. 2, p. 529)。
187 C.C., sentenza n. 264 del 2012, *cit.*, punto 5.4. in considerato in diritto.
188 Conforti [2013], p. 527; Scaccia, Gino, "〈〈Rottamare〉〉 la teoria dei controlimiti?", *Quaderni costituzionali*, 2013, n. 1, p. 141.
189 Conforti [2013], p. 530.
190 Massa, Michele, "La sentenza n. 264 del 2012 della Corte costituzionale: dissonanze tra le corti sul tema della retroattività", *Quaderni costituzionali*, 2013, n. 1, p. 140.
191 C.C., sentenza n. 188 del 1980 *cit.*, punto 5. in considerato in diritto.
192 Case 222/84 *Marguerite Johnston v Chief Constable of the Royal Ulster Constabulary* [1986] ECR 1651, para. 18; Cases 46/87 and 227/88, *cit.*, [1989] ECR 2859, para. 13.
193 Corte d'appello di Roma, ordinanza 11 aprile 2002, *cit.*; Commissione tributaria regionale di Milano, sentenza 19 settembre 2000, *cit.*, etc.
194 C.C., sentenza n. 348 del 2007, *cit.*, punto 4.3. in considerato in diritto; C.C., sentenza n. 349 del 2007, *cit.*, punto 6.2. in considerato in diritto.
195 C.C., sentenza n. 348 del 2007, *cit.*, punto 3.3. in considerato in diritto; C.C., sentenza n. 349 del 2007, *cit.*, punto 6.1. in considerato in diritto.
196 この点については、TEU 第6条1項（前出）、リスボン条約付属宣言一第2段（前出）、基本権憲章第51条1項「この憲章の規定は、補完性の原則に妥当な考慮を払いつつ、EU の主要機関および専門行政機関を含むその他の機関に対して、ならびに加盟国が EU 法を実施するときに限り加盟国に対して、適用される…」（訳出に際しては、奥脇編 [2010]、363 頁を参照）。

第 5 章　イタリア法の射程と EU 法の射程の関係

これまで、イタリアにおける基本権保障は、EU 法の適用範囲内では EU 法上の基本権によって行われ、国内法の適用範囲内ではイタリア憲法によって行われることを確認し、また、EU 法の適用範囲内の EU 法上の基本権としての欧州人権条約法と、国内法の適用範囲内の一般的な国際条約としての欧州人権条約法とには、実体的にも手続的にも位置づけの違いがあることを確認してきた。そこで本章では、EU 法の適用範囲および国内法の適用範囲はどこまでなのか、それぞれの適用範囲が衝突した場合にはどのように調整されるのかを考察する。

第 1 節　EU の権限

EU 法上の基本権は、基本条約により EU に付与された権限の範囲内においてのみ効力を生ずる[1]。そこで、次に EU の権限範囲を確認する。

1　個別授権原則

EU の権限の限界は、TEU 第 5 条 1 項規定の「限定的個別授権の原則」（the principle of conferral of powers）により規律される。TEU 第 5 条 2 項によれば、個別授権原則とは、EU が基本条約に定められた諸目的を達成するために加盟国により付与された権限の限界内でのみ行動することを意味する。EU が行動するためには、基本条約に法的根拠が定められている必要がある[2]。

他方、基本条約により EU に付与されていない権限は、引き続き加盟国に存することになる（TEU 第 5 条 2 項、権限の画定に関する宣言第 18 号[3]）。

そのため、加盟国とEUとの間の権限画定に関わる疑いがある場合、加盟国に有利に判断される。すなわち、そのような場合には加盟国に管轄権の推定が存在する。加盟国の権限に属するためにEUが尊重しなければならないものとして、「地域および地方の自治を含む政治的および憲法的な基本構造に固有の加盟国の国民的一体性」、また「国家の本質的機能、特に国家の領土保全を守り、公の秩序を維持しおよび国家の安全保障を確保するという機能」が明文化されている（TEU第4条2項）[4]。

2　EU権限の類型化[5]

　EU機能条約第2～6条は、EUと加盟国との間の「垂直的」な権限配分を明確化する目的でEU権限を類型化することにより、個別授権原則にしたがってEUに付与されている権限がそれぞれいかなる性格を有するのかを示している。EUは「排他的権限」「共有権限」「補充的権限」という3つの類型の権限を有するとともに、個別の分野として経済・雇用政策および共通外交・安全保障政策（CFSP）に関する権限を付与されている。

　第1に、TFEU第2条1項によれば、「排他的権限」の場合、EUのみが立法を行い、また、「法的拘束力を有する行為」を採択することができる。加盟国が立法および法的拘束力を有する行為の採択を行えるのは、EUから授権された場合またはEUの行為の実施のために限られる。またTFEU第3条2項によれば、EUは「[国際条約]の締結が連合の立法行為に規定されているかもしくは連合が対内的権限を行使するのを可能とするために必要である場合、または、[国際条約]の締結が共通の法規範に影響を及ぼすかもしくはその範囲を変更し得る限りにおいて」そうするための排他的権限を有する。

　第2に、TFEU第2条2項によれば、「共有権限」の場合、EUも加盟国もともに、立法を行い、また、「法的拘束力を有する行為」を採択することができる。TFEU第4条1項によれば、この類型に含まれるのは、排他的権限および補充的行動（後述）に該当しない分野である。TFEU第2条2

項によれば、これらの共有権限分野では「先占」（preemption）の原則が適用され、加盟国は EU が権限を行使した限度で自らの権限を行使できなくなる。ただし、TFEU 第 4 条 3・4 項規定の研究・技術開発および宇宙分野、ならびに開発協力および人道援助分野も共有権限分野に含まれるが、「先占」は生じないとされている。研究・技術開発および宇宙分野、ならびに開発協力および人道援助分野以外の共有権限分野において加盟国が自己の権限を失うかどうかは、EU が実際に当該分野でどの程度自己の権限を行使したかによる。EU が一律の「規則」や排他的調和（完全な調和）を達成する「指令」を採択するときには「先占」が生じる。しかし、下限設定調和（minimum harmonization）や原産地国（出身国）の法令の「相互承認」を「指令」で定める場合には、加盟国の行動の余地が残ることになる。

　第 3 は、TFEU 第 2 条 5 項によれば、「支援・調整・補充的行動」の権限（補充的行動）である。これは、EU が加盟国の行動を支援し、調整し、または補充するための行動を行う権限である。補充的行動の分野では、EU は加盟国にとってかわることはできない。また、EU は法的拘束力を有する行為を採択することはできるが、加盟国の法令の調和を伴なうことはできない。

　第 4 に、TFEU 第 2 条 3 項に、EU 権限分野として経済政策および雇用政策が個別に示されている。加盟国は EU 機能条約により決定される取り決め内で経済・雇用政策の調整を行うが、EU はそのような取り決めを提供する権限を有する。

　第 5 に、TFEU 第 2 条 4 項に、共通外交・安全保障政策（CFSP）も個別に示されている。EU は EU 条約規定にしたがって、共通防衛政策の漸進的な形成を含め、共通外交・安全保障政策を策定し実施する権限を有する。

　また、EU 機能条約第 352 条は、EU の目的を達成するために EU レベルでの行動が必要であるがそのために必要な権限が予定されていない場合に、EU の行動を可能とするための規定である。この規定の旧条文（EC 条約第 308 条）は、条約改正によらずに EU が権限を拡張するために利用されてき

たという批判を受けてきたため、現行規定では発動要件が厳格化されている[6]。

3 補完性原則と比例性原則

　TEU 第5条1項によれば、EU の権限の行使は、補完性よび比例性の両原則により規律される。EU は個別授権原則に基づき権限を有する場合であっても、補完性原則および比例性原則に適合する場合にのみ権限を行使することができる。個別授権原則にしたがって EU に権限が存在する場合、EU が実際にその権限を行使すべきかどうかを決定する際の基準となるのが補完性原則である。そして、個別授権原則にしたがって EU に権限が存在し、補完性原則に基づき EU が実際にその権限を行使すべきであると判断された後、その権限をどのように行使すべきかに関する基準を示すのが比例性原則である。補完性原則は、TEU 第5条3項によれば、「EU が、排他的権限に属しない分野において、提案されている行動の目的が加盟国により中央レベルまたは地域および地方レベルのいずれかにおいて十分に達成されることができないが、提案されている行動の規模または効果のゆえに連合レベルでよりよく達成されることができる場合にのみ、かつ、その限りにおいて行動する」という原則である。比例性原則は、使用される手段と意図される目的（または達成される結果）との間でバランスをとるよう要求し、そのようにして EU（および加盟国）による公権力の行使を制約する。よって、EU の「立法行為」(legislative acts) 草案は、両原則に関して正当化されなければならない[7]。

第2節　EU 法の基本権の適用範囲

1　リスボン条約以前の EU 法の基本権にもとづく審査権の範囲

　リスボン条約以前の EU 法の一般原則の一部である基本権にもとづく審査権の範囲は、前節で確認した EU の権限内において採択される EU 諸機関の

行為、および加盟国の行為のうち、第1に加盟国が EU 立法を実施する場合、第2に EU 司法裁判所が EU 要件から適用除外を受ける国内措置の効力を審査する場合、第3にある特定の EU 実体法規範が当該状況に適用可能である場合、である[8]。これらの場合以外の、EU 法の適用領域に該当しない事案に関しては、EU 司法裁判所は管轄を有しない[9]。

（1） 加盟国が EU 立法を実施する場合

　加盟国が EU 立法を実施する場合、そのような加盟国措置に関しては、EU 法上の基本権にもとづく EU 司法裁判所の審査権がおよぶ。この点について判示した事例としては、Wachauf 事件[10] が挙げられる。

　本件では、規則に基づき牛乳製造業の廃業に対する補償を規定する国内法にしたがい、Wachauf 氏が補償金の申請を行なった。当該国内法は、規則 857/84 の第4条1項に規定された権限に基づいており、牛乳製造業者が補償金の受取から6ヵ月以内に廃業をすることを約する場合、補償金を申請できる旨、および申請者が農場の賃借人である場合には、賃貸人の文書による同意が申請の要件である旨を規定していた。Wachauf 氏は、賃貸人の同意が撤回されたため、補償金申請を却下された。

　本件につき司法裁判所は次のように判示した。

　「賃借の終了に伴い、賃借している耕作地における労働の成果や投資物を、補償金なしに、賃借人から奪う効果を有するような共同体法規定は、共同体法秩序における基本権保護の要請に反することとなろう。このような基本権保護の要請は、共同体法を実施する加盟国に対しても拘束力を有するものであり、加盟国は、可能な限り、EU 法規定を基本権保護の要請に合致させて適用せねばならない」[11]。

　（共同体は EU に読み替える。）

　このように、加盟国が EU 立法を実施する場合、そのような加盟国措置に関しては、EU 法上の基本権の遵守が要請される。

（２）　EU 司法裁判所が EU 要件から適用除外を受ける国内措置の効力を審査する場合

さらに EU 司法裁判所は、国内法令が EU 法を実施するためのものではないときでも、基本権との適合性の見地から審査を行う場合がある。この点について判示した事例としては、ERT 事件[12]が挙げられる。

本件では、排他的なテレビ放映権を設定する国内制度と、EU 法の自由移動規定、競争法規定および欧州人権条約第 10 条との適合性が問題とされた。

本件につき司法裁判所は次のように判示した。

「当裁判所が判示しているとおり、当裁判所は共同体法の範囲内にない国内法の欧州人権条約との適合性を審査する権限を有しない。他方、そのような国内法が共同体法の範囲内に入り、当裁判所に先決判決を求めて付託がなされる場合、当裁判所は、当裁判所が遵守を確保し、特に欧州人権条約に由来する基本権に、国内法が適合するかを決定するために国内裁判所が必要とする全ての解釈基準を、提供しなければならない。

特に、加盟国がサービス提供の自由の行使に対する制限を正当化するために［EEC 条約］第 56 条および第 66 条（TFEU 第 52 条および第 62 条）に重畳的に依拠する場合、そのような、共同体法により規定された正当化は、法の一般原則および特に基本権に照らして解釈されねばならない。このように、当該国内法は、当裁判所によりその遵守が確保される基本権と適合する場合にのみ、［EEC 条約］第 56 条および第 66 条（TFEU 第 52 条および第 62 条）の重畳的規定により規定された例外の範囲に入ることができる」[13]。

（共同体は EU に読み替える）

このように、EU 要件から適用除外を受ける国内措置であっても、EU 法上の基本権の遵守が要請される。

（３）　ある特定の EU 実体法規範が当該状況に適用可能である場合

具体的に EU 法の範囲内にあるとされるのは、基本条約により保障される物、労働者、サービス等の自由移動を制限するおそれのある国内措置であ

る。他方、加盟国の国内立法が EU 法の範囲外すなわち EU 司法裁判所による基本権審査の範囲外にあるとされる要件は、まず Kremzow 事件判決において示された[14]。

① Kremzow 事件[15]
　本件は、Kremzow 氏が終身刑を言い渡された裁判が、公正な裁判を受ける権利を規定する欧州人権条約第 6 条に違反すると欧州人権裁判所により判断されたことに伴い、Kremzow 氏がオーストリアに対して賠償を求めた事例である。Kremzow 氏は、自身が EU 市民であり、EU 基本条約に規定された自由移動の権利を享受すること、および、EU 市民は特定の居住の意図がなくとも加盟国領域を自由に移動する権利を有するため、違法な終身刑を執行することにより EU 法上認められる基本的権利を侵害する加盟国は、EU 法にもとづく責任を負わねばならないと主張した[16]。
　本件につき司法裁判所は次のように判示した。
　「本件の上訴人はオーストリア国民であるが、その状況は人の自由移動に関する条約規定に規定された状況といかなる形でも関連を有しないものである。いかなる自由の侵害も自由移動の権利の行使を妨げる可能性がある一方で、当裁判所は、権利の行使の純粋に架空の可能性は、共同体法の適用を正当化するための共同体法との十分な関連性を構成しないと判示してきた[17]」。
　（共同体は EU に読み替える。）
　Kremzow 事件判決によれば、加盟国の国内立法が EU 司法裁判所による基本権審査の範囲外にあるとされるのは、次の 2 つの要件が充たされる場合であった。第 1 に、当該状況が域内市場における自由移動との間に十分な連結要素（国境を越えた経済活動であること）を欠くため、「全く国内的な状況」であること（EU 市民権に基づく自由移動の場合には連結要素は越境性で足りる）（Kremzow 第 1 要件）、かつ、第 2 に（ⅰ）当該問題に関する EU 立法が存在しないか、または（ⅱ）当該問題に関する EU 立法が存在するが、加盟国の当該措置が EU 立法の実施を意図したものではないこと

(Kremzow 第 2 要件) であった[18]。

しかし、以下で確認するように、Kremzow 第 2 要件の (ⅱ) は変更され、指令の実施を意図したものではない国内措置であっても、同指令の規律事項と単に重なるだけで EU 法の範囲内に置かれることとなった[19]。

② Demirel 事件

(ⅰ) の事例としては、Demirel 事件[20] が挙げられる。

本件では、ドイツで労働・居住していたトルコ国籍の夫のもとに、家族の統合ビザではなく訪問ビザにより訪れ、滞在していた Demirel 夫人に対し、国内法に基づきビザが失効したため、ドイツが追放をともなう退去を命令し、同退去命令が EEC―トルコ連合協定に抵触するか否かが問われたが、同退去命令と欧州人権条約第 8 条との関係についても触れられた。EEC―トルコ連合協定の第 12 条は、労働者の自由移動を漸進的に確保するため EEC 条約の関連規定の原則に沿うことを締約当事者に求め、連合協定附属議定書第 36 条は、自由移動の漸進的な達成のための連合協定理事会の決定採択権限を規定していた。連合協定理事会は、1980 年 9 月 19 日決定 1/80 により、加盟国の労働力にすでに適法に統合されているトルコの労働者に対し雇用のアクセスをさらに制限することを禁止していたが、家族の統合に関しては全く立法を行なっていなかった。

本件につき司法裁判所は次のように判示した。

「同問題についての回答に関して欧州人権条約第 8 条が関係するかについては、……共同体法の分野における基本権の遵守を確保することは当裁判所の義務であるが、共同体法の射程の範囲外にある国内立法の欧州人権条約との適合性を審査する権限を有しない。しかしながら本件においては、第 1 の質問に対する回答から明らかなように、現在、共同体内に合法的に居住しているトルコの労働者の家族の統合を加盟国が認めねばならない条件を定義する共同体法の規定はない。したがって、本件における国内法規定は、共同体法の規定を履行する必要はなかった。このような状況においては、当裁判所

は問題の国内法規定が欧州人権条約第8条の原則と適合するか否かを決定する管轄を有しない。」[21]

（共同体はEUに読み替える。）

このように、第1に、当該状況が域内市場における自由移動との間に十分な連結要素（国境を越えた経済活動であること）を欠き、「全く国内的な状況」であり、かつ、第2に（ⅰ）当該問題に関するEU立法が存在しない場合には、当該国内立法はEU法の範囲外すなわちEU司法裁判所による基本権審査の範囲外にあるとされた。

② Annibaldi事件

（ⅱ）の事例としては、Annibaldi事件[22]が挙げられる。

本件では、州の公園内に含まれる土地の使用用途を制限する州法にしたがい、公園内の自己所有の土地における果樹園設置の申請を拒否された原告が、州を相手取り、同州法のEC条約第52条（TFEU第49条）等ならびに財産権、営業、および平等に関する法の一般原則の侵害を申立てた。

本件につき司法裁判所は次のように判示した。

「国内立法が共同体法の範囲内に当たる場合、司法裁判所は、先決付託手続において、国内裁判所が当該立法の基本権との適合性を評価することが可能となるために必要な解釈に関するあらゆる指針を与えなければならない。司法裁判所は基本権の尊重を保障し、そのような基本権は、特に［欧州人権］条約に由来する。他方、共同体法の範囲にない国内法令に関しては、司法裁判所はそのような権限を有しない。」[23]

なお、本件では、次のように判示され、国内法令のEU法上の基本権との適合性については審査されなかった。「共同体法の現状では、当該地域の環境および文化財の保護を目的とする自然考古学的公園を設立する本件州法は、共同体法の適用範囲に該当しない状況に適用されるものである。

したがって、当裁判所は本先決問題について回答する権限を有しない。」[24]

（共同体はEUに読み替える。）

このように、第1に、当該状況が域内市場における自由移動との間に十分な連結要素（国境を越えた経済活動であること）を欠き、「全く国内的な状況」であり、かつ、第2に（ⅱ）当該問題に関するEU立法が存在するが、加盟国の当該措置がEU立法の実施を意図したものではない場合には、当該国内立法はEU法の範囲外すなわちEU司法裁判所による基本権審査の範囲外にあるとされた。

④ Kücükdeveci 事件

しかし、先ほど述べたように、Kremzow 第2要件の（ⅱ）は Kücükdeveci 事件判決[25]により変更された。

本件で司法裁判所は、25才になる以前の被用者の雇用期間が解雇通知の計算の際に考慮されないと規定する国内法が、EU法の一般原則としての年齢差別禁止原則を具体的に規定する指令 2000/78 に反すると判断したが、関連指令は、国内置換期限が経過した後、同指令の実施を目的としたものではない国内立法を、指令に規律される事項と重なるというだけで、EU法の範囲内に置く効果を有するとした[26]。

すなわち、Kücükdeveci 事件判決により、加盟国が EU 第2次法で何らかの形で規制されている分野内において自己の権限を行使するたびに、そのような国内行為はすべて、たとえ基本条約との直接的な結びつきがなくとも、ある分野で EU 第2次法上の措置と国内規制権限の行使の間に単に重なりがあるだけで、EU 法の一般原則の適用を受けるようになったと解釈することができる[27]。

2　リスボン条約以降の EU 法の基本権にもとづく審査権の範囲

リスボン条約による改正後の EU 条約第6条により、EU における基本権については、すでに確認した法の一般原則による保障に加えて、EU 基本権憲章、および EU としての欧州人権条約加入により、3重に保護される制度が示されている。

まず、法の一般原則に関して、TEU 第6条3項の規定は、従前の規定（ニース条約版 TEU 第6条2項）の規定を受け継いだものであるので[28]、特に EU 権限を拡大するものではない。したがって、EU 法の一般原則たる欧州人権条約の規定の適用範囲も、従前の EU 法の射程内に限定される。

次に、EU としての欧州人権条約加入に関しては、TEU 第6条2項によれば、EU による欧州人権条約への加入は、「連合の権限に影響を及ぼすものではない」。したがって、EU としての欧州人権条約加入は、EU の権限を拡大するものではない。すなわち、EU が加入する欧州人権条約の規定の適用範囲も、従前の EU 法の射程内に限定される。

問題となるのが、EU 基本権憲章の適用範囲である。

まず、第2章で確認したように、EU 基本権憲章は、EU 法の一般原則を確立するための源となりうるため[29]、EU 基本権憲章を源として確立した EU 法の一般原則の適用範囲を判断するには、EU 基本権憲章の適用範囲の画定が重要となる。

また、EU 法の一般原則を構成する欧州人権条約により保障される基本権に相応する EU 基本権憲章の規定には、憲章第52条3項にもとづき、欧州人権条約と同一の解釈が付与される（ただし、それよりも広範な保護を妨げるものではない）[30]。したがって、欧州人権条約法の実体的な適用範囲を判断する場合にも、EU 基本権憲章の適用範囲の画定が重要となる。

EU 基本権憲章に関する TEU 第6条1項によれば、EU 基本権憲章は EU の権限を拡大するものではない。この点については、リスボン条約附属宣言1や、基本権憲章第51条2項によっても確認されている。

憲章の適用範囲は、憲章第51条1項によれば、EU 諸機関に対して、および EU 法を実施しているときに限り加盟国に対して、宛てられると規定されている。この規定で問題となるのは、加盟国に対しては憲章の適用を「連合法を実施しているとき」に限定していることである。一般に、加盟国との関係で EU 法が適用される範囲に含まれるのは、先述したとおり（前項1(1) 〜 (3))、第1に加盟国が EU 法を実施するとき、第2に EU 司法裁判

所が EU 要件から適用除外を受ける国内措置の効力を審査するとき、第 3 に EU のある特定の実体法規範が当該状況に適用可能であるとき、である。しかし基本権憲章第 51 条 1 項の文言では、第 1 の場合のみを想定しているように思われる[31]。

この点に関して、基本権憲章注釈集は、「連合法を実施しているとき」を「加盟国が連合法の範囲において行動するとき」を指すとし、その根拠として前掲第 1 の場合に当たる Wachauf 判決、前掲第 2 の場合に当たる ERT 判決、および、第 3 の場合として Annibaldi 判決における判示[32]を引用している[33]。しかし、これだけでは必ずしも確定的とはいえず、「連合法を実施しているとき」の解釈をめぐり、学説の立場は分かれていた。とくに第 3 の場合を認めるべきか否か、認めるとすればどこまでかが争われていた[34]。

この点に関し、司法裁判所は、2012 年 Iida 事件判決で、第一の場合に限定されるととれる判示を示した[35]。しかし翌年司法裁判所は、2013 年 Fransson 事件判決で、第三の場合を含むと判示した。司法裁判所は、EU 法により規律される状況のすべてにおいて基本権が適用されるとの従前の判例に触れ、また基本権説明文書を根拠に、基本権憲章の射程は EU 法の一般原則と同一であると判示した[36]。

以上から明らかなのは、リスボン条約による EU 基本条約の改正は、いずれにしろ基本権に関する EU の権限を拡大するものではないという点である。

リスボン条約による EU 基本条約の改正以前は、EU 法の一般原則としての EU 法上の基本権の適用範囲は、第 1 に加盟国が EU 法を実施するとき、第 2 に EU 司法裁判所が EU 要件から適用除外を受ける国内措置の効力を審査するとき、第 3 に EU のある特定の実体法規範が当該状況に適用可能であるとき、であった。リスボン条約による EU 基本条約の改正以前は、EU 法の一般原則としての EU 法上の基本権の適用範囲は従前と変わらず第 1 から第 3 の場合であり、また、EU 基本権憲章の適用範囲は、憲章第 51 条 1 項を狭く解釈した場合には第 1 の場合に限定されるが（2012 年 Iida 事件判

決）、広く解釈した場合には第1から第3（2013年 Fransson 事件判決）の場合である。つまり、EU 基本権憲章の適用範囲を狭く解釈した場合でも広く解釈した場合でも、いずれにしろ、リスボン条約による EU 基本条約の改正以降の EU 法上の基本権の適用範囲が、改正以前のそれより拡大するものではない。

第3節　EU 法の基本権に関するイタリア判例

これまで、EU 司法裁判所の立場による EU 法ないし EU 法の基本権の射程について確認した。次に、イタリア裁判所が EU 法の基本権にもとづき判断を下した、特にリスボン条約以降の事例を確認し、EU 法ないし EU 法の基本権の射程に関してどのような考え方をとっているのかを探ることとする。

1　2010年イタリア憲法裁判所決定第28号[37]

本件で問題とされたのは、国内法による、直接効果を有しない EU 指令の違反にもとづくイタリア憲法第11条および第117条違反であるが、その争点のひとつに、当該国内法を EU 指令違反という理由で違憲と判断した場合、イタリア憲法上の刑法の原則および EU 基本権憲章第49条1項によっても認められている、より軽い刑罰の原則に反しないか、という争点が含まれていた。

事案の概要は次の通りである。

イタリアは、EU の廃棄物指令91/156、危険廃棄物指令91/689、および包装廃棄物指令94/62を、1997年2月5日委任立法第22号により実施し、指令違反に対する刑罰を規定した。2002年3月22日に、同法に違反し黄鉄鉱の粉塵を暴露していた業者に対し、刑事手続がとられた。その後、2006年4月3日委任立法第152号により、黄鉄鉱は禁止の対象外とされた（この点が、EU 指令との抵触を指摘された）。後に、2008年1月16日委任立法第

4号により、黄鉄鉱は再び禁止の対象とされた。

本件につきイタリア憲法裁判所は、次のように判示した。

まず、より軽い刑罰の原則が、イタリア憲法上の刑法の原則およびEU基本権憲章第49条1項によっても認められている。しかし、より軽い刑罰の原則によって、法律の違憲審査がすべて不可能になるわけではない。より軽い刑罰の原則によって法律の違憲審査が不可能になるとすれば、EU指令の直接適用可能性が否定されるという結論（la conclusione del carattere non autoapplicativo）に至るのみならず、イタリア立法府に対する拘束力が完全に奪われることになってしまう。よって、違憲審査はいかなる制限にも服す訳にはいかない。しかし、違憲判決の効力の評価は、当法廷の役割ではない。違憲判決の効力の評価は、付託裁判官がより軽い刑罰の原則にしたがい、決定する問題である[38]。

イタリア憲法裁判所はこのように述べ、問題の国内法をEU指令違反につき違憲と判示した。

本件は、EU法上の基本権が加盟国措置に関して適用する場合の、第1の事例である前節1（1）の、「加盟国がEU立法を実施する場合」に該当すると考えられる。

本件では、EU指令を実施する国内法がEU指令に反すると考えられるのであるが、当該実施国内法をEU指令違反につきイタリア憲法第117条違反と宣言した場合、その判断がイタリア憲法上の原則およびEU法上の基本権に反する帰結をもたらすのではないかという点が考慮されたという意味で、EU法上の基本権が判断の基準の一つとされたと考えられる。

2 2010年イタリア憲法裁判所判決第138号[39]

本件で問題となったのは、民法第93条、第96条、第98条、第107～8条、第143条、第143条の2、第156条の2を総合的に解釈すると、同性愛者には同性の者と婚姻をすることが認められていない点が、イタリア憲法第2条、第3条、第29条および第117条に違反するとの論点であった。民法

規定のイタリア憲法第 117 条違反の可能性の根拠としては、特に欧州人権条約第 12 条（婚姻の権利）および EU 基本権憲章第 9 条（婚姻および家庭をもつ権利）が依拠された。

本件につき、イタリア憲法裁判所は、次のように判示した。

「10. ……欧州人権条約第 12 条は、『成年の男性および女性は、国内法の規律にしたがい、婚姻し家族を形成する権利を有する』と規定する。

EU 基本権憲章第 9 条は、『婚姻の権利および家族を構成する権利は、同権利の行使を規律する国内法にしたがい保障される』と規定する……。

本件審理には、基本権憲章の適用範囲を規定する基本権憲章第 51 条に関して、［リスボン］条約の発効が EU 法の領域および加盟国法の領域にもたらす問題を扱う必要はない。本件事案に関しては、基本権憲章第 9 条が（欧州人権条約第 12 条と同様）、婚姻の権利を認めるにあたって、その行使を規律する国内法に委ねている点に注意せねばならない。また、……EU 基本権憲章の説明文書（法として位置付けられるものではないが、解釈の明白な手段となる）によれば、基本権憲章第 9『条は、同性の者の間の婚姻を禁止もしないし、要求してもいない』。

したがって、明らかに男性と女性に言及している点を別にしても、いずれにせよ援用された［憲章の］規定は、男性と女性との間の婚姻のための規定を、同性の結合に対し完全に準用することを要求してはいないという点が決定的である。

重ねて、国内法に委ねることにより、この問題は議会の裁量に委ねられているということが確認される。」

イタリア憲法裁判所はこのように述べ、民法規定のイタリア憲法第 117 条等の違憲の申し立ては、不適法であると判示した。

本件は、EU 法上の基本権が加盟国措置に関して適用する場合の、前節 1 (1) ～ (3) のいずれにも該当しない事例、つまり EU 法の適用範囲外の問題であるとイタリア憲法裁判所が考えていることがうかがえる。なぜなら、イタリア憲法裁判所は、「本件審理には、基本権憲章の適用範囲を規定する

基本権憲章第51条に関して、［リスボン］条約の発効がEU法の領域および加盟国法の領域にもたらす問題を扱う必要はない」と述べているが、このことの含意は、本件問題が本来的に加盟国の権限範囲内の問題であるという前提の下、もしリスボン条約により本件問題がEUの権限に委ねられた可能性があるのであれば、EU基本権憲章の射程を規定する憲章第51条の考察を行わなければならないであろうが、その可能性はないと判断しているからである。

また、「いずれにせよ」、つまり、仮に本件問題がEUの権限内に取り込まれたのだとしても、憲章第9条および欧州人権条約第12条は、同性婚が国内法により規律されることを認めており、そしてこの状況は、EU法上の基本権が加盟国措置に関して適用する場合の、前節1(2)の場合（国内措置がEU要件から適用除外を受ける場合）に該当するが、実体的な観点からも国内法は憲章第9条および欧州人権条約第12条に違反するものではないと判断したと考えられる。

さらに、「いずれにせよ」、つまり、本件問題がEUの権限内に取り込まれていないとすると、本件は国内法の問題であることになり、民法の欧州人権条約第12条との適合性は検討する必要があるため、その検討を同内容の憲章第9条に言及することで間接的に行なっているが、民法の憲章第9条との適合性は、検討する必要は必ずしもなかったはずである。にも関わらず憲章第9条を参照した意味は、国内法による基本権違反がないという理由を補強するために、憲章第9条が比較・肯定の材料として言及されたと考えることができるであろう。その場合、EU法上の基本権は、国内法の射程の事案であっても、解釈の補強のために参照されることがあるということになろう。

3　2011年イタリア憲法裁判所決定第31号[40]

本件で問題となったのは、カンパーニア州の廃棄物に関する緊急事態の停止のための緊急規定に関する2009年12月30日緊急命令第15条3項のイタリア憲法第117条等の合憲性であった。その理由は、同緊急命令条項は、緊

急事態の宣言に関連する措置の実施のために締結された契約に盛り込まれた仲裁および仲裁条項を、すでに係属中の件を除いて、無効とするものであったが、この点が、欧州人権条約第6条およびEU基本権憲章第47条に違反するとのことであった。

本件についてイタリア憲法裁判所は、次のように判示した。

まず、基本権憲章の援用に関しては、本件においては、EU法規定の適用可能性についての問題は提起すらされるものではないとした。そして、援用された欧州人権条約の原則に関する欧州人権裁判所の特定の解釈も行われておらず、リスボン条約により受容された憲章の規定の価値も有しないため、（少なくとも理論上は）欧州人権条約またはEU法が国内法を上回る保障（2009年判決第317号）を行なうとはいえない、と判示し、合憲性の疑義を不適法と判示した[41]。

本件については、イタリア憲法裁判所が、EU法上の基本権が加盟国措置に関して適用する場合の、前節1（1）～（3）のいずれにもあてはまらない、つまりEU法の基本権の射程外の事案であると判断していると考えられる。よってEU法固有の基本権たる基本権憲章は適用されない。

欧州人権条約に関しては、まず、EU法の事案でない国内法の事案であっても、国際法としてイタリアを拘束するため、国内法の合憲性の判断基準として参照されたが、欧州人権裁判所が同事案に関して国内憲法を上回る保障の水準を求める判決を下しているわけではないので、イタリア憲法上は問題ないと判断した。

欧州人権条約が「リスボン条約により受容された憲章の規定の価値も有しない」という表現の意味については、欧州人権条約がEU基本権憲章とは同等ではないということを意味しているのか、それともリスボン条約によって規定されたEUによる欧州人権条約への加入がまだ実現していないということを意味しているのか、定かではない。いずれにしろ、EU法の射程外の事案ではEU法の基本権の適用はないはずであるが、もしEU法上の基本権の保障の程度がイタリア憲法のそれを上回る場合には、仮にEU法の射程外の

事案であっても、EU 法上の基本権が全く考慮されない訳ではないことを示唆しているとも考えられる。

4 2011 年イタリア憲法裁判所決定第 138 号[42]

本件で問題となったのは、弁護士会 (i Consigli degli ordini forensi) および弁護士社会保障扶助基金 (la Cassa di previdenza e di assistenza forense per gli avvocati) 機関の被選挙権に関して、両選挙に際し職務を負った後の選挙が行われた後のみに被選挙権の制限を除外する国内法規定の、憲章上の権利の制限を定める EU 基本権憲章第 52 条および集会・結社の自由を規定する欧州人権条約第 11 条の違反であった。

本件につき、イタリア憲法裁判所は次のように判示した。

「憲法第 2 条および欧州人権条約第 11 条の違憲性に関する疑義は、まったくもって不可解かつ非論理的である」。「本案では、提起された違憲性に関する疑義は、その援用された全ての規定との関係において、明らかに根拠がない。特に、EU 基本権憲章第 52 条が援用されている点については、2011 年判決第 80 条にもとづき、不適切である。」[43]

本件では、欧州人権条約にもとづくイタリア憲法第 117 条の違憲性の問題については、実体的に判断をし、合憲性の疑義が「非論理的」であると判示している。他方で、基本権憲章にもとづくイタリア憲法第 117 条の違憲性については、2011 年判決第 80 条にもとづき、基本権憲章の援用が不適切であると述べた。このことの含意は、イタリア憲法裁判所が本件は、EU 法上の基本権が加盟国措置に関して適用する場合の前節 1 (1) ～ (3) のいずれにもあてはまらない、つまり EU 法の射程範囲内の案件ではないと判断しているということが読み取れる。なぜなら、2011 年判決第 80 号では、EU 法上の基本権は、EU 法の射程内においてのみ関連性を有するが、EU 法の射程外においては関連性を有しないことを述べていたからである。このことを踏まえ、本件において欧州人権条約の援用が不適切ではなく、EU 基本権憲章の援用が不適切であるということは、本件は EU 法の射程範囲内の案件では

ないと判断されたということになる。

5　2011 年イタリア憲法裁判所決定第 245 号[44]

本件で問題となったのは、婚姻の手続要件として「イタリア領域における合法的滞在を証明する文書」を規定する民法第 116 条 1 項の規定の、イタリア憲法第 117 条等との合憲性であった。

本件で付託裁判所がイタリア憲法裁判所に質問した民法 116 条 1 項のイタリア憲法第 117 条合憲性の質問の根拠には、民法第 116 条 1 項の、世界人権宣言第 16 条、欧州人権条約第 12 条、および EU 基本権憲章第 9 条との抵触の可能性が示されていたところ、イタリア憲法裁判所は、次のように判示した。

「当裁判所は、イタリア立法府が、明らかには不合理でなく、国際的義務と抵触しない規定でもって、EU 域外外国人のイタリアへの入国および滞在を規律することが確かにできることを示してきた（2011 年判決第 61 号、2010 年判決第 187 号、2008 年判決第 306 号）。

しかしそうした規定は、移民の規律における立法の選択により意図される憲法上の様々な利益間の合理的かつ均衡のとれた衡量の結果たらねばならない。特に、そのような立法の選択が、基本権の享受に影響を与えうる場合はなおさらである。ここで基本権とは、『憲法第 2 条および第 29 条[45]に由来し、1948 年の世界人権宣言第 16 条、ならびに欧州人権条約第 12 条に明示された、婚姻をする権利を含むものである』（2002 年判決第 445 号）。」[46]

「……本件では、憲法第 117 条 1 項の違反が認められる。

この点について注目せねばならないのは、近年、外国人の婚姻能力に関するイギリス法令に関して、欧州人権裁判所が判断を示した点である……。

特に、欧州人権裁判所は、締約国に留保される評価の余地が、［欧州人権］条約により保障される基本権を一般的に、自動的に、かつ一律に制限するという程度にまでは拡大し得ないことを判示した（第 89 段）。欧州人権裁判官によれば、婚姻の真正さに関して一切審査をすることなく一般的に禁止とす

る規定は、欧州人権条約第12条の違反となる。

上述の事例は、本件違憲審査の対象となっている規定の事例に該当する。なぜならまさに、立法府は、—市民と外国人の婚姻に関して状況に応じて便宜を図ることからはかけ離れた形で—国内に不法に滞在するEU域外の外国人の婚姻契約を一般的に禁止することとしたからである。」[47]

本件では、イタリア憲法第117条違憲の可能性の根拠として、付託裁判所が欧州人権条約のみならず、世界人権宣言およびEU基本権憲章に言及していたにも関わらず、イタリア憲法裁判所は、イタリア憲法第117条違憲の根拠として、欧州人権条約規定および判例のみに言及した。このことは、イタリア憲法裁判所が本件事案を、EU法上の基本権が加盟国措置に関して適用する場合の前節1（1）～（3）のいずれにもあてはまらない、つまりEU法の射程内の事案ではなく、国内法の事案として捉えていたと指摘できるのではないかと思われる。

6　2012年イタリア憲法裁判所判決第31号[48]

本件で問題となったのは、刑法第567条規定の新生児の地位詐称罪を犯した場合の親権の自動喪失刑の適用を規定する刑法第569条の、イタリア憲法第2条、第3条、教育刑を規定する第27条3項、子供に対する両親の権利義務を定める第30条、および家族形成への配慮を規定する第31条との適合性であった。

本件でイタリア憲法裁判所は、次のように判示した。

「[国際法規範]に関しては、……イタリアにおいて1991年5月27日法律第176号により批准施行された児童の権利に関する条約……の第3条1項によれば、『児童に関するすべての措置をとるにあたっては、公的もしくは私的な社会福祉施設、裁判所、行政当局または立法機関のいずれによって行われるものであっても、児童の最善の利益が主として考慮されるものとする』とされている。

1996年1月25日に欧州審議会により採択され、[イタリアにおいて]

2003年3月20日法律第77号により批准施行された児童の権利行使に関する欧州条約は、未成年に関わる手続における決定手続を規定しており、司法当局が『いかなる決定を下す際にも』、特に『児童の最善の利益のもとに決定を行うのに十分な情報』を当該当局は入手せねばならない、としている。

……EU基本権憲章は、第24条2項において、『未成年に関わる全ての法的行為においては、公的当局によるものと私的施設によるものとを問わず、児童の最善の利益が優先的に考慮されねばならない』と規定し、3項においては、『児童は、自らの利益に反しない限り、両親と定期的な人間関係および直接の接触を維持する権利を有する』と規定している。

明らかなように、国際法秩序においては、児童に関する法的行為においては、いかなる場合であっても児童の利益が最優先に考慮されねばならないということが、確立した原則である。国内法秩序の方向性もこれと異なるものではなく、児童の精神的、物理的利益が最重要とされる。この点は、特に1975年5月19日法律第151号による改正（家族法の改正）および、2001年3月28日法律第149号により改正された1983年5月4日法律第184号による縁組の改正（未成年の縁組に関する法）、ないしその後の一連の特別法によりより一層未成年の権利の保障が規定された後、顕著である。(3.)」

イタリア憲法裁判所は、このように述べ、刑法第569条を違憲と判断した。

本件では、刑法第569条の違憲の根拠として、イタリア憲法第117条は挙げられていないため、本件がEU法の射程内の事例ではなく、国内法の射程内の事例であるとの前提があることが読み取れる。しかし、本件が国内法の射程内の事例であるにもかかわらず、EU基本権憲章第24条を含む国際条約規定が参照された。このように、国内法の射程内の事案であっても、EU基本権憲章規定は、イタリア憲法規定の解釈の基準となりうる。

7　2012年イタリア憲法裁判所判決第236号[49]

本件で問題となったのは、2010年2月25日プーリア州法第4号の第8条

と、イタリア憲法第117条との適合性であった。2010年プーリア州法第4号第8条は、州域外の法人がプーリア州地域保険機関（ASL: Aziende sanitarie locali）と訪問リハビリサービス提供の契約を締結することを禁止しており、この点が、イタリア憲法第3条および第117条に違反するというものであった。イタリアは、障害者権利条約を2007年3月30日に批准し、2009年3月3日法律第18号により施行命令しており、同条約第10条は障害者の生命の権利を規定し、差別を禁止しているが、プーリア州法は、通院してリハビリを受けられる患者にとっては治療の選択の自由が制限されない一方で、自宅でのリハビリを必要とする患者に対してのみ治療の選択の自由が制限される点で、障害者権利条約第10条に反するとのことであった。

　本件に関してイタリア憲法裁判所は、次のように判示した。

　「結論として、憲法第3条により保障される平等原則が侵害されている。障害者に関する平等原則は、障害者権利条約によっても認められている。さらに障害者権利条約には、EUも加入している……。よって、障害者に関する平等原則は、連合の権限範囲内においてのみ、EU法としての固有の性質をもってイタリア法秩序を拘束し、一方、連合の権限外においては、イタリア憲法第117条1項規定の国際的義務を構成する。」[50]

　本件では、違憲審査の申立理由においては、EUが締結した、EU法の一部たる障害者権利条約について言及されておらず、イタリアが締結した障害者権利条約のみに言及があったが、イタリア憲法裁判所は、判決理由において、EUが締結した障害者権利条約についても自ら言及した。このことは、イタリア憲法裁判所が、欧州人権条約と同様、障害者権利条約が関連する事案にはEU法の射程内の場合と国内法の射程内の場合があることを意識していることを示している。

　これまで見た判例から読み取れる点は、次の通りである。

　イタリア憲法裁判所は、EU司法裁判所が示したように、EU法の適用範囲内においてはEU法上の基本権が保障されねばならないとの考えに則って

いる。他方、EU 法の適用範囲外においては、基本権の保障は国内法上の基本権の問題である。しかし、EU 法の適用範囲外においても、国内法上の基本権にもとづく判断の補助として、EU 法上の基本権規定を参照することがある。

第4節　EU 法の適用範囲外の加盟国の行為

これまで確認したように、EU 法の適用範囲内では EU 法上の基本権が遵守されねばならないが、EU 法の適用範囲外にある場合には、加盟国は EU 法上の基本権の遵守義務を負わない。問題は、いかなる状況が EU 法上の基本権の遵守が求められる EU 法の適用範囲内となるのかであるが、この点について予見するのは困難であることが多い[51]。

1　「全く国内的な状況」に関する EU 司法裁判所判例

EU 法の適用範囲を判断するのに重要なのが、「全く国内的な状況」である。EU 司法裁判所は、「全く国内的な状況」である限り、国内法上の問題として扱い、介入しない[52]。

しかし、「全く国内的な状況」は徐々に狭く捉えられる傾向が生じている。それにともなって EU 司法裁判所が加盟国の措置を基本権に照らして審査する余地が増大していると考えられる[53]。

以下で「全く国内的な状況」に関する EU 司法裁判所の判例を確認する。

（1）　Carpenter 事件[54]

Carpenter 事件[55] では、イギリス国籍で同国に居住する Carpenter 氏と婚姻関係にあるフィリピン国籍の夫人が不法残留のために国外退去を命じられた。Carpenter 氏はイギリスで開業して雑誌の広告スペースを販売する等の事業を営んでいたが、そのかなりの部分は他の加盟国の広告主を相手にしており、そのために他の加盟国へ出張する必要があった。その点で同氏は EU

法上のサービス提供者であると言える[56]。

司法裁判所は Carpenter 夫妻を「離ればなれにすることは、家族の生活および、それゆえに、Carpenter 氏が基本的自由を行使する条件にとって有害である」とし、また、Carpenter 氏が「自分の母国で引き起こされた配偶者の入国および在留に対する障壁によりその自由を行使するのを妨げられるならば、それは充分に実効的なものになりえない」とした。したがって、Carpenter 夫人は国境を越えてサービス提供を行う者の配偶者として夫と共にイギリスに居住することができるとされ、また夫人に対する出国命令は欧州人権条約第8条に保障される家族生活の尊重に違反するとされた[57]。

このように越境性による EU 法との連結要素が広く解釈される結果、「全く国内的な状況」が狭く捉えられる傾向があり、それにともなって EU 司法裁判所が加盟国の措置を基本権に照らして審査する余地が増大している[58]。

（2） Zambrano 事件

さらに最近 EU 司法裁判所は、EU 市民権に関わるあらゆる問題が、例え加盟国の排他的権限に該当しようと、EU 市民が条約上の権利を行使したかに関わらず、EU 法の射程に入るとしている[59]。

Zambrano 事件[60] では、ベルギーで出生し、ゆえに EU 市民となった子供の両親が第3国国民であったが、その両親の滞在および労働許可の更新が否定された。EU 市民である子供は扶養を必要とする状態であった。

本件で司法裁判所は、両親の滞在・労働許可が拒否されれば EU 市民が有する権利の享受が否定されることとなるが、TFEU 第20条により EU 市民の地位にもとづき生ずる権利の実体を EU 市民から奪うようなあらゆる国内措置は排除されると判示した[61]。

本件では、当該問題が、EU 市民権のみにもとづいて、EU 法の射程に入るとされた。つまり、国内措置が EU 市民の地位を脅かす場合、当該措置は EU 法の射程に入る。その結果、本来 EU 市民権の付与は加盟国権限であるにも関わらず、EU 法（上の基本権）を遵守せねばならないということにな

る。本件判示により、EU 市民が EU 第 1 次法により保障される基本権の侵害を主張する場合、当該問題は自動的に EU 法の射程に入り、EU 市民は自らの権利の保障を国内裁判官に求めることができることが認められたとする見方がある[62]。

(3) Fransson 事件事件

さらに司法裁判所は、全く国内的な状況の範囲を狭める形で、一加盟国内にとどまる事案に EU 法の適用範囲を拡大してきている[63]。

本件では、虚偽の課税所得申告を行った Fransson 氏が、付加価値税回避につき国内当局により行政上の罰金を科せられた後、別の国内当局により刑事上の訴追を受けることとなったため、当該国内当局が、本件刑事訴追が EU 基本権憲章第 50 条規定の一事不再理の禁止に違反するかという問題を司法裁判所の先決付託手続に付した。本件につき司法裁判所は、以下のように判断した。

まず、付加価値税の徴収とその回避の防止を加盟国に要求する指令 2006/112、EU 財政に悪影響を与える行為への対策をとる加盟国の義務を規定する TFEU 第 325 条、および付加価値税徴収が EU 財政との関係で有する直接の連関を根拠に、当該国内措置が EU 法を「実施」するものであると判断した。そして、事案が完全に EU 法のみによって規律されているわけではなく、加盟国が基本権憲章第 51 条 1 項規定の EU 法の実施を行っている場合、国内当局および裁判所は、国内の基本権を適用することができるが、ただし、基本権憲章および EU 法の優越性、単一性、および実効性が損なわれてはならないと判示した[64]。一事不再理に関しては、基本権憲章第 50 条は、一方で刑事ではない行政上の罰金と、他方で刑事上の制裁との賦課を禁じるものではないと判断した[65]。

このように、「全く国内的な状況」に関する EU 判例を概観するに、EU 市民権規定の適用範囲が広がってきている結果、EU 法の基本権の射程も広

がり、裏腹にかつては「全く国内的な状況」であるために EU 法の射程外とされていた国内法の射程が狭められてきている状況がある。

2 「全く国内的な状況」に関するイタリア裁判所判例

次に、「全く国内的な状況」に関するイタリア判例を検討する。

（１） 1995 年 6 月 16 日イタリア憲法裁判所判決第 249 号[66]

本件は、トレント大学の第 3 国国民である外国語講師が提起した訴訟における違憲審査であり、問題とされたのは、大学講師と締結される契約は当該契約が締結された年度を超えることはできないと規定する 1980 年 7 月 11 日大統領令第 382 号（以下「大統領令」）第 28 条 3 項の、イタリア憲法第 3 条等との適合性であった。

本件につきイタリア憲法裁判所は次のように判示した。

「3. 質問は不適法である……。

1993 年 8 月 2 日判決第 2 [5] 9、第 331 ないし第 332 号により、司法裁判所は『EEC 条約第 48 条（TFEU 第 45 条）2 項は、教育上の特殊な要請がある場合、加盟国の立法が大学の外国語講師との間での有期の雇用契約の締結を認めることを禁止していないが、必修科目であるとか、必要性の高い言語であるといった、教育上本来的に恒常的に求められる科目である場合は、国内法が大学の外国語講師との間で無期限の契約を規定することを要求している』と判示した。

同判決の当事者は、イタリア以外の共同体加盟国市民の外国語を母国語とする講師であったが、同判決は、イタリアの大学により雇用される全ての講師に対して適用される。このような全般的な効果は、1994 年イタリア破毀院判決第 2659 号において認められた。同判決によれば、『司法裁判所の判決の射程および国内法秩序における直接的効力（immediata efficacia）を考慮し、大統領令第 28 条 3 項の規定は、年度を超えた契約の締結を絶対的にいかなる場合にも認めない限りにおいて、廃止されたとみなされねばならな

い』。『廃止（abrogato）』という動詞は、不適切ではあるが、［司法裁判所の］判決により、共同体法と抵触するとみなされる国内法規定が、所属する国に関わらず、全ての外国語講師に対して適用排除されると評価されることを明らかに示している。

　司法裁判所が全く国内的な状況における［EEC］条約第 48 条（TFEU 第 45 条）の適用を否定しているのは間違いのないところであるが、それは『共同体法により規律されるいかなる状況とも連結素を有しない場合』である……。本件においては、大統領令第 28 条が、国籍ではなく、全ての者にとって同一の、外国語の教授を可能にするものとしての職位を基準として、外国語を母国語とする講師に言及しているため、連結素が存在する。国内的状況と共同体法により規律される状況との連結素は、まさに本件のように、その内容および機能の点で、イタリア国内領域における共同体域内の労働者の自由移動の権利の行使によって定義される共同体法にとって関連性を有する状況の中に国内的な状況が認められる場合にも存在する。

　よって、司法裁判所の 1993 年 8 月 2 日判決は、まさに共同体法上の不合理な差別を避けるために、その射程が、出生時からであれ事後的にであれ、イタリア国籍を有する外国語講師にも拡大されないわけにはいかない（例えばドイツ語を母国語とするアルト・アディジェ住民の場合を想像されたい）。イタリア国籍を有する外国語講師が、いまだかつて自由移動の権利を行使したことがないとしても、そのことは重要ではない。重要なのは、国内法が、職位および教授活動という内容の点で、イタリア国民を他の加盟国国民と同一視している点である。

　4．大統領令はイタリア国籍の講師には適用されない結果、付託裁判官は、本件大統領令を、合法的にイタリアに居住する第 3 国国民の外国語講師に対しても適用排除せねばならない。合法的にイタリアに居住する第 3 国国民に対しては、1986 年 12 月 30 日法律第 943 号第 1 条が、イタリア国籍の労働者と同じ完全な平等取り扱いを保障している。大統領令が適用されない結果、合憲性の審査は関連性を有しない。

第3国国籍の講師の地位は、このように、共同体加盟国の国民の講師のそれと同一視される。共同体加盟国の国民の講師に対しては、共同体法上の法主体であるので、司法裁判所の1993年8月2日判決が直接適用され、第3国国籍の講師に対しては、イタリア国内法規定を介して、すなわち1986年法律第943号第1条が適用される……。」

（共同体はEUに読み替える。）

本件では、一見「全く国内的な状況」に該当しイタリア法上の問題のように思われる、イタリアにおけるイタリア国民である外国語講師の扱いという問題が、実はEU法との連結素を有し、「全く国内的な状況」には該当しないと判示された。したがって、イタリア以外のEU加盟国国民である外国語講師に関してEU法上の自由移動の権利の実現の観点から大学との間で期限の定めのない契約が締結できねばならないと判示した司法裁判所の判決が、イタリア国民である外国語講師に対してもEU法上の直接効果を有する。すなわち、外国語講師は大学との間で有期限の契約しか締結できないとするイタリア法は、他のEU加盟国国民のみならず、イタリア国民との関係でも、適用排除される。

さらに、ここからは「全く国内的な状況」に該当するが、イタリアにおける第3国国民である外国語講師との関係においては、EU法ではなく、第3国国民の労働者とイタリア国民の労働者との完全な平等取り扱いを保障するイタリア法にもとづき、第3国国民の外国語講師にもイタリア国民の外国語講師と同じ扱いが保障されると判示された。すなわちそれは、第3国国民の外国語講師にも他のEU加盟国国民と同じ扱いが認められることを意味する。

このように、本件では、司法裁判所が示したEU法の射程（イタリアにいる他のEU加盟国市民）を、イタリア憲法裁判所が（イタリアにいるイタリア市民に）拡大した事例であるといえる。

（2） 1996年2月28日イタリア憲法裁判所判決第61号[67]

本件で問題となったのは、1933年11月27日緊急王令（regio decreto-legge）第1578号（以下「1933年緊急王令」）第5条のイタリア憲法第3条との適合性であった。その理由は、1933年緊急王令第5条が、"procuratori legali"（以下、「代訴人」）は任命された地区が含まれるイタリア破毀院管区の司法当局においてのみ職務を行うことができると規定していたため、イタリアの代訴人が職務に際して領域上の制限に服する一方で、EUの弁護士（avvocati）は、1982年2月9日法律第31号により施行された1977年3月22日指令第249号にもとづき、当該司法当局において職務を遂行するために登録をし、かつ権限を有するイタリアの弁護士または代訴人と「共同で」職務を遂行するという要件のみに服するため、イタリアの代訴人が不合理な差別を被っており、イタリア憲法第3条に違反するというものであった。

本件につき、イタリア憲法裁判所は次のように判示した。

「2. ……合憲性の疑義は根拠がない。

2. 1. 付託裁判官が1933年緊急王令第5条の憲法第3条との抵触を主張した前提を根本的に明確にせねばならない。それによれば、一方で他の共同体加盟国の弁護士または代訴人がイタリア国内でイタリア破毀院のどの管区においても自由に活動を行えるのに対して、他方でイタリアの代訴人は登録した管区でしか弁護業務が行えず、違反をした場合は資格が取消されるとのことである。

このような前提は、参照された規定枠組みを注意深く検討したところ、部分的にしか同意しえない。」

「2. 2. ……弁護士の、顧客を補助し弁護するという機能と、代訴人の訴訟における代理と提訴権の行使という任務の機能は、2種類の活動のそれぞれに関する特有の法令の遵守をともなう。弁護士は、代訴人の機能を兼ねず、訴訟の代理の必要がなく、書類に署名をする権限に関して協力を得ることのみを行う場合は、いわゆる領域原則は働かない。他方、弁護士の職業活動の態様は、1933年緊急王令第4条の規律を受ける。同条1項は、『登録弁

護士は、すべての控訴院、地方裁判所、および簡易裁判所において職務を遂行することができる』と規定している。したがって、民事訴訟における代理権限……は、当該地区の登録代訴人（または代訴人弁護士（avvocato procuratore））のみに認められる（いわゆる訴訟代理の排他的領域性の原則。イタリアに特有の制度ではない）。」

「2. 3. ……法曹に関する初めての指令は1977年3月22日第249号であるが、同指令は、前文からすでに明らかな通り、その規律を弁護士による役務の提供に限定している。同指令は、弁護士の役務提供に便宜を図り、また、指令が列挙する名称をもって活動を行う権限を有する者が、全ての加盟国において弁護士として認められるよう要請している。イタリアに関しては、弁護士が列挙されてあり、代訴人は除外されている。

指令は、特に、訴訟または当局における代理に関して、移動先加盟国の職業規則にしたがって、移動先加盟国で開業する弁護士と同じ条件で行われねばならないと規定している。ただし、居住要件および移動先加盟国の職業団体への登録要件は否定している（第4条）。

問題の活動の自由化に対する制限としては、指令第5条は、各加盟国が弁護士に対して、地域の法令または慣習により、管轄の長および場合によっては弁護士会の長のもとに『組み入れられる（introdotti）』よう要求でき、また申し立てのあった管轄において活動を行う弁護士、代訴人等と協働して活動することを要求できるとしている。

サービス提供の自由に関する指令は、イタリアでは1982年法律第31号により実施された。同法の適用範囲は明示的に一時的な弁護士の活動に限定されている（第2条）。また同法は、イタリア法秩序において有効な法令の遵守を義務付けている。但し、弁護士会登録の要件はその限りでない（第4条）。また、射程については十分に明確ではないものの、第6条により、1977年指令第249号第5条の協働を規定している。

しかし、当法廷において特に重要性を有する点は、弁護士業における領域上の制限は（強調したように、一時的なサービス提供に関してのみ領域上の

制限がない）、イタリアにおける弁護士の『開業』の場合に明らかとなる点である。

開業の場合は、3年以上の職業訓練を認定する高等教育の資格の承認の一般的制度に関する1988年12月21日指令89/48によっても規律されている。同指令は、高等教育の資格の承認の一般的制度によって、加盟国において当該職業に従事する者に対して適用される職業規則が修正されるわけではないこと、移住者に対してそのような規則の適用が除外されるわけではないこと、および、指令は移住者が訪問先加盟国の職業規則に合致するよう確保するのに適切な措置を規定するにとどまることを、前文において明示的に認めている。

指令第2条は、指令が『永続的な』専門職に適用することを明確にしている。つまり、自営業者であれ従業員であれ、訪問先加盟国で規律される職業を行うことを意図する加盟国の国民であれば、誰であれ適用される。

同指令は、1992年1月27日委任立法第115号により実施されたが、その第13条は、共同体で得た資格のイタリアにおける承認命令により、その受益者が、『資格の保持ではなく、イタリア国民にとって拘束力を有する法令要件の遵守を要件に』、職業を行う権利を付与すると規定している。

このような状況は、近年の司法裁判所の1995年11月30日判決C-55/94によっても修正を受けるものではない。同判決は、むしろ、訪問先の加盟国で当該職業活動の開始ないし行使が特定の条件に服す場合、当該職業活動を意図する他の加盟国国民は、原則それらの条件を満たさねばならないことを明確にしている。

2. 4. 以上のとおり明らかにした法的枠組により、モンツァ簡易裁判官が提起した憲法第3条の合憲性に関する異議の根拠がないことの説明がつく。

領域制限によってイタリアの代訴人のみに生じていると考えられた差別は、実際は存在しない。

すでに明らかにしたとおり、1977年指令第249号による職業の自由化は、同指令自体およびその実施法律の明示的な規定により、イタリアにおいて

は、登録弁護士のみに適用されるが、代訴人は除外されており、現在イタリアにおいては領域制限を受ける。

このように、合憲性の審査に値する差別が存在しないのは、異なる状況を比較していることによる。実際、代訴人（同様の機能を担うイタリア弁護士）活動の領域制限が排除されるのは、一時的な活動のみである。一時的な活動に関しては、イタリアにおける職業活動と比較することは有効ではない。なぜなら、事実においても法においても状況が異なるからである。実際、本件で比較が行われるべきであるのは、イタリアで一時的に活動（サービス提供）をする、領域制限を受けない共同体弁護士の場合とではなく、これとは異なり相互排他的な関係にある、いわゆる『開業の権利』にもとづきイタリアで永続的に活動を行う共同体弁護士の場合とであるからである。後者は、国内法の規律のもとに置かれ、それには領域制限およびイタリアにおける登録要件が含まれる。」

（共同体は EU に読み替える。）

本件では、イタリア憲法裁判所が、代訴人の活動を領域上制限する国内法は、EU 指令の適用範囲の外にあると考えていることが伺える。その理由として、EU 指令は、弁護士のサービス提供の自由を確保するものであるが、問題の国内法は、代訴人の開業の権利を制限するものであり、訪問先加盟国の開業規制によって開業の権利が制限されることは、指令自体も認めているというものであった。

本件は、EU 法（指令）の射程をイタリア憲法裁判所が緻密に検討し、狭く解釈した事例であるといえよう。

（３）　イタリアパスタ事件[68]

本件で問題となったのは、規定以外の原料（ニンニク、パセリ等）を使用したパスタの製造・販売を禁じる、「穀物、穀物粉、パンおよびパスタの製造および販売に関する」1967 年 7 月 4 日法律第 580 号（以下、「パスタ法」）第 30 条等と、イタリア憲法第 3 条および私的な経済活動の自由を規定する

第 41 条との関係であった。

　本件につき、イタリア憲法裁判所は、次のように判示した。

　「付託裁判官によれば、パスタ法の規定は憲法第 3 条および第 41 条に違反するとのことである。憲法第 3 条に関して、付託裁判官は、イタリアにおいて承認された原料のみによりパスタを製造し、販売することを強いられる国内製造業者と、他の加盟国でそれ以外の原料により原産地の規制にしたがい生産されたパスタを輸入・販売することが許される輸入業者との間で、不平等な取扱いを生じるとしている。同様の不平等な取扱いは、国内市場向けに生産を行う生産業者と、国外向けに生産・輸出を行う業者との間でも生じるとのことである。[69]」

　「当裁判所がすでに示したように、1980 年判決第 20 号以降、パスタの製造および販売に関するパスタ法の規定は、立法者が保護に値すると考える国内の伝統的製品の性質を保護する目的を有している。しかしこの問題は、共同体法の規律のもとにも置かれ、国内の伝統的製品の性質を保護するという目的は覆される。共同体規則または加盟国法の調和指令が存在しない場合、EU 領域において適用する原則は、物の自由移動の原則である。同原則にしたがい、司法裁判所の確立した判例によれば、加盟国は他の加盟国法にもとづき生産・販売された物の輸入を制限する国内法を適用することはできない。このように、共同体法により、イタリアは、後に述べる目的［TFEU 第 36 条等の正当化事由］以外の場合には、イタリアのパスタ法により認められていないが共同体法により認められている原料を含むパスタが他の加盟国において製造され、イタリアの消費者に向けて輸入されることを阻むことはできない。このような文脈において国内事業者が事業を行うことを求められているとすれば、イタリア国内におけるパスタの製造および販売に関して、条約ないし共同体法に根拠のない、国内法により課せられる制限が、イタリアにおける全ての製造販売に対して一様に適用されることが、国内事業者にとって競争上不利となる、まさに差別となることは、まったくもって明らかである。なぜなら、国内事業者は法律によりイタリアの食品の伝統の保

護のための規制の遵守を義務付けられる一方で、共同体事業者にはそのようなイタリアの伝統とは異なる性質を有する製品をイタリア市場に仕向けることが認められる（またはむしろ、妨げられない）からである。」[70]

　「指摘した問題は、いわゆる『逆差別』の問題である。すなわち、共同体法の適用の間接的な帰結として、加盟国の国民または事業者が不利な状況に置かれる状況のことである。当法廷においては、このような差別に関する共同体法制度がどのようなもので、このような差別が共同体機関に対してどのような条件のもとで関連性を有し、また申立を行うことができるのか、または、司法裁判所が至るであろう、このような差別が共同体法においては全く関連性を有しないという判断がいまだに有効であるのかを問うことは、重要ではない。とはいえ、本件パスタ法が問題となった Zoni 事件[71]において、『共同体法は、イタリア国内に設立されたパスタ製造業者との関係でパスタ法を廃止することを立法者に要求はしない』と判示されたことには、重要な意味がある。実際、国内事業者を不利な立場に置く差別的な立法措置は、共同体法においては関連性を有しない。このことは、二法規範の分離理論にもとづく共同体法と国内法の関係に関する広く知られた見解と一致するものであり、その他の司法裁判所判例においても確認できるものである。物の自由移動の原則を守る限り、かつ、加盟国間における輸入に対する数量制限および同等の効果を有する措置の禁止を遵守する限り、加盟国は、国内生産品の質を改善するためであったり、国内の食品に関する伝統に合致させ守るための、輸入品に関わらない法令を自由に一方的に採択でき、これらの目的は、人の健康の保護等、物の自由移動に対する制限の正当化事由として条約に規定された目的に必要なもの以外のものであっても構わない。加盟国が『逆差別』を選択することは、共同体法の観点からは、加盟国に許された選択の範囲内のものであり、国家主権によるまったく自由な決定に委ねられる問題である。

　とはいえ、当法廷において重要なのは共同体法の視点ではない。現時点の欧州統合過程の発展段階において、共同体法と国内法の間にはこのような分

離関係が存在するが、共同体法がイタリア国家の自由な選択に委ねた主権領域は、イタリア法制度の影響を受けることとなるのであるから、そこで国家や立法権が純粋に自由に決定を行えるというわけではなく、憲法の原則が適用されることとなる。本件においては、憲法第3条の平等原則および第41条の経済的活動の自由が重畳的に適用される。」[72]

「国内事業者と共同体事業者の間の不平等は、共同体法においては関連性を有しないとしても、イタリア憲法上は問題となる。イタリア憲法によって国内事業者に強いられる負担を共同体事業者に対しても課すことはできないため、国内事業者にとっての共同体法の物の自由移動の原則が侵害されており、立法者による唯一の解決策は、憲法上の正当化事由がない限り、国内事業者のパスタの生産に関する規律を、イタリアのパスタ法のような規制のない加盟国間の規律と同様にする他ない。」[73]

（条約はEU基本条約に、共同体はEUに読み替える。）

本件に先立っては、司法裁判所が「共同体法は、イタリア国内に設立されたパスタ製造業者との関係でパスタ法を廃止することを立法者に要求はしない」[74]（共同体はEUに読み替える）と判示していた。つまり、パスタの産品要件を輸入品に対して適用することは、EU法上の物の自由移動原則に反するため、EU法上許容されないが、パスタの産品要件を国内製造業者に対して適用することは、EU法と関連性を有しない「全く国内的な状況」であり、EU法の射程内の問題ではない。

しかし、本件では、EU法の射程内に入らない「全く国内的な状況」における自国民に対する「逆差別」が、EU法上は問題とされないとしても、イタリア国内法上、イタリア憲法第3条の平等原則に違反することが判示された。

このように、EU法の射程の画定に関連するイタリア国内判例を概観するところ、イタリア憲法裁判所の判例には、EU法の射程を広く解釈した事例、およびEU法の射程を狭く解釈した事例、ならびにEU法の射程はその

ままに、EU 法にもとづいた EU 法射程内の問題に関する結論を、イタリア憲法第 3 条の平等原則を介して、国内法の射程の問題に関する結論としても採用するというものが確認できる。

第 5 節　EU 法の適用範囲に対するイタリア憲法上の統制

ここまでを要するに、EU はその付与された権限において行動し、EU 法上の基本権は EU 法の射程内で適用され、リスボン条約により拡充された EU の基本権規定自体は EU 法の射程を拡大するものではないが、EU 市民権規定の適用範囲が広がってきている結果、EU 法の基本権の射程も広がり、同時に国内法の射程が狭められてきている状況がある。他方で、イタリア憲法裁判所は、EU 法の射程を広く解釈することもあれば、EU 法の射程を狭く解釈することもある。そこで本節では、EU 法とイタリア法と、それぞれの適用範囲が衝突した場合にはどのように調整されるのかを考察する。

1　対抗限界

EU 司法裁判所が EU 法ないし EU 法の基本権の適用範囲を拡大してきているとしても、一般に加盟国は、EU がその厳密な権限領域において行動することを条件に EU 法の優越性を受け容れている[75]。つまり、EU 基本条約により付与された権限を越えて EU が行動しているとすれば、その限りにおいて加盟国は EU 法の優越性を否定する可能性がある[76]。ここで問題となるのが、では EU と加盟国との権限配分を定める究極的な権限を有するのは誰かという「権限権限（Kompetenz-Kompetenz）」の問題である。

「権限権限」問題について、EU 司法裁判所は、基本条約の「解釈および適用において法の尊重を確保する」ことを規定する TEU 第 19 条 1 項にもとづき、「権限権限」が自らにあるとみなしている。しかし、ほとんどすべての加盟国憲法裁判所または最高裁判所は、EU 司法裁判所の見解を尊重し

つつも、究極的には自国憲法規定に照らして「権限権限」の問題に関する決定を行なっている[77]。第3章で触れたように、イタリア憲法裁判所の場合は、EU法の直接効果や優越性を受け容れると同時に、それに対する限界として、EU法規定がイタリア憲法の基本原則および不可侵の人権に抵触する場合、EUが自らに基本条約により付与された権限の範囲を超えて行動したと判断し、EU法の優越性を否定するという姿勢を堅持している（「対抗限界」）。しかし、イタリア憲法に関する唯一の有権的解釈機関であるイタリア憲法裁判所自身は、いまだ「対抗限界」を適用していない[78]。

一方、イタリア破毀院およびイタリア国務院の判例には、「対抗限界」を考慮した判示が行われている。

（1）　2005年8月8日イタリア国務院判決第4207号[79]

本件で問題となったのは、市町村の経営に係る医薬品販売業において医薬品を生産、供給、仲介する他の活動を行うことを禁止する旨の1991年法律第362号第8条と、EC条約第12条（TFEU第18条）の国籍にもとづく差別の禁止、EC条約第43条（TFEU第49条）の開業の自由、およびEC条約第56条（TFEU第63条）の資本の自由移動の違反であった。1991年法律第362号第8条は、当初は、民間の医薬品販売業において医薬品を生産、供給、仲介する他の活動を行うことを禁止する一方で、市町村の経営に係る医薬品販売業に関しては当該禁止の適用対象から除外していたところ、イタリア憲法裁判所の判決により、イタリア憲法第32条1項規定の健康権の保障に違反すると宣言された結果、市町村の経営に係る医薬品販売業において医薬品を生産、供給、仲介する他の活動を行うことを禁止する旨が挿入されていた。

本件につき、直接効果を有するEU法規定との違反の疑いのある当該国内法規定を適用排除するか、または司法裁判所の先決付託手続への付託を求められたイタリア国務院は、次のように判示した。

まず、援用された基本条約規定については、条約上の一般原則（principi

generali del Trattato) であり、権限を有する EU 機関により制定された業界関連法令ではないので、直接効果（direttamente applicabile）はなく、国内法の「適用排除」が求められる状況ではないとした。さらに、国籍にもとづく差別禁止や、資本の自由移動の規定は、一般原則（il principio generale）であり、直接適用（applicare direttamente）されえないと説明した。司法裁判所への先決付託に関しては、本件においては関連性を有しないため、付託の義務がないと判断した。

その理由として、イタリア憲法裁判所がイタリア憲法第32条の健康権の保障と適合するように1991年法律第362号第8条を修正したこと、およびイタリア憲法裁判所がEU基本条約の批准に際しても基本権保障については決して主権を制限していないと判示していること、すなわち「対抗限界」を維持していることに触れた。そして、結論として、イタリア憲法裁判所が基本権を保障するために修正した法律の是非を問うために国内裁判官が司法裁判所に先決判決を求めることはできないと判示した[80]。

本件のイタリア国務院判決については、EU法の観点からは数々の問題点を指摘することができる。まず、TFEU第12条、第49条および第63条が「一般原則」であり「直接適用可能ではない」とした点は、まったくの誤りである。また、本件については、司法裁判所への先決付託義務があったと思われる。

（2）　2006年5月15日イタリア破毀院判決第16542号[81]

本件で問題となったのは、ベルギーが発行した欧州逮捕状に関して、引渡を認めるか否かという問題であった。2005年法律第69号第18条e）は、欧州逮捕状の発行国が未決拘留の最大期間を定めていない場合、当該引渡は拒否されねばならない旨を規定した。2005年法律第69号は、欧州逮捕状に関するEU枠組決定2002/584を実施する法律であったが、当該EU枠組決定には2005年法律第69号第18条e）に該当する規定は含まれていなかった。

第5章　イタリア法の射程と EU 法の射程の関係　265

　本件につき、イタリア破毀院は次のとおり考察した。
　欧州人権裁判所の判例法によれば、欧州人権条約第5条3項にもとづき合理的な拘留期間が基本的に保障されなければならず、より一般的には、欧州人権条約第6条1項により合理的な訴訟期間が保障されねばならない。そして欧州人権裁判所判例によれば、規定された拘留期間を過ぎた場合には自動的に釈放されねばならないとするイタリア式の制度が、欧州人権条約第5条3項を遵守するものであると認められる。
　同等の文明水準にある異なる国々の制度が、未決拘留に関して異なる制度を採用することは認められるが、それが基本権の侵害をもたらすことはできない。本件においては、引渡申請国ベルギーの制度が欧州人権裁判所によっても認められる基本権を侵害するため、引渡拒否の理由を構成する。
　逮捕状の発行国が未決拘留の最大期間を定めていない場合、当該引渡は拒否されねばならない旨を規定する 2005 年法律第 69 号第 18 条 e）の内容は、EU 枠組決定には規定されていないが、未決拘留の最大期間は、法律によって定めることとするイタリア憲法第 13 条 5 項を直接規定したものである。イタリア憲法第 13 条 5 項は、被疑者の無罪の推定を保障するものであり、EU 加盟国および欧州人権条約締約国に共通の基本的原則である。
　本件に関しては、明らかに適合解釈は不可能であり、司法裁判所の先決付託手続に付することはできない。また、2005 年法律第 69 号第 18 条 e）は、イタリア憲法第 13 条 5 項を複製したものであるので、イタリア憲法裁判所の違憲審査を求める途もない。それどころか、イタリア憲法裁判所の違憲審査を求めれば、さらに長い時間が必要となり、原告の自由がさらに制限されるという矛盾を生ずるであろう[82]。
　イタリア破毀院はこのように述べ、引渡を拒否する理由があると認めた。
　本件判示においてイタリア破毀院は「対抗限界」という用語を用いていないが、本件においてイタリア破毀院は未決拘留の最大期間を法律で定めるべきことを規定したイタリア憲法第 13 条 5 項の尊重を EU 法規範の優越性に対する限界に仕立てたと考察されている[83]。

このように、イタリア憲法裁判所がいまだ「対抗限界」を適用していない状況で、イタリア破毀院およびイタリア国務院は「対抗限界」を考慮し、イタリア憲法の基本原則および不可侵の人権を侵害すると判断する場合に、司法裁判所への先決付託手続も経ず、国内法の妥当性を認め、EU 法の優越性を否定するような決定を行なっている。

2 「国民の一体性」としての対抗限界

（1） 「国民の一体性」の意義

このような対抗限界の重要性は、現在では、リスボン条約により基本権憲章に法的拘束力が付与されたことにより、相対的に低下しているとの見解もある[84]。なぜなら、基本権を侵害する EU の法的行為は、基本権憲章という EU 法規範内部の基準にしたがい司法審査されることになるからである。対抗限界の理論は、EU が自ら加えた基本権の尊重という制限から逸脱する場合に、それを監視する究極の「外部的」保障と位置づけられることになる[85]。

同時にこのような対抗限界は、EU 法の「絶対的な優越性」に対する制限として、EU 基本条約上も認められたとする解釈もある[86]。その解釈の根拠となるのが、EU 条約第 4 条 2 項である。

> EU 条約第 4 条 2 項[87]　2　連合は、基本条約の前における加盟国の平等、ならびに、加盟国の政治的および憲法的構造（地方自治を含む）に内在するその国民的一体性を尊重する。連合は、国家の領土保全の確保、法と秩序の維持および国家安全保障の保護を含む、加盟国の本質的な国家機能を尊重する。とりわけ、国家安全保障は、もっぱら各加盟国の責任である。

本条項は、マーストリヒト条約により導入された EU 条約第 F 条 1 項[88]がその端緒である。本条項の「国民的一体性」は、従来の「国家主権を超え

た欧州統合観」から「加盟国と共存する欧州統合観」に切り替える端緒となり、その後リスボン条約による改正の結果、現行規定となっている[89]。

現在のEU条約第4条2項は、本条項のみ見る限り、従前の国民の一体性条項の条文を詳細にし、その射程を明確化しようと試みているものである。しかし、次の経緯を考慮に入れると、EU法が自らに対する「絶対的な優越性」に対する制限を認めたとする解釈も、説得力が出てくる[90]。すなわち、発効に至らなかったEU憲法条約における「国民の一体性」条項の位置付けである。

EU憲法条約では、I―5条で「国民の一体性」が、I―6条で「EU法の優越性」が規定されていた。つまり、「EU法の優越性」は「国民の一体性」の尊重を前提としていたという解釈が成り立つ（「逆優越性（primato invertito）」[91]）。さらに、EU憲法条約が発効にいたらず、リスボン条約により改正されたEU基本条約では、EU基本権憲章のI―6条の「EU法の優越性」にあたる規定は附属宣言17に移動され、EU基本条約規定として残されたのはI―5条の「国民の一体性」の条文であった。

このような経緯を考慮に入れれば、リスボン条約における「国民の一体性」規定によって、「対抗限界」がもはや、イタリア憲法裁判所によるEU法に対する外部からの挑戦ではなく、EU法秩序自体の内部に法的に位置づけられた、との解釈[92]も可能であろう。とすれば、今後は、加盟国の「国民の一体性」が尊重されているのかという考察が、EU条約第4条2項にもとづき、完全にEU法の内部で行われるという仮説も成り立つ[93]。

実際に、リスボン条約による改正前の旧規定には単に「連合は加盟国の国民的一体性を尊重する」とのみ規定され（旧TEU第6条3項）、EU司法裁判所の管轄に服さなかった（旧TEU第46条）が、リスボン条約による改正後のEU条約第4条2項により、EUは「憲法的な基本構造に固有の加盟国の国民的一体性」を尊重することを義務付けられており、また、EU条約第4条2項はEU司法裁判所の管轄に服することとなった（TFEU第275条）[94]。

（2） 「国民の一体性」の適用

EU司法裁判所が国民的一体性条項に依拠してEU基本条約規定の加盟国憲法に対する優越性を緩和する姿勢を示している事案として、Sayn-Wittgenstein事件[95]がある。

本件の事実関係は次のとおりである。

ドイツに居住するオーストリア人女性が、貴族の家系に属するドイツ人の養子となったことにより、オーストリアでFürstin von Sayn-Wittgenstein（ザイン・ヴィトゲンシュタイン公爵夫人）という姓を届け出ていた。しかし、その15年後になってオーストリア当局の決定によりSayn-Wittgensteinに変更されたため、それがEU市民の移動・居住の自由を定めるEU機能条約第21条に違反するか否かが問題となった。Fürstin von Sayn-Wittgensteinという姓はドイツ法では承認されていたが、オーストリア当局はオーストリア人が貴族の地位を示す称号を使用することを禁じる「貴族階級廃止法」に基づき当該姓の変更を行なった。同法は、すべてのオーストリア人の法の下における平等の原則を実施することを目的としており、オーストリア連邦憲法第149条1項に基づき憲法的地位を有していた[96]。

司法裁判所は、一加盟国の当局が同国国民の姓のすべての要素を居住先加盟国で決定されたとおりに承認するのを拒否することはEU市民権により付与された自由に対する制限であるとする一方[97]、「確立された判例法に従い、人の自由移動に対する障壁は、客観的考慮に基づき、かつ、国内規定の正当な目的に対して比例性を有する場合にのみ正当化されうる」[98]とした後、次のように判示した。

「……オーストリアの憲法史上、貴族階級廃止法が国民的一体性の一要素として、正当な利益と、EU法の下で認められている人の自由移動の権利との間で、比較衡量する際に考慮に入れることができるということは、受け容れられなければならない。

……オーストリアの憲法的状況に言及することによりオーストリア政府が

依拠した正当化は、公の秩序への依拠と解釈されうる。

公の秩序に関する客観的考慮は、一加盟国において、同国民の一人の姓を他の加盟国で付与されたとおりに承認するのを拒否することを正当化し得る……。

EU機能条約第4条2項に従い、EUは、共和国としての国家の地位を含む加盟国の国民的一体性を尊重すべきであることにも留意されなければならない。」[99]

以上のようにして、EU基本条約上の自由を制限するオーストリア憲法規定が、公の秩序を介して国民的一体性の概念に基づき、比例性原則に照らして正当化されている。本判決により、EU法の優越性と国民的一体性条項の関係についてEU法と加盟国憲法との間における潜在的緊張関係は、包括的な比較衡量により解決されることが示されている[100]。

3 立憲的多元主義

このように、何が「国民の一体性」という概念の内容とその限界にあたるのかという定義は、具体的な事案に関する先決付託手続を通じた、EU司法裁判所と加盟国相互の司法的対話の中で発見されていくものであるとの見方もある。それによれば、加盟国の「国民の一体性」は、EU司法裁判所によって一方的に定義されるものではありえないし、かといって加盟国裁判所のみに定義を委ねられるものでもない。実際に、司法的対話の当事者である加盟国裁判所や司法裁判所(あるいは欧州人権裁判所)が、一方的に相手に対して絶交宣言を叩きつける (dire l'ultima parola) という危険は現実のものとはならないであろうとの見方もある[101]。実際、実体的な面で対抗界にもとづきイタリア憲法裁判所がEU法の優越性が否定された事例は今のところない[102]。

このようなEUレベルの憲法(EU基本条約等)が加盟国の憲法との間で有する関係を説明する概念として、「立憲的多元主義(Constitutional pluralism)」がある。それによれば、EUレベルの憲法は、EU司法裁判所と国内裁判所の自発的協力関係に基づいており、両者の「司法的対話」により発展する。すなわち、先決付託手続の下で、国内裁判所の求めに応じて司法裁判所がEU法の解釈を示し、国内裁判所はそれを事件に適用するという分業体制が成立している。そこではEU法の絶対的優越性は棚上げにされる一方、国内裁判所（とくに憲法裁判所や最高裁判所）は、EU法の優越に対する拒否権を、究極的には行使可能であるが、事実上発動しないという、暗黙の了解が存在する。このように、立憲的多元主義は、EUレベルの憲法と加盟国憲法をひとつの「欧州憲法秩序（a European constitutional order）」あるいは「合成的欧州憲法法（a composite European constitution）」として一体的に捉える一方、両者を垂直的な関係ではなく水平的な共生関係として把握する[103]。そして、このような水平的な共生関係にあるEUレベルの憲法と加盟国憲法との間の衝突が避けられず、解決できない場合にはどちらが最終的に権威を有するのかという問題を、立憲的多元主義は敢えて答えを示さず、むしろその問題に答えを示さないことこそを是とする[104]。

この点で、立憲的多元主義は、伝統的な国際法の一元論や二元論の考え方と異なる。伝統的な国際法の一元論や二元論では、外部の法秩序と自国の憲法秩序との間の衝突が避けられず、解決できない場合には、どちらが最終的に権威を有するのかという問題についての答えは、自国の憲法秩序である。一方、立憲的多元主義は、外部の法秩序を外部の法秩序それ自体の権威にもとづくものとして自国の憲法秩序に取り入れ、外部の法秩序も自国の憲法秩序もそれぞれが権威を有することを認めるものである。イタリア憲法裁判所は、すでに1965年のSan Michele事件判決において、この立憲的多元主義の概念を受け入れていたことになる[105]。

小括

EU法上の基本権にもとづく審査権の範囲は、EU法の適用領域に該当す

る事案に限られる。EU 法の適用領域に該当しない事案に関しては、EU 司法裁判所は管轄を有しない。すなわち、EU 法の適用領域内における EU 法上の基本権と加盟国法との関係については、EU 司法裁判所が判断する権限を有するが、EU 法の適用領域外における基本権と加盟国法との関係については、加盟国裁判所が判断する問題となる。

　リスボン条約以前の EU 法上の基本権にもとづく審査権の範囲は、リスボン条約による EU 基本条約の改正によっても拡大されるものではない。しかし、EU 市民権規定の適用範囲が広がってきている結果、全く国内的な状況の範囲が狭まると同時に EU 法の基本権の射程が広がり、国内法の射程が狭められてきている状況がある可能性がある。

　そのような EU 法とイタリア法と、それぞれの適用範囲が衝突した場合にはどのように調整されるか。そのような衝突の際に EU と加盟国との権限配分を定める究極的な権限を有するのは誰かという「権限権限（Kompetenz-Kompetenz）」の問題については、EU 司法裁判所もイタリア憲法裁判所も「権限権限」が自らにあるとし、両者の判断が抵触する可能性がある。

　イタリア憲法裁判所は、EU 法規定がイタリア憲法の基本原則および不可侵の人権に抵触する場合には、EU が自らに基本条約により付与された権限の範囲を超えて行動したと判断し、EU 法の優越性を否定するという姿勢（「対抗限界」）を堅持しつつも、実際に発動はしていない。

　他方で EU 法は、EU 法が加盟国憲法に対しても優越するとしながらも、同時に加盟国の「国民の一体性」の尊重を EU 法上の原則として EU 基本条約に盛り込み、EU 法が「対抗限界」と衝突するのを防ごうという配慮を行っている。

注

1　Salvato［2011］, pp. 286-7.
2　庄司［2013A］、30 頁。中西優美子「EC 立法と法的根拠」『専修法学論集』82 号（2001 年）、1～29 頁；Dashwood, A., Dougan, M., Rodger, B., Spaventa, E., and

Wyatt, D., *Wyatt & Dashwood's European Union Law*, 6th ed., Sweet & Maxwell, 2011, pp. 105-11.

3 Declaration in relation to the delimitation of competences ［2009］ *OJ* C83/345.
4 庄司［2013A］、31 頁。
5 同上、31～4、39～41 頁。
6 同上、40 頁。
7 同上、35～9 頁。
8 同上、319 頁。
9 C-260/89, *cit.*, para. 42.
10 Case 5/88 *Wachauf* ［1989］ ECR 2609.
11 *Ibid.*, para. 19.
12 Case C-260/89, *cit.*
13 *Ibid.*, paras. 42-3.
14 庄司［2013A］、320 頁。
15 Case C-299/95 *Kremzow* ［1997］ ECR I-2629.
16 *Ibid.*, para. 13.
17 *Ibid.*, para. 16.
18 庄司克宏「EU 域内市場における自由移動、基本権保護と加盟国の規制権限」田中俊郎・小久保康之・鶴岡路人編『EU の国際政治』慶應義塾大学出版会（2007 年）、169～70 頁。
19 庄司［2013A］、320 頁。
20 Case 12/86 *Demirel* ［1987］ ECR 3719.
21 *Ibid.*, para. 28.
22 Case C-309/96 *Annibaldi* ［1997］ ECR I-7493.
23 *Ibid.*, para. 13.
24 *Ibid.*, paras. 24-5.
25 Case C-555/07 *Kücükdeveci* ［2010］ ECR I-365.
26 庄司［2013A］、334 頁。Case C-555/07, *cit.*, paras. 22-7.
27 Editorial Comments, "The Scope of Application of the General Principles of Union Law: An ever expanding Union?", *Common Market Law Review*, Vol. 47, No. 6, 2010, p. 1592. 庄司［2013A］、334 頁。
28 ニース条約版 TEU 第 6 条 2 項　連合は、［欧州人権条約］により保障され、かつ加盟国に共通の憲法的伝統に由来する基本権を、共同体法の一般原則として

第 5 章　イタリア法の射程と EU 法の射程の関係　273

尊重する。

　リスボン条約版 TEU 第 6 条 3 項　［欧州人権条約］により保障され、かつ加盟国に共通の憲法的伝統に由来する基本権は、連合の法の一般原則を構成する。

29　Lenaerts & Gutiérrez-Fons［2010］, pp. 1655-6；庄司［2013A］、330 頁。
30　庄司［2013A］、329 頁。
31　同上、332～3 頁。
32　同判示は、国内立法が共同体法の範囲内に当たる場合、司法裁判所が先決付託手続により解釈の指針を与えると述べたが、結論としては、当該国内立法は共同体の範囲内にないと判断された（Case C-309/96, paras. 13, 24-25）。
33　Explanations relating to the Charter of Fundamental Rights, *cit.*
34　庄司［2013A］、333 頁。
35　Case C-40/11 *Yoshikazu Iida*, judgment of 8 November 2012, published in the electronic Reports of Cases, para. 79.
36　Case C-617/10, *Åkerberg Fransson*［2013］ECR 0, paras. 19-20.
37　C.C., ordinanza 28 gennaio 2010, n. 28（イタリア憲法裁判所ウェブサイト（アクセス：2013 年 2 月 4 日））。
38　*Ibid.*, punto 7. in considerato in diritto.
39　C.C., sentenza 15 aprile 2010, n. 138（イタリア憲法裁判所ウェブサイト（アクセス：2013 年 2 月 4 日））。
40　C.C., ordinanza 27 gennaio 2011, n. 31（イタリア憲法裁判所ウェブサイト（アクセス：2013 年 2 月 4 日））。
41　*Ibid.*
42　C.C., ordinanza 15 aprile 2011, n. 138（イタリア憲法裁判所ウェブサイト（アクセス：2013 年 2 月 4 日））。
43　*Ibid.*
44　C.C., ordinanza 25 luglio 2011, n. 245（イタリア憲法裁判所ウェブサイト（アクセス：2013 年 2 月 4 日））。
45　家族の権利および婚姻の原則を規定。
46　C.C., ordinanza n. 245 del 2011, *cit.*, punto 3.1. in considerato in diritto.
47　Ordinanza 2011 n. 245, 3.2. in considerato in diritto.
48　C.C., sentenza 23 febbraio 2012, n. 31（イタリア憲法裁判所ウェブサイト（アクセス：2013 年 6 月 4 日））。
49　C.C., sentenza n. 236 del 2012, *cit.*

50 *Ibid.*, punto 4. 3. in considerato in diritto.
51 Craig, Paul, and De Búrca, Gráinne, *EU Law*, 4th ed., Oxford University Press, 2008, p. 401.
52 庄司［2007］、168 頁。
53 同上、172 頁。
54 同上、171〜2 頁。
55 Case C-60/00 *Carpenter*［2002］ECR I-6279.
56 庄司［2007］、171 頁。
57 同上、172 頁。Case C-60/00, *cit.*, paras. 39, 40-5.
58 庄司［2007］、172 頁。
59 Strozzi［2011］, p. 853.
60 Case C-34/09 *Zambrano*［2011］ECR I-1177.
61 *Ibid.*, paras. 42-43.
62 Strozzi［2011］, pp. 852-6.
63 Vezzani［2015］, p. 528.
64 Case C-617/10, *cit.*, paras. 25-9.
65 *Ibid.*, para. 34.
66 C.C., sentenza 13-16 giugno 1995, n. 249（イタリア憲法裁判所ウェブサイト（アクセス：2013 年 6 月 4 日））。
67 C.C., sentenza 22-28 febbraio 1996, n. 61（イタリア憲法裁判所ウェブサイト（アクセス：2013 年 6 月 4 日））。
68 C.C., sentenza n. 443 del 1997, *cit.*
69 C.C., sentenza n. 443 del 1997, *cit.*, punto 1. in considerato in diritto.
70 *Ibid.*, punto 4. in considerato in diritto.
71 Case 90/86 *Zoni*［1988］ECR, 4285.
72 C.C., sentenza n. 443 del 1997, *cit.*, punto 5. in considerato in diritto.
73 *Ibid.*, punto 6. in considerato in diritto.
74 Case 90/86, *cit.*, para. 25.
75 庄司［2013A］、231 頁。
76 Craig, Paul, and De Búrca, Gráinne, *EU Law*, 5th ed., Oxford University Press, 2011, pp. 269-96.
77 庄司［2013A］、231〜2 頁。Craig & De Búrca［2011］pp. 269-96.
78 江原［2012］、127 頁。

第 5 章　イタリア法の射程と EU 法の射程の関係　275

79　C.S., sentenza 8 agosto 2005, n. 4207（イタリア国務院ウェブサイト（アクセス：2014 年 2 月 4 日））.
80　*Ibid.*, punti 3.3. e 3.4. in diritto.
81　Cass., sentenza 15 maggio 2006, n. 16542（Atalex ウェブサイト（アクセス：2014 年 2 月 4 日））.
82　*Ibid.*, punto 9.2. in considerato in diritto.
83　江原［2012］、124 頁。
84　Strozzi［2011］, pp. 848 ss.
85　Condinanzi［2003］, p. 55-56.
86　Bogdandy, A. von, and Schill, S., "Overcoming Absolute Supremacy: Respect for National Identity under the Lisbon Treaty", *Common Market Law Review*, Vol. 48, No. 5, 2011, p. 1417.
87　訳出に際しては、奥脇編［2010］、57 頁を参照。
88　（マーストリヒト条約版）EU 条約第 F 条 1 項　連合は、その政府組織が民主主義の原則に基づく加盟国の独自性を尊重する。（訳出に際しては、山本編［1994］、344 頁を参照。）
89　庄司［2013A］、234 頁。
90　Guastaferro, Barbara, "Il rispetto delle identità nazionali nel Trattato di Lisbona: tra riserva di competenze statali e 〈〈controlimiti europeizzati〉〉", *Quaderni costituzionali*, 2012, n. 1, p. 152.
91　Cartabia, M., "〈〈Unità nelle diversità〉〉: il rapporto tra la Costituzione europea e le Costituzioni nazionali" *Il Diritto dell'Unione europea*, n. 3, 2005, pp. 583 ss.
92　Ruggeri, Antonio, "Trattato costituzionale, europeizzazione dei 〈〈controlimiti〉〉, e tecniche di risoluzione delle antinomie tra diritto comunitario e diritto interno（profile problematici）" Intervento al convegno del Gruppo di Pisa, Capri 3-4 giugno 2005（*Quaderni costituzionali* ウェブサイト〈http://www.forumcostituzionale.it/site/〉（アクセス：2011 年 8 月 30 日））.
93　Guastaferro［2012］, p. 155.
94　庄司［2013A］、233〜4 頁。
95　Case C-208/09 *Sayn-Wittegenstein*［2010］ECR I-13693. 中西康「氏名と EU 市民権－貴族の爵位の承認拒絶の正当化と憲法的アイデンティティ」『貿易と関税』第 61 巻 1 号（2013 年）91 頁。庄司［2013A］、235〜6 頁。
96　Case C-208/09, *cit.*, paras. 3, 19-35, 88.

97 *Ibid.*, para. 71.
98 *Ibid.*, para. 81.
99 *Ibid.*, paras. 83-5, 92.
100 Bogdandy & Schill［2011］, *cit.*, pp. 1424-5. 庄司［2013A］、236 頁。
101 Caponi, Remo, "La tutela della identità nazionale degli Stati membri dell'U.E. nella cooperazione tra le corti: addio ai 〈〈controlimiti〉〉?" *Il Diritto dell'Unione europea*, n .4, 2011, pp. 924-6.
102 江原［2012］、117 頁。Strozzi［2011］, p. 848; Ruggeri, Antonio, "Riforma del titolo V e giudici di 〈〈comunitarietà〉〉 delle leggi", *Diritto comunitario e diritto interno*, Giuffrè, 2008, p. 454. とはいえ、すでに確認したように通常裁判所のなかには「対抗限界」にもとづき EU 法の優越性を否定したものも確認されている。
103 庄司［2013］、237 頁。
104 ミゲル・ポイアーレス・マドゥーロ（東史彦訳）「EU と立憲的多元主義－欧州トランスナショナル立憲主義理論－」『慶應法学』26 号（2013 年）、272 頁。
105 Itzcovich, Giulio, "Sovereignty, Legal Pluralism and Fundamental Rights: Italian Judisprudence and European Integration（1964-1973）", *European Public Law*, Vol. 10, 2004, pp. 115-9.

終章　結論

　本研究は、一般的な国際条約と異なり、主権国家が EU 法のような主権の制限を伴う固有の法秩序を受け入れた場合には、基本権保障上の問題が生じることを明らかにするため、イタリア憲法と国際条約、EU 法、および欧州人権条約法との関係が問題となったイタリア判例を素材に検討した。

　本章では、これまでの各章で明らかにしたことを再度確認した上で、これらを総合的に捉えることにより可能となる本研究全体の考察を行い、結論を導く。また、その結論に含まれる日本法にとっての示唆を得る。その上で、本研究において扱いえなかった論点や、今後の課題となる問題意識を示す。

第 1 節　総括

　本論では、これまで、次の点を考察してきた。
　第 1 章では、イタリア憲法における基本権保障が、イタリア憲法裁判所により担保されていることを確認した。イタリア憲法第 2 条に言及されている「不可侵の人間の権利」は、イタリア憲法第 1 部に列挙された権利に限定されず、イタリア憲法裁判所が法の発展過程において新たな基本権を発見するための根拠として「開かれた」規定である。とはいえ、イタリア憲法第 2 条の射程は、国際人権条約を含む、国際条約には及ばない。したがって、国際条約に認められる序列は、条約を批准施行する法律の序列となる。その結果、国際条約に自動執行性が認められる場合にも、国際条約（の批准施行法）は、後の法律により修正・廃止されてしまう可能性が出てくる。そのような結果を防ぐために、裁判官は、国際条約（の批准施行法）を通常の法律に優先させるための解釈技術を模索した。そのような流れを受けて、近年では、イタリア憲法が改正され、国際条約に抵触する法律がイタリア憲法裁判

所により違憲無効とされる制度が整えられた。ただし、法律が国際（人権）条約に抵触するとして憲法審査が行われる場合には、当該国際（人権）条約がイタリア憲法に適合していることが必要となる。つまり、国際（人権）条約はイタリア憲法には優越しえない。よって、国際（人権）条約が規律する分野における基本権保障は、第一義的にはイタリア憲法により担保されることとなる。

　第2章ではEU法の性質について確認し、EU法秩序における基本権保障の発展の経緯およびメカニズムを考察した。第1章でも確認したように、一般的な国際条約の法的性質は、当該国際条約にしたがい決定されるのではなく、締約国憲法にしたがい決定される。EUにより締結された国際条約の法的性質も、当該国際条約にしたがい決定されるのではなく、EUにおいてはEU法によって決定される。その結果、EUにおいて、国際条約によっては自動執行性が認められるものもあれば、WTO協定のように自動執行性が否定されるものがある。

　EU法は、こうした一般的な国際条約と異なり、各加盟国が相互に受け入れた主権の制限に基く法秩序である。よってその国内的性質が加盟国の憲法にしたがって決定されるのではなく、EU法自体によって決定される。EU法は、EU法自体に基づき、直接適用可能であり、憲法を含む各加盟国法に対し優越し、国内における直接効果等が認められる。つまり、イタリア国内における基本権保障を担保しているイタリア憲法に対しても、EU法は優越するのである。

　その結果、EU法はEU法自身の基本権保障を備える必要があったが、EU法秩序における基本権保障は、当初から規定されていた訳ではなかった。そこで、EU法においても基本権保障を確保するため、司法裁判所がまず判例を通して基本権がEU法の一般原則の不可欠の一部であることを示し、その内容を明確化するために、加盟国の憲法伝統や欧州人権条約等を参照するようになった。そうした司法裁判所の判例法の原則は、1993年にEU基本条約に明文化された。2009年のリスボン条約による基本条約改正では、

EU基本権憲章にEU基本条約と同等の法的効力が付与され、EUによる欧州人権条約への加入も規定された。その結果、現在、EU法においては重層的な基本権保障枠組みが存在する。

第3章では、イタリア憲法とEU法との関係について考察した。

イタリア憲法秩序は、主権の制限をともなうEU法を、平和に資する国際機構に必要なイタリアの主権の制限を規定するイタリア憲法第11条にもとづき、国内法秩序に受容した。しかし、EU基本条約は一般的な条約と同様、法律により批准施行されていたため、当初、裁判所はEU基本条約を一般的な国際条約と同様に捉え、自動執行性を認めたとしても通常の法律と同列とし、EU基本条約の通常の法律に対する優越性を否定した（1964年イタリア憲法裁判所Costa事件判決）。

その後、イタリア憲法秩序は、司法裁判所との司法的対話を通じて、まずEU基本条約のイタリア憲法秩序に対する優越性を（1965年イタリア憲法裁判所San Michele事件判決）、次いでEU規則のイタリア憲法秩序における直接適用可能性を受け容れる（1973年イタリア憲法裁判所Frontini事件判決）。しかし、EU規則に反する国内後法について、当初イタリア憲法裁判所は、通常国内裁判官が適用排除をするのではなく、イタリア憲法裁判所への付託を通じて、イタリア憲法裁判所が当該抵触法律をイタリア憲法第11条違反と宣言することとした（1975年イタリア憲法裁判所ICIC事件判決）。このような方法ではEU法の全加盟国における統一的適用が実現できないとの司法裁判所の批判を受けて、イタリア憲法裁判所は、1984年イタリア憲法裁判所Granital事件判決により、直接効果を有するEU法に抵触する国内法を通常裁判官が自ら適用排除することとした。

1984年イタリア憲法裁判所Granital事件判決により、イタリア憲法とEU法との関係の基本的な問題は解決されたと評価されるが、EU法の観点からは一定の問題が残った。第1に、イタリア憲法秩序がEU基本条約にもとづきEUに配分した権限の範囲内でのEU法のイタリア憲法秩序に対する優越性を認めると同時に、それに対する「対抗限界」を設けた点である。す

なわち、イタリア憲法の基本原則と不可侵の人権に抵触する場合には、EU法の優越性を否定するというものである。第2に、直接効果を有しないEU法と国内法との抵触や、抽象的違憲審査の場合には、イタリア憲法裁判所が国内法のイタリア憲法第11条および第117条違反を審査するが、イタリア憲法裁判所が自らをTFEU第267条規定の先決付託手続の義務が生じる裁判所ではないとした点である。第1の点については、イタリア憲法の基本原則と不可侵の人権に抵触する場合にはEU法の優越性を否定するという姿勢を堅持しながらも、イタリア憲法裁判所がこれまで実際にEU法の優越性を否定した事例は生じていない。第2の点については、イタリア憲法裁判所が一部判例を変更し、イタリア憲法裁判所が国内法のイタリア憲法第11条および第117条違反を審査する際、必要があれば、司法裁判所への先決付託手続に付託することとなった。なお、2001年にはイタリア憲法が改正され、直接効果を有しないEU法と抵触する国内法の違憲無効化や、抽象的違憲審査の場合に、イタリア憲法裁判所が国内法のイタリア憲法違反を宣言する際の根拠規定として、第11条に加えて第117条が設けられた。

　以上を要するに、EU法の性質はEU法自体によって決定され、加盟国はEU法の性質を決定できない。とはいえ、EU法に関するイタリア判例から明らかなように、司法裁判所とイタリア憲法裁判所は、それぞれの判例を通じて司法的対話を行う。また、EU法は原則として加盟国の憲法に対しても優越するため、イタリア憲法裁判所が示したように、イタリア法は対抗限界を確保する必要が生じた。

　第4章では、イタリア憲法と欧州人権条約法との関係について考察した。

　まず、イタリア憲法第117条の改正前の時期において、イタリア憲法裁判所は、条約規定は、特別のイタリア憲法規定がないため、通常の法律の効力を有し、これが欧州人権条約にも妥当するという前提のもとで、欧州人権条約法を、憲法審査の基準となるイタリア憲法規定のみならず、憲法審査の対象となる法律の解釈の基準としても参照するようになる。同時期のイタリア破毀院は、欧州人権条約規定には、プログラム規定のものもあるが、要件を

満たせば自動執行性を有することを認め、いずれにせよ、国内法は、欧州人権条約規定に可能な限り適合的に解釈されねばならないとの判断を確立していく。またイタリア破毀院は、そのような欧州人権条約の重要性を認める根拠の1つとして、マーストリヒト条約版EU条約第F条において欧州人権条約が言及された点も指摘した。その他一部の国内裁判所には、欧州人権条約に何らかのEU法との関係を見出し、欧州人権条約を重要視し、ときには抵触国内法を適用排除する裁判所も現れている。

次に、イタリア憲法第117条改正以降であるが、イタリア憲法裁判所判例に目立った変化が見られない一方で、イタリア破毀院判例には欧州人権条約法を積極的に直接適用し、自ら抵触する国内法を適用排除するものが現れる。また、その他の裁判所の判例にも、欧州人権条約に抵触する国内法の通常裁判官による適用排除を支持するものが散発している。その理由として、欧州人権条約がEU法化されたとの指摘をするもの、EU法化された訳ではないが、EU法もが有する特徴を欧州人権条約法も備えているという点を指摘するものがある。

このような状況の中、イタリア破毀院から付託された事案において、イタリア憲法裁判所はイタリア憲法秩序における欧州人権条約法の法的性質について明確化を行なった。すなわち、イタリア憲法第117条にしたがい、立法府は（欧州人権）条約を遵守する義務があるところ、通常裁判所は国内法を欧州人権条約に可能な限り適合的に解釈せねばならなず、これが不可能である場合には、国内法のイタリア憲法第117条違反の確認訴訟をイタリア憲法裁判所に付託せねばならない。そしてイタリア憲法裁判所は、欧州人権条約法がイタリア憲法に違反しない限り、欧州人権条約法を基準（「中間規範」）として国内法のイタリア憲法第117条違憲の審査を行う（双子判決）。

このようなイタリア憲法裁判所の判示を受けイタリア破毀院はそれに準じたが、リスボン条約発効前後より、特に行政裁判所系統で、イタリア憲法裁判所の双子判決の判示に沿わず、自ら欧州人権条約法と抵触する国内法を適用排除する裁判所が現れ始めた。その判理は、リスボン条約によるEU基本

条約の改正により、欧州人権条約がさらに「EU 法化（「EU 基本条約化 (trattatizzazione)」）」された結果、欧州人権条約のイタリアにおける法的性質に変化が生じ、EU 法と同様の扱いをせねばらならないというものである。

このような行政系統裁判所の動きに対応する形で、イタリア憲法裁判所は 2011 年判決第 80 号において、再び双子判決の判示を再確認し、更にリスボン条約による欧州人権条約の「EU 法化」による EU 法の射程外のイタリア憲法秩序と欧州人権条約法との関係になんら変化はないとした。

すなわち、EU 法の射程内においては、欧州人権条約法が「EU 法の一般原則として」イタリアにおいて直接適用され、イタリア憲法秩序に対して優越し、条件を満たす場合には直接効果をも有する。直接効果を有する EU 法に抵触する国内法を、通常裁判官は自ら適用排除する。イタリア憲法裁判所がこのような EU 法の優越性を否定するのは、EU 法がイタリア憲法の「対抗限界」に反する場合のみである。

一方、EU 法の射程外においては、通常裁判所は国内法を欧州人権条約に可能な限り適合的に解釈せねばならず、これが不可能である場合には、国内法のイタリア憲法第 117 条違反の確認訴訟をイタリア憲法裁判所に付託せねばならない。そしてイタリア憲法裁判所は、欧州人権条約法がイタリア憲法に違反しない限り、欧州人権条約法と基準（「中間規範」）として国内法のイタリア憲法第 117 条違憲の審査を行う。

このように、イタリア法秩序において、欧州人権条約法の国内的性質が、EU 法の射程内と、EU 法の射程外（つまりイタリア憲法の射程内）とで、異なる結論をもたらす可能性を孕んでおり、この点についての批判が絶えない。

すでに述べた通り、EU 法との関係においては、イタリア憲法裁判所は、イタリア憲法の基本原則と不可侵の人権に抵触する場合には EU 法の優越性を否定するという姿勢を堅持しながらもこれまで実際に EU 法の優越性を否定した事例はないが、欧州人権条約法との関係においては、最近の事例で、

イタリア憲法に適合しないとの理由で、初めて欧州人権裁判所の判決の効力を否定した。

　第5章では、EU法の適用範囲および国内法の適用範囲はどこまでなのか、それぞれの適用範囲が衝突した場合にはどのように調整されるのかを考察した。

　EU法上の基本権は、基本条約によりEUに付与された権限の範囲内においてのみ効力を生ずる。リスボン条約以前のEU法の一般原則の一部である基本権にもとづく審査権の範囲は、EUの権限内において採択されるEU諸機関の行為、および加盟国の行為のうち、第一に加盟国がEU立法を実施する場合、第2にEU司法裁判所がEU要件から適用除外を受ける国内措置の効力を審査する場合、第3にある特定のEU実体法規範が当該状況に適用可能である場合、である。リスボン条約によるEU基本条約の改正も、基本権に関するEUの権限を拡大するものではない。

　とはいえ、最近の「全く国内的な状況」に関するEU判例を概観すると、EU市民権規定の適用範囲が広がってきている結果、EU法の基本権の射程も広がり、裏腹にかつては「全く国内的な状況」であるためにEU法の射程外とされていた国内法の射程が狭められてきている状況があると思われる。他方で、EU法の射程の画定に関連するイタリア国内判例を概観すると、イタリア憲法裁判所は、EU法の射程を広く解釈したり、狭く解釈することもあることが伺える。また、EU法の射程内の問題に関するEU司法裁判所の判断が、国内法の射程内における問題に関する国内裁判所の判断に全く影響を及ぼさないかというと、多大な影響を及ぼしうることを確認した。

　このようなEU法とイタリア法と、それぞれの適用範囲が衝突した場合にはどのように調整されるのか、すなわちEUと加盟国との権限配分を定める究極的な権限を有するのは誰かという「権限権限（Kompetenz-Kompetenz）」の問題について、EU司法裁判所もイタリア憲法裁判所も「権限権限」が自らにあるとし、両者の判断が抵触する可能性がある。イタリア憲法裁判所は、EU法規定がイタリア憲法の基本原則および不可侵の人権に抵触

する場合には、EU が自らに基本条約により付与された権限の範囲を超えて行動したと判断し、EU 法の優越性を否定するという姿勢を堅持している（「対抗限界」）が、実際に自ら EU 法の優越性を否定したことは今までない。他方で EU 法は「国民の一体性」概念を EU 法に内部化し、各加盟国の憲法的価値に一定の配慮を払うようになってきている。しかし最近のイタリア通常裁判所の判例には、「対抗限界」にもとづき EU 法の優越性を否定するものが確認されるため、今後のイタリア憲法裁判所の判例の動向には注視が必要である。

第 2 節　考察

以上、本研究の各章をもって明らかにした事項をまとめた。ここでは、以上の議論を総体として捉えることによって、イタリア憲法と EU 法、国際条約、欧州人権条約法との関係に関する裁判例から、一般的な条約と EU 法がどのように異なるのか、EU 法がイタリア憲法における基本権保障にどのような影響を与えたか、イタリア判例の日本法にとっての示唆等、本研究の問題意識について考察を行う。

1　一般的な条約と EU 法との相違

まず、一般的な条約の要素は、次の通りである。一般的な国際条約は、伝統的な国際法の一元論、二元論等の枠組にもとづき、最終的な権威を決定する主権を有する主権国家がその法的性質を決定する。すなわち、一般的な国際条約の国内的性質は、当該締約国の憲法秩序によって決定される。国際条約がどのような態様で国内法秩序に受容されるか（変型受容、承認法受容、一般的受容）、国内法秩序の階層においていずれの序列を占めるのか（憲法に優越、憲法に劣後かつ法律に優越、法律と同等）、国内法秩序においてどのように適用されるのか（自動執行性の有無、国内法の解釈基準、裁判規範性の否定、等）は、当該締約国の憲法秩序にしたがい決定される。

一方、EU 法の要素は、次の通りである。EU 法は、伝統的な国際法の一元論、二元論等の枠組で捉えられる一般的な国際条約とは異なる。EU 法の場合、加盟国のみが最終的な権威を決定する権限を有し自国憲法秩序にもとづいて EU 法の国内法における法的性質を決定するのではなく、EU 法の最終的な権威を決定する権限を有しているのは EU 法自体であり、そうした自律的な法秩序である EU 法を加盟国は受け容れる。つまり、EU 法の法的性質は、加盟国の憲法秩序によって決定されるのではなく、EU 法自体によって決定され（直接適用可能性、憲法を含む国内法に対する優越性、直接効果、国内法の適合解釈義務、国内法の抵触排除義務、等）、加盟国はそれを一定の条件の下に受け容れるのである。このことはつまり、EU 法が加盟国の主権の制限をもたらすということである。イタリア憲法秩序がこのような EU 法の権威を否定するのは、EU 法がイタリア憲法の「対抗限界」に反する場合のみである。

　このような一般的な国際条約の特徴と、EU 法の特徴を、本論で扱ったイタリア法における欧州人権条約法の事例に当てはめてみると、次のようになる。欧州人権条約法は、イタリア法秩序にとって、当初、一般的な国際条約の一であった。実際にイタリアは、欧州人権条約を承認し受容し、国内法律と同等の序列を認め、要件を満たす場合には自動執行性を認め、国内法の解釈の基準としていた。他方で、欧州人権条約に含まれる基本権は、EU 法の射程内では EU 法の一般原則化されることにより「EU 法化」された。したがって、欧州人権条約は、EU 法の射程内では、EU 法上の基本権として EU 法の一部となりうるが、EU 法の射程外では、依然として一般的な条約の一つのままであるという二面性を有する。

　イタリア法にとって欧州人権条約法が EU 法である場合、つまり EU 法の射程内においては、イタリア憲法秩序にとっての欧州人権条約法は EU 法であるので、EU 法としての欧州人権条約法の国内的性質は、イタリア憲法にしたがって決定されるのではなく、EU 法によって決定される。すなわち、欧州人権条約法が「EU 法の一般原則として」、または EU 基本権憲章第 52

条3項の同等性条項を介して、EU法としてイタリアにおいて直接適用され、イタリア憲法秩序に対して優越し、条件を満たす場合には直接効果をも有しうる。イタリア憲法秩序がこのようなEU法の優越性を否定するのは、EU法がイタリア憲法の「対抗限界」に反する場合のみである。

一方、イタリア法にとって欧州人権条約法が一般的な国際条約である場合、つまりEU法の射程外においては、イタリア憲法秩序にとって欧州人権条約法は一般的な国際条約であるので、その国内的性質は、イタリア憲法秩序にしたがって決定される。現在のイタリアにおける欧州人権条約法の国内的性質は、次の通りである。欧州人権条約は承認法受容され、国内法律と同等の序列が認められる。しかし、イタリア憲法第117条により、国内裁判所は、まず、国内法を欧州人権条約法に適合的に解釈せねばならない。適合解釈が不可能である場合は、イタリア憲法裁判所が欧州人権条約法と抵触する国内法を違憲無効と判断する。ただしその場合、欧州人権条約法はイタリア憲法に適合していなければならない。

2　EU法に内在する基本権保障の問題

以上のように明らかにした一般的な国際条約とEU法の相違をまとめると、一般的な国際条約の国内的性質は締約国が自国の憲法秩序によって決定するが、EU法の性質はEU法によって決定され、各加盟国法秩序において直接適用され、憲法を含む国内法に対して優越すること、つまり主権の制限を加盟国は受け容れねばならない。このEU法のような主権の制限をともなう外部の法を国内法秩序に受け容れた場合に問題となりうるのが、基本権保障の問題である。

主権の制限を伴わない一般的な国際条約を国内法秩序に受け容れる場合には、基本権保障の問題は生じにくい。なぜなら、主権の制限を伴わない一般的な国際条約の国内法秩序における性質は、当該国の憲法にしたがって決定されるからである。つまり、基本権を保障する憲法規定を基準として、基本権を侵害するような一般的な国際条約の国内法秩序における効力は否定され

る余地がある。

　一方、EU 法のように主権の制限をともなう外部の法秩序を国内法秩序に受け容れる場合には、自国の憲法保障を及ぼすことができない領域が生じ、その領域における基本権保障が問題となる。

　EU 法のように主権の制限をともなう外部の法秩序により規律される領域においても、当該外部の法秩序による基本権保障が充実しているのであれば、問題はない。しかし、外部の法秩序により規律される領域において、当該外部の法秩序による基本権保障が充実していないのであれば、基本権保障の空白領域が生じ、問題となる。

　この場合の解決策としては、まず第 1 に、当該外部の法秩序自体に基本権保障を徹底させることである。これは、実際に EU が基本権を EU 法の一般原則であると判例において示し、そのような判例を明文化し、充実・発展させてきていることにあたる。この解決策が困難である場合には、第 2 に、外部の法秩序により規律される領域において、自国の憲法にもとづく基本権保障を行うことが考えられる。これは、イタリア憲法裁判所が対抗限界を示すことにより EU 法の優越性を否定するという可能性を示すのみならず、実際にそれを行うことにあたる。しかしそうした事態が実際に起こった場合、外部の法秩序により規律されるはずの領域における基本権保障は実現できるが、当該外部の法秩序の自律性が失われ、全締約国領域に渡る当該外部の法秩序の統一適用が損なわれることとなってしまう。そして、第 3 には、外部の法秩序により規律される領域においては、原則として当該外部の法秩序による基本権保障に委ね、例外的に、重大な看過しがたい基本権侵害が外部の法秩序の規律によって生じる場合にのみ、外部の法秩序により規律されるはずの領域において、自国の憲法にもとづく基本権保障を行うことが考えられる。この第 3 の選択肢の下では、全締約国領域に渡る当該外部法秩序の統一適用が損なわれることにより当該外部の法秩序の自律性が失われることを原則として回避しつつ、例外的に、外部の法秩序により規律される領域における基本権保障が万一問題を生じた場合に、基本権の保障を保証できることに

なる。これが、現在イタリアにおいて行われているEU法およびイタリア憲法による基本権保障の状況である。

さらに、基本権保障に関して、EU法のような主権の制限をともなう外部の法を国内法秩序に受け容れた場合に生じうる別の問題もある。それは、EUのような外部の法秩序において基本権保障が充実している場合にこそ生じる問題である。すなわち、外部の法秩序における基本権保障と自国憲法にもとづく基本権保障の態様が同様なものであれば問題とはならないのであるが、外部の法秩序における基本権保障と自国憲法にもとづく基本権保障の態様が異なると、それ自体が差別という基本権侵害を生じないかという問題が生じうる。これがイタリア判例の考察で確認した、EU法射程内におけるEU法秩序における基本権保障と、EU法射程外におけるイタリア憲法にもとづく基本権保障の態様が異なり、それ自体が差別という基本権侵害を生じうるという問題である。

3　EU法の基本権保障がイタリア憲法の基本権保障に与える影響

以上の考察をもとに、イタリア憲法の基本権保障に対し、EU法は次のような影響を与えたといえる。

イタリア法は、EU法の優越性を受け容れる際、同時にそれに対する対抗限界を設けることで、暗にEU法における基本権保障が不十分であることを示した。

イタリア憲法裁判所等のこうした姿勢に対する対応として、EU法は、加盟国の憲法的伝統や欧州人権条約に含まれる基本権をEU法の一般原則として保障するという、独自の基本権保障を確立してきた。さらにEU法は、欧州人権条約に含まれる基本権の大部分を取り込んだEU基本権憲章に基本条約と同等の法的効力を基本条約上認め、将来的にはEU自体が欧州人権条約の締結当事者となることを規定し、欧州人権条約法をEU法体系にさらに組み込むこととなっている。こうしたEU法の一部分としての欧州人権条約法は、EU法の適用範囲においては、イタリア憲法の対抗限界以外のイタリア

憲法を含むイタリア法規範に EU 法として優越し、直接効果を有する場合には抵触国内法が通常裁判官により適用排除される。

一方、EU 法の適用範囲外における欧州人権条約法の法的性質は、EU 法ではなくイタリア憲法にもとづき決定される結果、EU 法の適用範囲外における欧州人権条約法はイタリア憲法全体に服し、抵触国内法はイタリア憲法裁判所により違憲無効とされる。

このように、同じ欧州人権条約法の位置付けが EU 法適用範囲内外とで実体的、手続的に異なるのが現在の状況である。現在の状況のもとでは、欧州人権条約法が EU 法の適用範囲内において EU 法の一部として位置づけられる場合のほうが、通常裁判官により直接適用される可能性が高い一方で、欧州人権条約法が EU 法の適用範囲外において一般的な国際条約として位置づけられる場合には、イタリア憲法裁判所により欧州人権条約法がイタリア憲法違反と判断される可能性が高くなる。つまり、欧州人権条約上の同一の規定であっても、EU 法事案か国内法事案かで、異なる結論が導かれる可能性が生じるのである。このような EU 法の射程内外での異なる取扱いについて、EU 法は問題としていないが、イタリアの学説のなかには、イタリア憲法上の差別であるとして問題視するものもある。この差別を解消するには、EU 法の射程外における欧州人権条約法の扱いを、EU 法の射程内における EU 法の一部としての欧州人権条約法の扱いに準じたものにする他ない。

この一連の流れは、イタリア法が EU 法に対して基本権保障の徹底を求め、EU 法が欧州人権条約等に依拠することにより基本権保障を確立してきた結果、今度はイタリア法が基本権保障の制度の再考、具体的には欧州人権条約法のイタリア法秩序における位置付けの再考を求められることとなっていることを意味している。

4　日本法にとっての示唆

このようなイタリア判例から読み取れる日本法にとっての示唆としては、日本が地域的経済統合を進める場合の、2 つの具体例が挙げられているとい

える。

　第1に、EUのように加盟国が相互に主権を制限することにより、自律的な法秩序としての地域経済統合法を受け入れる例である。この場合、各加盟国は地域的経済統合法の法的性質を自ら決定することはできない。

　第2に、締約国の主権の制限を伴わない制度により、従来の国際条約により地域経済統合を行う例である。この場合、各締約国は、経済統合法の法的性質を自ら自由に決定することができる。経済統合法に他の締約国が自動執行性を認めていようといまいと関係なく、自動執行性を認めることもできるし、他の締約国が否定している等の理由で、自動執行性を否定することもできる。第2の事例は、実際に日本が置かれている国際経済法秩序の現状である。現状では、日本は主権を制限されていないので、日本における基本権保障は日本国憲法にしたがって実現することになる。

　しかし、第1のEUの事例を模した地域的経済統合を行うとなると、EU加盟国のように国内憲法の基本権規範にも影響がおよぶ可能性があることが、本論のイタリア判例の考察から読み取れる。すなわち、EUを模した地域的経済統合に参加した場合、加盟国の主権が制限されるため、地域的経済統合法の射程内の問題と、国内法の射程内の問題とが分かれ、それぞれの射程内における基本権保障の問題が生じる。日本における「地域的経済統合法の射程内」の問題に関しては、地域的経済統合法に基本権保障の制度が備わっていれば、それにしたがった基本権保障が行われる。地域的経済統合法が充分な基本権保障を実現しない場合には、地域的経済統合法の日本国憲法に対する優越を否定し、日本国憲法にもとづいた基本権保障を優先する必要がある場合もありうるであろう。一方、「国内法の射程内」の問題に関しては、日本国憲法にもとづいた基本権保障を行うこととなる。どちらの射程内でも同様の人権保障が実現されれば問題はないが、地域的経済統合法の射程の内と外とでそれぞれの基本権保障が異なる可能性が生じる場合、そのこと自体が基本権上の問題（差別）を生じるという問題が起こりうることを、イタリア判例は示している。

第3節　おわりに

　最後に、日本および欧州における先行研究との関係における本研究の位置づけを確認し、本研究が扱わなかった点ないし本研究を通じて見出された問題点を今後の課題として示す。

　まず、本研究の位置づけとしては、序章において述べた通り、日本におけるイタリア法を取り上げた先行研究は数が限られており、ほとんどが特定の問題を取り上げる部分的なものであるに過ぎないところ、本研究は、イタリア憲法とEU法との関係、イタリア憲法と国際条約の関係、イタリア憲法と欧州人権条約法との関係を、それぞれを時系列に沿って追い、基本権保障の観点から総合的に考察した点に独自性があるのではないかと思われる。

　一方、本研究において取り組み得なかった課題は次のとおりである。

　まず、他の加盟国における状況との比較法的考察を十分に成し得なかった点である。EU法と欧州人権条約法と各加盟国法との関係に関する判例は豊富である。また、EU法や欧州人権条約法は、他の加盟国でどのように遵守されているのかが極めて重要である。よって今後は他の加盟国法との比較法的考察を深めたいと考えている。

　また、イタリア憲法とEU法、特にイタリア憲法と欧州人権条約法との関係は、日々刻々と変化していっている問題であるため、その時点で入手可能な最新判例や学説に関する情報にもとづき行った考察を、絶えず上書きしていく必要がある。イタリア憲法とEU法の関係、およびイタリア憲法と欧州人権条約法の関係は、EUによる欧州人権条約への加入等を契機に、大々的に変更が生じる可能性も十分考えられる。よって引き続き、今後のイタリア判例、EU判例への注視を続けたい。

あとがき

　本書は、私の慶應大学審査学位論文をもとに加筆修正したものである。

　本書は、イタリア憲法の基本権保障に対するEU法の影響を、イタリアにおいてイタリア憲法と国際条約、イタリア憲法とEU法、およびイタリア憲法と欧州人権条約の関係が検討された判例を素材に、総合的に考察している。イタリア法に軸足を置いたEU法と加盟国法との関係に関する研究は、イタリア関連判例が豊富で特色があるにも関わらず、ドイツ法、フランス法、ないしイギリス法にもとづく研究と比較すると、その層は圧倒的に薄い。本書はそのようなイタリア法の情報を日本で提供する一助となればと願っている。

　本書の執筆にあたっては、収集した数多くの文献を熟読し、それらを丁寧に整理し考察を確かなものにしたいと考えていたが、絶えず進展する判例や、それに関し膨大な文献が目前に積み重なり続けていく中で、粗削りではあるかもしれないが、一旦強引に区切りをつけ、一人の未熟な研究者の視点に映ったものを纏めて公表することは、一定の意義があることと考え、研究として形にすることとした。問題点、ご批判、改善点等、忌憚のないご指摘を頂ければ幸いである。

　本書の執筆に際しては、多くの方々のご指導、ご鞭撻を頂いた。

　慶應義塾大学の庄司克宏先生は、私が東京外国語大学でイタリア語を学んでいた時にEU法をご教授下さり、私がEU法と出会うきっかけを下さった。その後、横浜国立大学の修士課程を経て、現在までお世話になっている。私の博士論文執筆にあたっては、ご研究や学務のお忙しい合間を縫って、丁寧なご指導を頂いた。

　常磐大学の森征一先生には、慶應義塾大学の博士課程で、ご専門の西洋法制史の視点からご指導を頂いた。現在のEUにおけるイタリア法の状況を、

古代ローマに遡るイタリア法の歴史の継続として捉える視点を育んでいただいたおかげで、私の研究の次元を豊かにして頂いた。

慶應義塾大学の田中俊郎先生には、修士課程の頃よりご自身の EU 政治のゼミに参加させて頂き、学際的な視野を持つことの重要性を学ばせて頂いた。

東京大学の伊藤洋一先生には、直接の指導教員ではないにも関わらず、私の研究内容にご助言頂いたり、資料収集の便宜を図って頂くなど、多大な応援を頂いた。先生が期待されていた水準の成果を本書でお目にかけるには至らなかったが、心より御礼を申し上げたい。

また、東京外国語大学の山本真司先生には、学部時代にイタリア語を、広島修道大学の高橋利安先生にはイタリア憲法を、ボローニャ大学のロッシ教授には EU 法をご指導頂いた。

その他にも、慶應 EU 研究会、日本 EU 学会等でお目にかかる諸先生方にも折に触れて激励頂いた。心より感謝を申し上げたい。

本書の出版に際しては、国際書院の石井彰様に大変お世話になった。私の遅々とした作業の進展にも寛大に対応して下さり、そのお陰で色々と余計な作業を強いられたかと想像しているが、にもかかわらず、初めての出版にあたって貴重な助言を下さり、背中を押して頂いた。ここに感謝を申し上げたい。

最後に、日頃支えてもらっている家族や見守って頂いた方々に感謝を述べたい。

両親は、私に十分な教育を施してくれ、特に母は、父の他界後も、世の中の常識や偏見に縛られることなく、温かい心で私を受け入れてくれた。また、父のご同僚の先生方には、そのような私達家族を支えて頂いた。私の研究は、両親、家族、そして周囲の方々の支えによるものでもある。

この他にも、ここにお名前をお挙げすることはできないが、たくさんの方々に支えて頂いている。この場を借りて、御礼申し上げたい。

なお、本書の刊行に際しては、慶應法学会による助成を受けた。

2016 年 9 月

東　史彦

【裁判例一覧】

――――イタリア憲法裁判所――――

C.C., sentenza 22 ottobre 2014, n. 238*
C.C., sentenza 28 novembre 2012, n. 264*
C.C., sentenza 26 ottobre 2012, n. 236*
C.C., sentenza 23 febbraio 2012, n. 31*
C.C., ordinanza 25 luglio 2011, n. 245*
C.C., ordinanza 15 aprile 2011, n. 138*
C.C., sentenza 11 marzo 2011, n. 80*
C.C., ordinanza 27 gennaio 2011, n. 31*
C.C., sentenza 24 giugno 2010, n. 227*
C.C., sentenza 4 giugno 2010, n. 196*
C.C., sentenza 28 maggio 2010, n. 187*
C.C., sentenza 15 aprile 2010, n. 138*
C.C., sentenza 12 marzo 2010, n. 93*
C.C., ordinanza 28 gennaio 2010, n. 28*
C.C., sentenza 4 dicembre 2009, n. 317*
C.C., sentenza 26 novembre 2009, n. 311*
C.C., ordinanza 22 maggio 2009, n. 162*
C.C., ordinanza 8 maggio 2009, n. 143*
C.C., ordinanza 2 aprile 2009, n. 97*
C.C., ordinanza 13 febbraio 2008, n. 103*
C.C., sentenza 27 febbraio 2008, n. 39*
C.C., sentenza 24 ottobre 2007, n. 349*
C.C., sentenza 24 ottobre 2007, n. 348*
C.C., sentenza 16 luglio 2004, n. 231*
C.C., sentenza 12 novembre 2002, n. 445*
C.C., ordinanza 12-25 luglio 2001, n. 305*
C.C., sentenza 19-22 marzo 2001, n. 73*
C.C., sentenza 12-27 luglio 2000, n. 376*
C.C., sentenza 22 ottobre 1999, n. 388*
C.C., sentenza 26 marzo - 6 aprile 1998, n. 109*
C.C., sentenza 26 marzo - 6 aprile 1998, n. 108*

C.C., sentenza 16-30 dicembre 1997, n. 443*

C.C., sentenza 17-26 giugno 1997, n. 203*

C.C., sentenza 18-26 luglio 1996, n. 319*

C.C., sentenza 22-28 febbraio 1996, n. 61*

C.C., sentenza 22-29 gennaio 1996, n. 15*

C.C., sentenza 30 marzo 1995, n. 94*

C.C., sentenza 29 dicembre 1995, n. 536, *Rivista di diritto internazionale*, 1996, p. 502

C.C., sentenza 14 dicembre 1995, n. 505*

C.C., sentenza 13-16 giugno 1995, n. 249*

C.C., sentenza 12-19 gennaio 1995, n. 28*

C.C., sentenza 10 novembre 1994, n. 384, *Foro italiano*, 1994, I, 3289

C.C., sentenza 16 giugno 1993, n. 283*

C.C., sentenza 24-26 marzo 1993, n. 109*

C.C., sentenza 19 gennaio 1993, n. 10, *Giurisprudenza costituzionale*, 1993, 52

C.C., sentenza 5-24 febbraio 1992, n. 62, *Giurisprudenza italiana*, 1992, I-Sez. 1, 1214

C.C., sentenza 4-13 dicembre 1991, n. 453*

C.C., sentenza 8-18 aprile 1991, n. 168*

C.C., sentenza 18 gennaio 1990, n. 64, *Foro italiano*, 1990, I, 747

C.C., sentenza 4-11 luglio 1989, n. 389*

C.C. sentenza 18 maggio-6 giugno 1989, n. 323*

C.C., sentenza 21 aprile 1989, n. 232*

C.C., sentenza 24 marzo-7aprile 1988, n. 404*

C.C., sentenza 9 luglio 1986, n. 210*

C.C., sentenza 1 luglio 1986, n. 199*

C.C., sentenza 25 luglio 1985, n. 219, *Foro italiano*, 1985, I, 2838

C.C., sentenza 23 aprile 1985, n. 113, *Giurisprudenza costituzionale*, 1985, I, p. 694

C.C., sentenza 21 aprile 1989, n. 232*

C.C., sentenza 8 giugno 1984, n. 170, *Foro italiano*, 1984, 2062

C.C., sentenza 20 maggio 1982, n. 96, *Giurisprudenza costituzionale*, 1982, I, p. 957

C.C., sentenza 2 aprile 1981, n. 62*

C.C., sentenza 16 dicembre 1980, n. 188*

C.C., sentenza 12 luglio 1979, n. 98*

C.C., sentenza 15 giugno 1979, n. 54*

C.C. sentenza, 12 giugno 1979, n. 48*

C.C., sentenza 5 maggio 1979, n. 26*

C.C., sentenza 22 dicembre 1977, n. 163*

C.C., sentenza 30 ottobre 1975, n. 232, *Giurisprudenza costituzionale*, 1975, 2211

C.C., sentenza 27 dicembre 1973, n. 183, *Rivista di diritto internazionale privato e processuale*, 1974, 154

C.C., sentenza 5 aprile 1973, n. 38*

C.C. sentenza 24 febbraio 1971, n. 30*

C.C., sentenza 9 luglio 1970, n. 123*

C.C., sentenza 19 giugno 1969, n. 104*

C.C., sentenza 23 novembre 1967, n. 120*

C.C., sentenza 3 marzo 1966, n. 20*

C.C., sentenza 27 dicembre 1965, n. 98, *Rivista di diritto internazionale privato e processuale*, 1966, 106

C.C., sentenza 12 luglio 1965, n. 66, *Foro italiano*, 1965, I, 1372

C.C., sentenza 7 marzo 1964, n. 14, *Foro italiano*, 1964, I, 465

C.C., sentenza 22 marzo 1962, n. 29*

C.C., sentenza 11 marzo 1961, n. 1*

C.C., sentenza 18 maggio 1960, n. 32*

　　　＊イタリア憲法裁判所ウェブサイト〈http://www.cortecostituzionale.it/〉

——イタリア破毀院——

Cass., sentenza 6 maggio 2009, n. 10415, *Rivista di diritto internazionale*, 2009, p. 1194

Cass., sentenza 14 gennaio 2008, n. 599（ヴェネツィア IUAV 大学ウェブサイト）〈http://www.iuav.it/〉（アクセス：2013 年 6 月 4 日））

Cass., sentenza 1 dicembre 2006-25 gennaio 2007, n. 2800（federalismi.it ウェブサイト〈http://www.federalismi.it/〉（アクセス：2013 年 8 月 7 日））

Cass., sentenza 12 luglio 2006, n. 32678（penale it ウェブサイト〈http://www.penale.it/〉（アクセス：2013 年 8 月 7 日））

Cass., sentenza 23 dicembre 2005, n. 28507（altalex ウェブサイト〈http://www.altalex.com/〉（アクセス：2013 年 8 月 7 日））

Cass., sentenza 3 settembre 2004, n. 17837, *Rivista italiana di diritto pubblico comunitario*, 2005, p. 275

Cass., sentenza 11 giugno 2004, n. 11096, *Corriere giuridico*, 2004, p. 1467

Cass., sentenza 27 marzo 2004, n. 6173 (amicuscuriae.it ウェブサイト 〈http://www.amicuscuriae.it/〉（アクセス：2013 年 8 月 7 日））

Cass., sentenza 10 marzo 2004, n. 4932 (amicuscuriae.it ウェブサイト 〈http://www.amicuscuriae.it/〉（アクセス：2013 年 8 月 7 日））

Cass., sentenze 26 gennaio 2004, n. 1338, *Foro italiano*, 2004, I, 693

Cass., sentenza 19 luglio 2002, n. 10542, *Foro italiano*, 2002, I, 2606

Cass., sentenza 23 febbraio 1999, *Rassegna forense*, vol. 32, 1999, p. 943

Cass., sentenza 8 luglio 1998, n. 6672, *Rivista italiana di diritto pubblico comunitario*, 1998, p. 1380

Cass., sentenza 13 febbraio 1998, n. 1512, *Giustizia civile*, 1998, I, 1935

Cass., sentenza 10 luglio 1993, *Cassazione penale*, 1994, 439

Cass., sentenza 1 ottobre 1991, *Rivista internazionale dei diritti dell'uomo*, 1992, p. 815

Cass., sentenza 10 luglio 1991, n. 7662, *Giustizia civile*, 1992, I, p. 744

Cass., sentenza 22 novembre 1990, *Rivista internazionale dei diritti dell'uomo*, 1991, p. 924

Cass., sentenza 11 ottobre 1990, *Rivista internazionale dei diritti dell'uomo*, 1991, p. 927

Cass., sentenza 8 maggio 1989, *Cassazione penale*, 1989, 1418

Cass., sentenza 23 novembre 1988, *Rivista internazionale dei diritti dell'uomo*, 1990, p. 419

Cass., sentenza 14 aprile 1988, *Foro italiano*, 1986, II, 269

Cass., sentenza 18 dicembre 1986, *Rivista internazionale dei diritti dell'uomo*, 1988, I, p. 122

Cass., sentenza 25 July 1986, n. 4760, Venturini, G., *L'Accordo generale sulle tariffe doganali e il commercio*, Giuffrè, 1988, p. 103

Cass., sentenza 25 July 1986, n. 2760, *Min. Finanze c. Italia Automobili*, Venturini [1988], p. 319

Cass., sentenza 14 aprile 1986, *Foro italiano*, 1986, II, 269

Cass., sentenza 13 luglio 1985, *Giurisprudenza italiana*, 1986, II, 72

Cass., sentenza 19 aprile 1985, n. 3659, *Cassazione penale*, 1986, 8-9, p. 1249

Cass., sentenza 10 novembre 1984, n. 5684, *Rivista di diritto internazionale privato e processuale*, 1986, p. 921

Cass., sentenza 8 ottobre 1984, n. 5014, Venturini, G., *L'Accordo generale sulle tariffe doganali e il commercio*, Giuffrè, 1988, p. 301

Cass., sentenza 8 ottobre 1984, n. 5009, *Rivista di diritto internazionale privato e processuale*, 1986, p. 918

Cass., sentenza 2 November 1983, n. 6737, *Giustizia civile*, 1983, I, p. 2837

Cass., sentenza 23 marzo 1983, *Giustizia penale*, 1984, III, 226

Cass., sentenza 16 febbraio 1983, n. 1464, *Giurisprudenza italiana*, 1983, I, 1, 1629

Cass., sentenza 14 luglio 1982, n. 6978, *Rivista penale*, 1983, p. 447

Cass., sentenza 12 febbraio 1982, *Giustizia penale*, 1983, III, 20

Cass., ordinanza 21 luglio 1981, n. 418, *SPI, Rassegna dell'Avvocatura dello Stato*, 1981, I, p. 484

Cass., ordinanza 21 luglio 1981, n. 417, *Foro italiano*, 1982, I, 2591

Cass., sentenza 13 luglio 1979, n. 4068, *Rivista di diritto finanziario e scienza delle finanze*, 1980, II, p. 64

Cass., sentenza 13 luglio 1979, n. 4066, *Giustizia civile*, 1979, I, p. 1332

Cass., sentenza 28 ottobre 1976, n. 3923, *Foro italiano*, 1976, I, 1231

Cass., sentenza 20 ottobre 1976, n. 3616, *Diritto e pratica tributaria*, 1976, II, p. 1092

Cass., sentenza 20 ottobre 1975, n. 3403, *Rassegna dell'Avvocatura Stato*, 1975, I, p. 991

Cass., sentenza 7 gennaio 1975, n. 10, *Foro italiano*, 1975, I, 1769

Cass., sentenza 21 maggio 1973, n. 1455, *Foro italiano*, 1973, I, 2443

Cass., sentenza 6 ottobre 1972, n. 2896, *Giurisprudenza costituzionale e civile*, 1972, I, 2769

Cass., sentenza 8 giugno 1972, n. 1773, *Foro italiano*, 1972, I, 1963

Cass., sentenza 6 luglio 1968, n. 2293, *Rivista di diritto internazionale*, 1969, p. 328

――――イタリア行政裁判所――――

C.S., decisione 29 settembre 2010, n. 7200*

TAR Lombardia, sentenza 15 settembre 2010, n. 5988*

TAR Lazio, sentenza 18 maggio 2010, n. 11984（altalex ウェブサイト〈http://www.altalex.com/〉（アクセス：2013年6月4日））

C.S., decisione 2 marzo 2010, n. 1220

C.S., decisione 30 ottobre 2007, n. 5830*

C.S., sentenza 8 agosto 2005, n. 4207*

C.S., decisione 10 agosto 2004, n. 5499*

C.S., decisione 24 marzo 2004, n. 1559*

C.S., decisione 16 ottobre 2000, n. 5497*

C.S., decisione 7 novembre 1962, n. 778, *Foro italiano*, 1963, III, 143

＊イタリア国務院ウェブサイト 〈http://www.giustizia-amministrativa.it/〉

――その他のイタリア裁判所――

Tribunale di Ravenna, sentenza 16 gennaio 2008, *Rivista giuridica del lavoro e della previdenza Sociale*, 2008, II, p. 480

Corte d'appello di Firenze, sentenza 9 giugno 2007, *Rivista giuridica del lavoro e della previdenza Sociale*, 2008, II, p. 479

Tribunale di Pistoia, sentenza 23 marzo 2007, *Rivista giuridica del lavoro e della previdenza sociale*, 2008, II, p. 481

Corte d'appello di Firenze, sentenza 14 luglio 2006, n. 1403（AmbienteDiritto.it ウェブサイト〈http://www.ambientediritto.it/〉（アクセス：2013 年 8 月 7 日））

Corte d'appello di Firenze, sentenza 22 marzo 2005, *Giurisprudenza di merito*, 2005, p. 1649

Corte d'appello di Firenze, sentenza 20 gennaio 2005, n. 570（altalex ウェブサイト〈http://www.altalex.com/〉（アクセス：2013 年 8 月 7 日））

Corte d'appello di Roma, ordinanza 11 aprile 2002, *Giurisprudenza costituzionale*, 2002, 2221

Tribunale di Genova, sentenza 4 giugno 2001, *Foro italiano*, 2001, I, 2653

Commissione tributaria regionale di Milano, sentenza 19 settembre 2000, *Rivista italiana di diritto pubblico comunitario*, 2002, p. 160

CSM 5 luglio 1985, *Foro italiano*, 1986, III, 46

Tribunale di Roma, 7 agosto 1984, *Temi romana*, 1985, II, p. 979

Tribunale di Milano, 13 ottobre 1966, *Diritto commerciale e degli scambi internazionali*, 1966, p. 291

Giudice conciliatore, senteza 4 maggio 1966, *Foro italiano*, 1966, 938

Giudice conciliatore, ordinanza 21 gennaio 1964, *Foro italiano*, 1964, I, 460

Giudice conciliatore, ordinanza 10 settembre 1963, *Foto italiano*, 1963, I, 2368

────EU 司法裁判所────

Case C-40/11 *Yoshikazu Iida*, judgment of 8 November 2012, published in the electronic Reports of Cases

Case C-141/11 *Hörnfeldt*, judgment of 5 July 2012, nyr.

Case C-617/10 *Åkerberg Fransson* [2013] ECR 0

Case C-571/10 *Kamberaj*, judgment of 24 April 2012, nyr.

Case C-155/10 *Williams* [2011] ECR I-8409

Case C-208/09 *Sayn-Wittegenstein* [2010] ECR I-13693

Cases C-92 and C-93/09 *Volker* [2010] ECR I-11063

Case C-34/09 *Zambrano* [2011] ECR I-1177

Case C-101/08 *Audiolux* [2009] ECR I-9823

Case C-555/07 *Kücükdeveci* [2010] ECR I-365

Case C-465/07 *Elgafaj* [2009] ECR I-921

Case C-308/06 *Intertanko* [2008] ECR I-4057

Joined Cases C-120 and 121/06 P *FIAMM* [2008] ECR I-6513

Case C-431/05 *Merck Genéricos v. M&Co. and MSL* [2007] ECR I-7001

Joined Cases C-402/05P and C-415/05P *Kadi v Council and Commission* [2008] ECR I-6351

Case C-344/04 *IATA* [2006] ECR I-403

Case C-540/03 *Parliament v. Council* [2006] ECR I-5769

Case C-265/03 *Simutenkov* [2005] ECR I-2579

Case C-105/03 *Pupino* [2005] ECR I-5285

Case T-315/01 *Kadi* [2005] ECR II-3649

Case T-306/01 *Yusuf* [2005] ECR II-3533

Case C-60/00 *Carpenter* [2002] ECR I-6279

Case C-89/99 *Schieving-Nijstad* [2001] ECR I-5851

Case C-443/98 *Unilever Italia* [2000] ECR I-7535

Case C-377/98, *Kingdom of the Netherlands v Parliament and Council* [2001] ECR I-7079

Joined Cases C-300, 392/98 *Dior* [2000] ECR I-11307

Case C-309/96 *Annibaldi* [1997] ECR I-7493

Case C-149/96 *Portugal v Council* [1999] ECR I-8395

Case C-53/96, *Hermès*, [1998] ECR I-3603

Case C-299/95 *Kremzow* [1997] ECR I-2629

Cases C-246/94, C-247/94, C-248/98 and C-249/94 *S. Antonio* [1996] ECR I-4373

Case C-61/94 *Commission v Germany* [1996] ECR I-3989

Case C-312/93 *Peterbroeck* [1995] ECR I-4599

Case C-280/93 *Germany v. Council* [1994] ECR I-4973

Cases C-46 & 48/93 *Brasserie du Pecheur/Factortame III* [1996] ECR I-1029

Case C-40/93 *Commission v Italian Republic* [1995] ECR I-1319

Opinion 1/91 *Draft agreement between the Community and the EFTA on the EEA* [1991] ECR I-6079

Case C-159/90 *Grogan* [1991] ECR I-4741

Cases C-6 & 9/90 *Francovich* [1991] ECR I-5357

C-260/89 *ERT* [1991] ECR I-2925

Case C-106/89 *Marleasing SA* [1990] ECR I-4135

Case C-69/89 *Nakajima* [1991] ECR I-2069

Case 5/88 *Wachauf* [1989] ECR 2609

Case 70/87 *Fediol* [1989] ECR 1781

Cases 46/87 and 227/88 *Hoechst AG v. Commission* [1989] ECR 2859

Case 90/86 *Zoni* [1988] ECR 4285

Case 12/86 *Demirel* [1987] ECR 3719

Case 222/84 *Marguerite Johnston* [1986] ECR 1651

Cases 60 and 61/8, *Cinéthèque* [1985] ECR 2605

Case 33/84 *SpA Fragd v Amministrazione delle finanze dello Stato* [1985] ECR 1605

Case 14/83 *Colson* [1984] ECR 1891

Cases 267-269/81 *SPI and SAMI* [1983] ECR 801

Case 266/81 *SIOT* [1983] ECR 731

Case 104/81 *Kupferberg* [1982] ECR 3641

Case 145/79 *SA Roquette Frères* [1980] ECR 2917

Case 44/79 *Liselotte Hauer v. Land Rheinland-Pfalz* [1979] ECR 3727

Case 106/77 *Simmenthal* [1978] ECR 629

Case 35/76 *Simmenthal* [1976] ECR 1871

Case 113/75 *Giordano Frecassetti* [1976] ECR 983

Case 87/75 *Bresciani* [1976] ECR 129

Case 38/75 *Nederlandse Spoorwegen* [1975] ECR 1439

Case 36/75 *Rutili* [1975] ECR 1219

Case 41/74 *van Duyn* [1974] ECR 1337

Case 181/73 *Haegeman* [1974] ECR 449

Case 34/73 *Variola* [1973] ECR 981

Case 9/73 *Schülter* [1973] ECR 1135

Case 4/73 *Nold* [1974] ECR 491

Case 39/72 *Commission v Italy* [1973] ECR 101

Cases 21-24/72 *International Fruit Company* [1972] ECR 1219

Case 11/70 *Internationale Handeslgesellshaft mgH* [1970] ECR 1125

Case 29/69 *Stauder* [1969] ECR 419

Case 9/65 *Acciaierie San Michele SpA v Hight Authority of the ECSC* [1965] ECR 31

Case 6/64 *Costa v ENEL* [1964] ECR 585

Case 26/62 *Van Gend & Loos* [1963] ECR 1

――欧州人権裁判所――

ECtHR, 31 may 2011, *Maggio and others v. Italy*, Ns. 46286/09, 52851/08, 53727/08, 54486/08 and 56001/08*

ECtHR, 13 Novembre 2007, *Bocellari et Rizza c. Italy*, N. 399/02*

ECtHR, Great Chamber, 29 March 2006, *Scordino v. Italy*, N. 36813/97*

ECtHR, 23 March 2006, *Vitiello v. Italy*, N. 77962/01*

ECtHR, 17 May 2005, *Scordino v. Italy*, N. 43662/98*

ECtHR, 20 February 2003, *Forrer-Niederthal v. Germany*, N. 47316/99*

ECtHR, 23 October 1997, *The National & Provincial Building Society and others v. U. K.*, N. 117/1996/736/933-935*

＊欧州人権裁判所ウェブサイト〈www.echr.coe.int〉

【法令一覧】

———イタリア法令———

Legge 14 gennaio 2013, n. 15, *Gazzetta Ufficiale*, 29 gennaio 2013 n. 24

Legge 24 dicembre 2012, n. 234, *Gazzetta Ufficiale*, 4 gennaio 2013 n. 3

Legge 2 agosto 2008, n. 130, *Gazzetta Ufficiale*, 8 agosto 2008 n. 185

Legge 9 gennaio 2006, n. 12, "Disposizioni in materia di esecuzione delle pronunce della Corte europea dei diritti dell'uomo", *Gazzetta Ufficiale*, 19 gennaio 2006 n. 15

Legge Buttiglione, 4 febbraio 2005, n. 11, *Gazzetta Ufficiale*, 15 febbraio 2005 n. 37

Legge La Loggia, 5 giugno 2003, n. 131, *Gazzetta Ufficiale*, 10 giugno 2003 n. 132

Legge costituzionale, 18 ottobre 2001, n. 3, *Gazzetta Ufficiale*, 24 ottobre 2001 n. 248

Decreto-legge 30 maggio 1994, n. 324, *Gazzetta Ufficiale*, 10 aprile 1995 n. 84

Decreto-legge 30 maggio 1994, n. 324, *Gazzetta Ufficiale*, 1 giugno 1994 n. 126

Legge 9 luglio 1990, n. 185, *Gazzetta Ufficiale*, 14 luglio 1993 n. 163

Legge La Pergola, 9 marzo 1989, n. 86, *Gazzetta Ufficiale*, 10 marzo 1989 n. 58

Legge Fabbri, 16 aprile 1987, n. 183, *Gazzetta Ufficiale*, supplemento ordinario del 13 maggio 1987 n. 109

Legge 25 ottobre 1977, n. 881, *Gazzetta Ufficiale*, 7 dicembre 1977 n. 333

Legge 14 ottobre 1957, n. 1203, *Gazzetta Ufficiale*, 23 dicembre 1957 n. 317

Legge 17 agosto 1957, n. 848, *Gazzetta Ufficiale*, 25 settembre 1957 n. 238

Legge 4 agosto 1955, n. 848, *Gazzetta Ufficiale*, 24 settembre 1955 n. 221

———EU法令———

Declaration in relation to the delimitation of competences [2009] OJ C 83/345

Explanations relating to the Charter of Fundamental Rights [2007] OJ C 303/1

Framework Decision 2005/667/JHA [2005] OJ L 255/164

Directive 2005/35/EC [2005] OJ L 255/11

Council Decision 94/800/EC [1994] OJ L 336/1

Council Regulation 40/94/EC [1994] OJ L 11/1

Commission Regulation 2228/91/EEC [1991] OJ L 210/1

Council Regulation 1999/85/EEC [1985] OJ L 188/1

Council Decision 80/271/EEC [1980] OJ L 71/1

Joint Declaration by the European Parliament, the Council and the Commission concerning the Protection of Fundamental Rights and the European Convention for the Protection of Human Rights and Fundamental Freedoms [1977] OJ C 103/1

【参考文献一覧】

——邦文文献——

庄司 [2013A]　庄司克宏『EU 法　新基礎編』岩波書店（2013 年）

庄司 [2013B]　庄司克宏「EU 条約・EU 機能条約コンメンタール 第 12 回 EU 条約第 6 条と基本的人権の保護（下）」『貿易と関税』第 61 巻 4 号（2013 年）74 頁

中西 [2013]　中西康「氏名と EU 市民権－貴族の爵位の承認拒絶の正当化と憲法的アイデンティティ」『貿易と関税』第 61 巻 1 号（2013 年）91 頁

マドゥーロ [2013 年]　ミゲル・ポイアーレス・マドゥーロ（東史彦訳）「EU と立憲的多元主義─欧州トランスナショナル立憲主義理論─」『慶應法学』26 号（2013 年）272 頁

江原 [2012]　江原勝行「イタリア憲法─超国家的・国際的法規範の受容と主権の制限の意味─」中村民雄・山元一編『ヨーロッパ「憲法」の形成と各国憲法の変化』信山社（2012 年）109 頁

酒井他 [2011]　酒井他『国際法』有斐閣（2011 年）

須網 [2010]　須網隆夫「イタリア憲法と EU 法の優位─イタリア憲法裁判所 2008 年 2 月 12 日判決─」『貿易と関税』第 58 巻 1 号（2010 年）65 頁

奥脇編 [2010]　奥脇直也編集代表『国際条約集 2010 年版』有斐閣（2010 年）

中村 [2010]　中村民雄「国際条約（Marpol と国連海洋法条約）に基く EC 立法の効力審査の拒否─Intertanko 事件」『貿易と関税』第 58 巻 7 号（2010 年）69 頁

松井編 [2010]　松井芳郎編集代表『ベーシック条約集 2010』東信堂（2010 年）

東 [2009]　東史彦「日本における WTO 協定の直接適用可能性─EC の消極的相互主義の観点から─」『亜細亜法学』第 43 巻 2 号（2009 年）135 頁

小場瀬 [2009]　小場瀬琢磨「WTO 加盟国の対抗措置による個人の損害の救済可能性」『貿易と関税』第 57 巻 8 号（2009 年）72 頁

中村 [2009]　中村民雄「国連安保理決議を実施する EC 規則の効力審査」『ジュリスト』No.1371（2009 年）48～59 頁

小畑 [2008A]　小畑郁「ヨーロッパ人権条約実施システムの歩みと展望」戸波・北村・建石・小畑・江島編『ヨーロッパ人権裁判所の判例』信山社（2008 年）7 頁

小畑 [2008B]　小畑郁「ヨーロッパ人権裁判所の組織と手続」戸波江二他編『ヨーロッパ人権裁判所の判例』信山社（2008 年）15 頁

芹田 [2008]　芹田健太郎他『国際人権法』信山社（2008 年）

広部・杉原編 [2008]　広部和也・杉原高嶺編集代表『解説条約集 2008』三省堂（2008 年）

松井［2008］　　松井芳郎編集代表『ベーシック条約集2008』東信堂（2008年）

小場瀬［2007］　　小場瀬琢磨「WTO加盟国の対抗措置による個人の損害の救済可能性」『貿易と関税』第55巻4号（2007年）74頁

庄司［2007］　　庄司克宏「EU域内市場における自由移動、基本権保護と加盟国の規制権限」田中俊郎・小久保康之・鶴岡路人編『EUの国際政治』慶應義塾大学出版会（2007年）169頁

中村［2006］　　中村民雄「国連安保理の経済制裁決議を実施するEC規則の効力審査」『貿易と関税』54巻7号（2006年）65～75頁

曽我［2006］　　曽我秀雄「EC法とイタリア法」松井・木棚・薬師寺・山形編『グローバル化する世界と法の課題』東信堂（2006年）79頁

横田［2006］　　横田洋三『国際関係法（改訂版）』放送大学教育振興会（2006年）

阿部［2005］　　阿部照哉「イタリア共和国憲法」阿部照哉・畑博行編『世界の憲法集（第3版）』有信堂（2005年）18頁

東［2004］　　東史彦「EC法とイタリア法の関係」櫻井雅夫先生古稀記念論集『国際経済法と地域協力』信山社（2004年）612頁

小寺・岩沢・森田編［2004］　　小寺・岩沢・森田編『講義国際法』有斐閣（2004年）

庄司［2003］　　庄司克宏『EU法 基礎編』岩波書店（2003年）

中川他［2003］　　中川・清水・平・間宮『国際経済法』有斐閣（2003年）

伊藤［2002C］　　伊藤洋一「EC法の国内法に対する優越（2）」『法学教室』265号（2002年）113頁

伊藤［2002B］　　伊藤洋一「EC法の国内法に対する優越（1）」『法学教室』264号（2002年）107頁

伊藤［2002A］　　伊藤洋一「EC条約規定の直接適用性」『法学教室』263号（2002年）106頁

斎藤［2002］　　齊藤正彰『国法体系における憲法と条約』信山社（2002年）

庄司［2002］　　庄司克宏「欧州司法裁判所とEC法の直接効果」『法律時報』第74巻4号（2002年）14頁

ショイイング［2002］　　ディーターH.ショイイング（石川敏行 監訳）『ヨーロッパ法への道』中央大学出版部（2002年）

中西［2002］　　中西優美子「欧州司法裁判所による適合解釈の義務づけの発展」『専修法学論集』85号（2002年）17頁

岡村［2001］　　岡村堯『ヨーロッパ法』三省堂（2001年）

小寺［2001］　　小寺彰「条約の自動執行性」『法学教室』251号（2001年）134頁

庄司［2001］　　庄司克宏「EC 法秩序における WTO 法の位置付け―ポルトガル対理事会事件（1999 年 11 月 23 日付判決）―」『貿易と関税』第 49 巻 6 号（2001 年）92 頁

須網［2001］　　須網隆夫「EC における国際条約の直接効果」『早稲田法学』第 76 巻 3 号（2001 年）59 頁

田畑［2001］　　田畑茂二郎・石本泰雄編『国際法（第 3 版）』有信堂高文社（2001 年）

中西［2001A］　　中西優美子「共同体法秩序と国際経済法秩序の対立」『国際商事法務』第 29 巻 1 号（2001 年）92 頁

中西［2001B］　　中西優美子「EC 立法と法的根拠」『専修法学論集』82 号（2001 年）1〜29 頁

樋口・吉田［2001］　　樋口陽一・吉田善明編　『世界憲法集（第 4 版）』三省堂（2001 年）

大沼・藤田編［2000］　　大沼保昭・藤田久一編『国際条約集 2000』有斐閣（2000 年）

栗林［2000］　　栗林忠男『現代国際法』慶應義塾大学出版社（2000 年）

井口［1999］　　井口文男「共和国憲法」馬場康雄・岡沢憲芙編『イタリアの政治』早稲田大学出版部（1999 年）37 頁

馬場［1999］　　馬場康雄「イタリア人と政治」馬場康雄・岡沢憲芙編『イタリアの政治』早稲田大学出版部（1999 年）28 頁

森［1999］　　森征一「司法・軍事・警察」馬場康雄・岡沢憲芙編『イタリアの政治』早稲田大学出版部（1999 年）62 頁

田中［1998］　　田中忠「国際法と国内法の関係をめぐる諸学説とその理論的基盤」村瀬信也・奥脇直也編『国際法と国内法（山本草二古稀記念論文集）』勁草書房（1998 年）38 頁

谷内［1998］　　谷内正太郎「国際法規の国内的実施」村瀬信也・奥脇直也編『国際法と国内法（山本草二古稀記念論文集）』勁草書房（1998 年）115 頁

山根［1998］　　山根裕子「WTO 紛争処理制度への EU の対応―国際条約の相互性と直接効果」『日本国際経済法学会年報』7 号（1998）138 頁

須網［1997］　　須網隆夫『ヨーロッパ経済法』新世社（1997 年）

山根［1996］　　山根裕子『ケースブック EC 法』東京大学出版会（1996 年）

行政法研究会［1995］　　行政法制研究会「イタリアの憲法院」『判例時報』1519 号（1995 年）25 頁

伊藤［1994］　　伊藤洋一「EC 判例における無効宣言判決効の制限について（1）」『法学協会雑誌』第 111 巻 2 号（1994 年）161 頁

大島［1994］　大島俊之「イタリア旧民法規定を継受したわが物権法規定」『神戸学院法学』第 24 巻 3・4 号（1994 年）171 頁

奥脇［1994］　奥脇直也「『国際法と憲法秩序』試論（1）」『立教法学』第 40 巻（1994 年）82 頁

山本［1994］　山本草二『国際法（新版）』有斐閣（1994 年）

山本編［1994］　山本草二編『国際条約集 1994』有斐閣（1994 年）

平［1993］　平覚「国際経済関係法の法的調整と個人の役割——GATT の直接適用可能性をめぐって」菊本・加藤・太田編著『国際調整の経済学』実教出版（1993 年）169 頁

山本編［1993］　山本草二編集代表『国際条約集 1993』有斐閣（1993）

岩沢［1985］　岩沢雄司『条約の国内適用可能性』有斐閣（1985 年）

皆川［1985］　皆川洸「国際法と国内法」『国際法研究』有斐閣（1985 年）10 頁

山本［1985］　山本『国際法』有斐閣（1985 年）

経塚［1984］　経塚作太郎『現代国際法要論』中央大学出版部（1984 年）

野村［1984］　野村二郎「ヨーロッパの司法（12）イタリアの裁判所」『判例タイムズ』525 号（1984 年）8 頁

横田・高野編［1983］　横田喜三郎・高野雄一編『国際条約集（1983 年版）』有斐閣（1983 年）

柳井［1979］　柳井俊二「条約締結の実際的要請と民主的統制」『国際法外交雑誌』第 78 巻 5 号（1979 年）92 頁

ボルゲーゼ［1969］　ソーフォ・ボルゲーゼ（岡部史郎訳）『イタリア憲法入門』有斐閣（1969 年）

――欧文文献――

Vezzani [2015] Vezzani, Simone, "Diritto UE, discriminazioni a rovescio e loro rimozione nell'ordinamento italiano", *Diritto Pubblico Comparato ed Europeo*, vol. 2, 2015, p. 527

Conforti [2013] Conforti, B., "La Corte costituzionale applica la teoria dei controlimiti", *Rivista di diritto internazionale*, vol. XCVI, fasc. 2, 2013, p. 529

Massa [2013] Massa, M., "La sentenza n. 264 del 2012 della Corte costituzionale: dissonanze tra le corti sul tema della retroattività", *Quaderni costituzionali*, n. 1, 2013, p. 140

Randazzo [2013] Randazzo, Alberto, "Brevi note a margine della sentenza n. 80 del

2011 della Corte costituzionale"（giurcost.org ウェブサイト〈http://www.giurcost. org/decisioni/index.html〉（アクセス：2013 年 6 月 4 日））

Ruggeri ［2013］ Ruggeri, Antonio, "La CEDU alla ricerca di una nuova identità, tra prospettiva formale-astratta e prospettiva assiologico-sostanziale d'inquadramento sistematico"（Forum Costituzionale ウェブサイト〈http://www.forumcostituzional e.it/ 〉（アクセス：2013 年 6 月 4 日））

Scaccia ［2013］ Scaccia, Gino, "〈〈Rottamare〉〉 la teoria dei controlimiti?", *Quaderni costituzionali*, n. 1, 2013, p. 141

Cannizzaro ［2012］ Cannizzaro, Enzo, "Diritti 'diretti' e diritti 'indiretti': i diritti fondamentali tra Unione, CEDU e Costituzione italiana," *Il Diritto dell'Unione europea*, n. 1, 2012, p. 38

Guastaferro ［2012］ Guastaferro, Barbara, "Il rispetto delle identita nazionali nel Trattato di Lisbona: tra riserva di competenze statali e 〈〈controlimiti europeizzati〉〉", *Quaderni costituzionali*, n. 1, 2012, p. 152

La China ［2012］ La China, Sergio, "Diritti unami: qualche piccola precisazione", *Rivista trimestrale di diritto e procedura civile*, n. 3, 2012, p. 835

Lenaerts ［2012］ Lenaerts, Koen, "Exploring the Limits of the EU Charter of Fundamental Rights", *European ConsitutionalLaw Review*, Vol. 8, No. 3, 2012, p, 401

Martinico ［2012］ Martinico, Giuseppe, "Is the European Convention Going to be 'Supreme'? A Comparative-Constitutional Overview of ECHR and EU Law before National Courts", *European Journal of International Law*, Vol. 23, No. 2, 2012, p. 423.

Mengozzi ［2012］ Mengozzi, Paolo, "Corte di giustizia, giudici nazionali e tutela dei principi fondamentali degli Stati membri", *Il Diritto dell'Unione europea*, n. 3, 2012, p. 562

Ruggeri ［2012］ Ruggeri, Antonio, "La Corte fa il punto sul rilievo interno della CEDU e della Carta di Nizza-Strasburgo（a prima lettura di Corte cost. N. 80 del 2011)"（イタリア憲法裁判所ウェブサイト〈http://www.cortecostituzionale.it〉（アクセス：2012 年 6 月 4 日））

Sbolci ［2012］ Sbolci, L., "L'invalidità degli atti dell'Unione europea per violazione del diritto internazionale", *Rivista di diritto internazionale*, vol. 95, fasc. 4, 2012, p. 1004

Villani ［2012］ Villani, Maria Claudia, "La rinnovata battaglia dei giudici comuni a favore della diretta applicabilità della CEDU. Tra presunta 'comunitarizzazione' dei vincoli convenzionali e crisi del tradizionale modello di controllo accentrato della costituzionalità" (federalismi ウェブサイト 〈http://www.federalismi.it/〉 (アクセス：2012 年 8 月 4 日))

Vismara [2012] Vismara, Fabrizio, "Rapporti tra Corte costituzionale italiana e giudice ordinario nella dinamica del rinvio pregiudiziale alla Corte di giustizia", *Il Diritto dell'Unione europea*, n. 2, 2012, p. 317

Bogdandy & Schill [2011] Bogdandy, A. von, and Schill, S., "Overcoming Absolute Supremacy: Respect for National Identity under the Lisbon Treaty", *Common Market Law Review*, Vol. 48, No. 5, 2011, p. 1417

Caponi [2011] Caponi, Remo, "La tutela della identità nazionale degli Stati membri dell'U.E. nella cooperazione tra le corti: addio ai 〈〈controlimiti〉〉?", *Il Diritto dell'Unione europea*, n.4, 2011, p. 924

Craig & De Búrca [2011] Craig, Paul, and De Búrca, Gráinne, *EU Law*, 5th ed., Oxford University Press, 2011

Dashwood & Others [2011] Dashwood, A., Dougan, M., Rodger, B., Spaventa, E., and Wyatt, D., *Wyatt & Dashwood's European Union Law*, 6th ed., Sweet & Maxwell, 2011

De Witte [2011] De Witte, Bruno, "The Use of the ECHR and Convention Case Law by the European Court of Justice", Popelier, Patricia, Van De Heyning, Catherine, and Van Nuffel, Piet, eds., *Human Rights Protection in the European Legal Order*, Intersentia, 2011, p. 24

Ferraro [2011] Ferraro, Angelo Viglianisi, "Significative Aperture Giurisprudenziali nei confronti della CEDU: Ma 〈〈il Fine non Giustifica I Mezzi〉〉", *Diritto comunitario e degli scambi internazionali*, n. 1, 2011, p. 1

Immediato [2011] Immediato, Miriam, "Il futuro dei diritti fondamentali nel sistema 'CEDU- Carta'", *Diritto comunitario e degli scambi internazionali*, n. 3, 2011, p. 465

Jacque [2011] Jacque, Jean Paul, "The Accession of the European Union to the European Convention on Human Rights and Fundamental Freedoms", *Common Market Law Review*, Vol. 48, No. 4, 2011, p. 1000

Pistoia [2011] Pistoia, Emanuela, "Una nuova pronuncia della Corte costituzionale sui rapport tra diritto nazionale e diritto europeo", *Rivista di diritto internazionale*, vol. 94, fasc. 1, 2011, p. 95

Salvato [2011] Salvato, Luigi, "La tutala dei diritti fondamentali nelle fonti interne ed 'esterne': poteri e compiti del giudice 'comune'", *Il Diritto dell'Unione europea*, n. 1,

2011, p. 260

Strozzi [2011] Strozzi, Girolamo, "Il sistema integrato di tutela dei diritti fondamentali dopo Lisbona: attualità e prospettive", *Il Diritto dell'Unione europea*, n. 4, 2011, p. 848

Vismara [2011] Vismara, Fabrizio, "Il problema dell'efficacia diretta delle decisioni del Consiglio di sicurezza: alcune riflessioni", *Rivista di diritto internazionale*, vol. 94, fasc. 4, 2011, p. 1071

De Witte [2010] De Witte, Bruno, "The Contituous Significance of Van Gend en Loos", Maduro, M. P., and Azoulai, L., *The Past and Future of EU Law*, Hart Publishing, 2010, p. 10

Comments [2010] Editorial Comments, "The Scope of Application of the General Principles of Union Law: An ever expanding Union?", *Common Market Law Review*, Vol. 47, No. 6, 2010, p. 1592

Gerli [2010] Gerli, Simonetta, red., *Diritto dell'Unione europea*, Simone, 2010

Lenaerts & Gutiérrez-Fons [2010] Lenaerts, K., and Gutiérrez-Fons, J. A., "The Constitution Allocation of Powers and General Principles of EU Law", *Common Market Law Review*, Vol. 47, No. 6, 2010, p. 1655

Rosas [2010] Rosas, A., and Armati, L., *EU Constitutional Law: An Introduction*, Hart Publishing, 2010

Cannizzaro [2009] Cannizzaro, E., "The Effect of the ECHR on the Italian Legal Order: Direct Effect and Supremacy", *Italian Yearbook of International Law*, Vol. 19, 2009, p. 173

Mirate [2009] Mirate, Silvia, "A New Status for the ECHR in Italy: The Italian Constitutional Court and the New 'Conventional Review' on National Laws", *European Public Law*, Vol. 15, No. 1, 2009, p. 92

Panzera [2009] Panzera, Claudio, "Il bello d'essere diversi. Corte costituzionale e Corti europee ad una svolta", *Rivista trimestrale di diritto pubblico*, n. 1, 2009, p. 26

Rossi [2009] Rossi, Lucia Serena, "Recent Pro-European trends of the Italian Constitutional Court", *Common Market Law Review*, Vol. 46, 2009, p. 328

Tesauro [2009] Tesauro, Giuseppe, "Costituzione e norme esterne", *Diritto dell' Unione europea*, 2009, p. 226

Bartole & Bin [2008] Bartole, S. and Bin, R., *Commentario breve alla Costituzione*, 2ª ed., CEDAM, 2008

Conforti [2008] Conforti, Benedetto, "Atteggiamenti preoccupanti della giurisprudenza italiana sui rapport fra diritto interno e trattati internazionali", *Diritti umani e diritto internazionale*, 2008, p. 581

Craig & De Búrca [2008] Craig, Paul, and De Búrca, Gráinne, *EU Law*, 4th ed., Oxford University Press, 2008

Gennusa [2008] Gennusa, Maria Elena, "Il pimo rinvio pregiudiziale da Palazzo della Consulta: la Corte costituzionale come ⟨⟨giudice europeo⟩⟩", *Quaderni costituzionali*, n. 3, 2008, p. 614

Zicchittu [2008] Zicchittu, Paolo, "Il primo rinvio pregiudiziale da Palazzo della Consulta: verso il superamento della teoria dualista?", *Quaderni costituzionali*, n. 3, 2008, p. 617

Ruggeri [2008] Ruggeri, Antonio, "Riforma del titolo V e giudici di ⟨⟨comunitarietà⟩⟩ delle leggi", *Diritto comunitario e diritto interno*, Giuffrè, 2008, p. 454

Soriano [2008] Soriano, Mercedes Candela, "The Reception Process in Spain and Italy", Keller & Stone Sweet, eds., *A Europe of Rights: The impact of the ECHR on national legal systems*, Oxford UP, 2008, p. 405

Greco [2007] Greco, Guido., "I rapporti tra ordinamento comunitario e nazionale", Chiti, M. P., and Greco, G., *Trattato di diritto amministrativo europeo*, II ed., Giuffrè, 2007

Ruggeri [2007] Ruggeri, Antonio, "Riconoscimento e tutela'multilivello'dei diritti fondamentali, attraverso le esperienze di normazione e dal punto di vista della teoria della Costituzione", 8 giugno 2007 (Associazione Italiana dei Costituzionalisti ウェブサイト ⟨http://archivio.rivistaaic.it/dottrina/libertadiritti/ruggeri.html⟩ (アクセス：2013 年 8 月 20 日))

Cartabia [2005] Cartabia, M., "⟨⟨Unità nelle diversità⟩⟩: il rapporto tra la Costituzione europea e le Costituzioni nazionali", *Il Diritto dell'Unione europea*, n. 3, 2005, p. 583

Contaldi [2005] Contaldi, Gianluca, "La disciplina della partecipazione italiana ai processi normativi comunitari alla luce della riforma della legge La Pergola", Prediori e Tizzano, red., *Il Diritto dell'Unione europea*, Giuffrè, 2005, p. 515

Martines [2005] Martines, T., *Diritto Pubblico*, 6^a ed., Giuffrè, Milano, 2005

Ruggeri [2005] Ruggeri, Antonio, "Trattato costituzionale, europeizzazione dei ⟨⟨controlimiti⟩⟩, e tecniche di risoluzione delle antinomie tra diritto comunitario e diritto interno (profile problematici)" Intervento al convegno del Gruppo di Pisa, Capri 3-4 giugno 2005 (*Quaderni costituzionali* ウェブサイト 〈http://www.forumcostituzionale.it/site/〉 (アクセス：2011 年 8 月 30 日))

Treves [2005] Treves, Tullio, *Diritto internazionale*, Giuffrè, 2005

Edward [2004] Edward, David O. A., "Direct Effect: Myth, Mess or Mystery?", Prinssen, J. M. and Schrauwen, A. eds., *Direct Effect: Rethinking a Classic of EC Legal Doctrine*, European Law Publishing, 2004, p. 6

Itzcovich [2004] Itzcovich, Giulio, "Sovereignty, Legal Pluralism and Fundamental Rights: Italian Judisprudence and European Integration (1964-1973)", *European Public Law*, Vo. 10, 2004, p. 115

Condinnanzi [2003] Condinanzi, Massimo, *L'Adattamento al diritto comunitario e dell'Unione europea*, Giappichelli, 2003, p. 15

Oppenheimer [2003] Oppenheimer, Andrew, ed., *The Relationship between European Community Law and National Law: The Cases*, Vol. II, 2003

Barbera & Fusaro [2002] Barbera, Augusto e Fusaro, Carlo, *Corso di diritto pubblico*, 2^a ed., il Mulino, 2002

Conforti [2002A] Conforti, B., *Diritto internazionale*, 6a ed., Editoriale Scientifica, 2002

Conforti [2002B] Conforti, B., "Sulle Recenti Modifiche della Costituzione Italian in Tema di Rispetto degli Obblighi Internationalie Comunitari", *Foro italiano*, V, 229 (estratto), 2002, p. 4

Picone & Ligusto [2002] Picone, P. e Ligustro, A., *Diritto dell'Organizzazione mondiale del commercio*, Cedam, 2002

Rescigno [2002] Rescigno, Giuseppe Ugo, "Note per la costruzione di un nuovo sistema delle fonti", *Diritto pubblico*, n. 3, 2002, p. 768

S. Lena&Mattei [2002] S. Lena, J. and Mattei, U. ed., *Introduction to Italian Law*, Kluwer Law International, 2002, p. 36

Wildhaber [2002] Wildhaber, L., "A Constitutional Future for the European Court of Human Rights?", *Human Rights Law Journal*, 2002, p. 162

Caianiello [2001] Caianiello, Michele, "La Riapertura del processo per dare attuazione alle sentenze della Corte europea dei diritti:verso l'affermarsi di un nuovo modello", *Quaderni costituzionali*, n. 3, 2001, p. 669

Cannizzaro [2001] Cannizzaro, Enzo, "La riforma 《federalista》 della Costituzione e gli obblighi internazionali", *Rivista di diritto internazionale*, vol. 84, fasc. 3, 2001, p.

922

Dony [2001] Dony, Marianne, *Droit de la Communauté et de l'Union Européenne*, Quatrième edition, Edition de l'université de Bruxelles, 2001

Polakiewicz [2001] Polakiewicz, Jörg, "The Status of the Convention in National Law", Blackburn, R., – Polakiewicz, J., *Fundamental Rights in Europe*, Oxford, 2001, p. 52

Mancini [2000] Mancini, Marina, "Sull'attuazione delle decisioni del Consiglio di sicurezza nell'ordinamento italiano", *Rivista di Diritto Internazionale*, vol. 83, fasc. 4, 2000, p. 1028

Conforti [1999] Conforti, Benedetto, *Diritto Internazionale*, Jovene, 1999

Jyränki [1999] Jyränki, Antero, "Transferring Powers of a Nation-State to International Organizations: The Doctrine of Sovereignty Revisited", Antero Jyränki, ed., *National Constitutions in the Era of Integration*, Kluwer Law International, 1999, p. 64

Mastroianni [1999] Mastroianni, R., "On the Distinction between Vertical and Horizontal Direct Effects of Community Directives: What Role for the Principle of Equality?", *European Public Law*, 1999, p. 417

Mengozzi [1999] Mengozzi, Paolo, *European Community Law*, 2nd ed., Translated by Patrick Del Duca, Kluwer Law International, 1999, p. 95

Siciliano [1999] Siciliano, A., "State Liability for Breaches of Community Law and its Application within the Italian Legal System", *European Public Law*, 1999, p. 405

Adinolfi [1998] Adinolfi, Adelina, "The Judicial Application of Community Law in Italy", *Common Market Law Review*, 1998, p. 1313

Caridi [1998] Caridi, Settimio Carmignani, red., *Dieci anni di giurisprudenza della Corte costituzionale nelle relazioni dei presidenti pronunziate in occasione delle conferenze stampa*, 4^a ed., Palazzo della Consulta, 1998（イタリア憲法裁判所ウェブサイト〈http://www.cortecostituzionale.it/〉（アクセス：2003 年 12 月 4 日））

La Pergola [1998] La Pergola, Antonio, "Quale Europa-Artikel per l'Italia?", *Scritti in onore di Giuseppe Federico MANCINI - Seminario giuridico della Università di Bologna 179*, Vol. II, Giuffrè Editore, 1998, p. 537

Laderchi [1998] Laderchi, Francesco P. Ruggeri, "Report on Italy", Slaughter, Annemarrie, and others, ed., *The European Court and National Courts – Doctrine and Jurisprudence*, Hart, 1998, p. 159

Mahoney [1998] Mahoney, Paul, "Marvellous Richness of Diversity or Invidious Cultural Relativism?", *Human Rights Law Journal*, 1998, p. 1

Conforti [1997] Conforti, Benedetto, "National Courts and the International Law of Human Rights", Conforti and Francioni, eds., *Enforcing International Human Rights in Domestic Courts*, Kluwer Law International, 1997, p. 7

Picone [1997] Picone, Paolo, *La Giurisprudenza italiana di diritto internazionale pubblico –Repertorio*, vol. II 1987-1997, Jovene, 1997

Scovazzi [1997] Scovazzi, Tullio, "The Application by Italian Courts of Human Rights Treaty Law", Conforti, B., and Francioni, F., eds., *Enforcing International Human Rights in Domestic Courts*, Martinus Nijhoff Publishers, 1997, p. 59

Vellano [1995] Vellano, M., "Osservazioni in tema di diretta applicabilità del GATT : l'opportunità di una svolta interpretativa", *Giurisprudenza italiana*, 1995, I, p. 1149

Cocozza [1994] Cocozza, Francesco, *Diritto comune delle libertà in Europa*, Giappichelli, 1994, p. 57

Oppenheimer [1994] Oppenheimer, Andrew, ed., *The Relationship between European Community Law and National Law: The Cases*, Vol. 1, Cambridge, 1994

Iwasawa [1993] Iwasawa, Yuji, 'The Relationship between International Law and Municipal Law: Japanese Experiences', *British Year Book of International Law*, Vol. 64, 1993, p. 390

Francioni [1992] Francioni, Francesco, "Italy and the EC: the Legal Protection of Fundamental Rights", Francioni, Francesco, ed., *Italy and EC Membership Evaluated*, Pinter Publishers, 1992, p. 194

Jackson [1992] Jackson, John H., "Status of Treaties in Domestic Legal Systems: A Policy Analysis", *American Law Journal of International Law*, Vol. 86, 1992, p. 313

Sacerdoti & Venturini [1992] Sacerdoti, G. and Venturini, G., "GATT as a Self-executing Treaty in the Italian Case Law", Petersman, E.-U. and Jaenicke, G., *Adjudication of International Trade Disputes in International and National Economic Law*, Univ. Fribourg, 1992, p. 339

Maengo [1990] Maengo, Silvio, ed., *La Nuova encicropedia del diritto e dell'economia*, Garzanti, 1990

Giardina [1989] Giardina, A., "La 'comunitarizzazione' degli accordi internazionali in vigore fra Stati membri e Stati terzi", *Diritto comunitario e degli scambi internazionali*, 1989, p. 9

Borracchini [1988] Borracchini, P., "Ancora su alcune incoerenze interpretative del GATT", *Diritto comunitario e degli scambi internazionali*, 1988, p. 119

Venturini [1988] Venturini, G., *L'Accordo generale sulle tariffe doganali e il commercio*, Giuffrè, Milano, 1988

Picone e Conforti [1988] Picone, Paolo, e Conforti, Benedetto, *La Giurisprudenza italiana di diritto internazionale pubblico -repertorio 1960-1987*, Jovevne, 1988

MacDonald [1987] MacDonald, Ronald. St. John, "The Margin of Appreciation in the Jurisprudence of the European Court of Human Rights", *International Law at the time of its Codification, Essays in honour of Judge Robert Ago*, Giuffrè, 1987, p. 187

Cannizzaro [1986-7] Cannizzaro, E., "Relations between Acts Authorizing Ratification and Legislation Implementing Treaties", *The Italian Yearbook of International Law*, Vol. VII, 1986-1987, p. 318

Venturini [1986-7] Venturini, G., "GATT, Domestic Adjudication and International Conciliation", *The Italian Yearbook of International Law*, 1986-1987, p. 100

Hilf [1986] Hilf, M., "The Application of GATT within the Member States of the EC, with Special Reference to the Federal Republic of Germany", Hilf, M., Jacobs, F. G. and Pertersmann, E.-U., *The EC and GATT*, Kluwer, 1986, p. 156

Panebianco [1986] Panebianco, M., "L'Applicazione del GATT nell'ordinamento giuridico italiano", *Diritto comunitario e degli scambi internazionali*, 1986, p. 8

Mastellone [1983] Mastellone, C., "Cases 266/81, 267-269/81", *Common Market Law Review*, 1983, p. 571

Mori [1983] Mori, P., "Convenzione europea dei diritti dell'uomo, Patto delle Nazioni unite e Costituzione italiana", *Rivista di diritto internazionale*, 1983, p. 322

Condorelli [1977] Condorelli, L., "Implementation of the GATT", *The Italian Yearbook of International Law*, 1977, p. 358

Picchio [1977] Picchio, L. Forlati, "Deroga alla giurisdizione e parità delle armi nel processo del lavoro", *Studi parmensi*, XVIII, 1977, p. 232

Sperduti [1977] Sperduti, Giuseppe, "Dualism and Monism: A Confrontation to be Overcome", *The Italian Yearbook of International Law*, Vol. III, 1977, p. 31

Condorelli [1976] Condorelli, L., "Implementation of the General Agreement on Tariffs and Trade", *The Italian Yearbook of International Law*, Vol. II, 1976, p. 369

Sacerdoti [1976] Sacerdoti, G., "Application of GATT by Domestic Courts", *The Italian Yearbook of International Law*, 1976, p. 232

Cassese [1975] Cassese, A., "Il Consenso alle limitazioni della sovranità necessarie per la pace e la giustizia", a cura di Branca, G., *Commentario della Costituzione*, Zanichelli, 1975, p. 581

Barbera [1975] Barbera, A., "Commento all'art. 2 Cost.", Branca, G., *Commentario alla Costituzione*, Zanichelli, 1975, p. 102

Condorelli [1974] Condorelli, L., *Il Giudice italiano e i trattati internazionali*, Cedam, 1974

Pescatore [1972] Pescatore, Pierre, "The Protection of Human Rights in the European Communities", *Common Market LawReview*, Vol. 9, No. 1, 1972, p. 75

Winter [1972] Winter, J. A., "Direct Applicability and Direct Effect Two Distinct and Different Concepts in Community Law", *Common Market Law Review*, Vol. 9, 1972, p. 425

Quadri [1968] Quadri, Rolando, *Diritto internazionale pubblico*, Jovene, 1968

Samkalden [1963-4] Samkalden, "Annotation on Case 26/62", *Common Market Law Review*, Vol. 1, 1963-4, p. 91

索 引

あ

EUが締結した国際条約　76, 89
EU基本権憲章　103, 104, 206, 236
EU基本条約　13, 72, 81, 117, 205, 269
EU法化　171, 205
EU法「それ自体（per se）」の優越性　132
EU法の一般原則　81, 94, 96, 101, 230
イタリア憲法裁判所　24
イタリア憲法第10条1項　37, 44, 47, 59
イタリア憲法第10条2項　47
イタリア憲法第117条　56, 153, 177
イタリア憲法第11条　48, 119, 170
イタリア憲法第11条を介したEU法の優越性　130
イタリア憲法第2条　26
イタリア憲法第3条　30, 207
イタリア憲法第7条　46
イタリア憲法第80条　45, 72, 117
一元論　34
一般的（自動的）受容方式　39
運用性の推定　45, 117
欧州人権条約　93, 95, 96, 102, 106, 168

か

加盟国に共通の憲法的伝統　95
加盟国の「手続的自律性」　86
慣習国際法　37, 44, 47, 59

規則　75, 82, 127
逆差別　210, 261
共有権限　228
具体的審査　25
具体的訴訟　147
Granital事件　132, 136
決定　75, 82
権限権限　262
憲法的法律　121
後法優越の原則　46, 169, 119
国際司法裁判所判決　57
国際連合安全保障理事会決議　56, 98
国内法優位の一元論　35
国民の一体性　266
国家賠償責任　85
個別授権原則　227

さ

最大限の保障の基準　202
実効性の原則　87
自動執行性　17, 41, 45, 90, 117, 118
自動的適応手続　44
主権の制限　120, 209
受容理論　39
承認法による受容方式　39
条約の施行命令　44
条約の特別性　49
指令　75, 82
相互性　78

た

対抗限界　149, 194, 211, 262, 266
中間規範　193
抽象的審査　25
抽象的訴訟　143, 146
調整された二元論　137
直接効果　18, 73, 90
直接適用可能性　17, 80, 81
通常手続　43
DAHSシステム　42
適合解釈　83, 92
適合性の推定　48
適法性審査基準性　91
適用排除　84, 137, 178, 180
等位（調整）理論　36
同等性の原則　86
特別手続　43
特別な強度　175
特別法優越の原則　49

な

二元論　35, 119

は

排他的権限　228
批准施行法　45
非典型的権限　54, 173, 175, 177
評価の余地　107, 194
開かれた解釈　29
開かれた規定　51, 170
比例性原則　230

双子判決　181, 193, 205
分離理論　125, 126, 136
変型（個別的）受容方式　38
変型理論　39, 119
補完性原則　230
補充的権限　229

ま

マーストリヒト条約　96, 170
全く国内的な状況　208, 210, 233, 235, 236, 249, 252, 261

や

優越性　76, 193

ら

ラテラーノ協定　46
リスボン条約　101, 198
立憲的多元主義　269

著者紹介
東　史彦（あずま・ふみひこ）

専攻：EU 法
2001 年東京外国語大学外国語学部イタリア語学科卒業。
横浜国立大学国際社会科学研究科博士前期課程、イタリア・ボローニャ大学国際法学修士課程を経て、2008 年慶應義塾大学大学院法学研究科博士後期課程単位取得退学。
2015 年慶應大学より博士（法学）。
現在ジャン・モネ EU 研究センター（慶應義塾大学）主任研究員・事務局長。
主な論文に「EC 法とイタリア法の関係」石川明編集代表『国際経済法と地域協力』信山社（2004 年）555 頁、「イタリア法、ガット及び EC 法の関係」法学政治学論究（慶應義塾大学）74 号（2007 年）137 頁。

イタリア憲法の基本権保障に対する EU 法の影響

著者　東　史彦

2016 年 11 月 20 日初版第 1 刷発行

・発行者──石井　彰　　　　・発行所

印刷・製本／新協印刷（株）

Ⓒ 2016 by Fumihiko Azuma

KOKUSAI SHOIN Co., Ltd.
3-32-5, HONGO, BUNKYO-KU, TOKYO, JAPAN.
株式会社　**国際書院**
〒113-0033 東京都文京区本郷3-32-6-1001
TEL 03-5684-5803　　FAX 03-5684-2610
Eメール：kokusai@aa.bcom.ne.jp
http://www.kokusai-shoin.co.jp

（定価＝本体価格 4,600 円＋税）
ISBN978-4-87791-278-9 C3032　Printed in Japan

本書の内容の一部あるいは全部を無断で複写複製（コピー）することは法律でみとめられた場合を除き、著作者および出版社の権利の侵害となりますので、その場合にはあらかじめ小社あて許諾を求めてください。

国際法

横田洋三編著
国際機構入門
906319-81-5　C1032　　　　A5判　279頁　2,800円

マスコミで報道される国際社会で起こる国際機構が関連した事件を理解する上で必要とされる基本的な枠組みと基礎的な知識を平易に解説する。法・政治・経済の視点から国際社会をとらえ直す機会を本書によって得られるものと思われる。
(1999.8)

カタリナ・トマチェフスキー（宮崎繁樹／久保田洋監訳）
開発援助と人権
906319-28-9　C1031　　　　A5判　287頁　3,107円

開発援助と人権の繋がりを検討し、人権問題は、援助国の履行状況評価のためだけでなく、開発援助の全過程で、開発援助の周辺からその中枢へと格上げされるべきことを主張。普遍的人権基準の承認と遵守義務を説く。
(1992.11)

山本武彦／藤原保信／ケリー・ケネディ・クオモ編
国際化と人権
―国際化時代における世界人権体制の創造をめざして
906319-52-1　C1031　　　　A5判　259頁　3,107円

世界的な人権状況の過去と現在を検証し、人権の国際化に最も遅れた国＝日本の人権状況との対照を通じて、人権の保障と擁護のための「世界人権体制」とも呼ぶべき制度の構築の可能性を問い、日本の果たすべき主体的割合を考える。
(1994.9)

桑原輝路
海洋国際法
906319-23-8　C1032　　　　四六判　219頁　2,136円

海洋国際法の基本書。海洋国際法の法典化、海洋の区分と分類、沿岸国の領域管轄権の及ぶ海洋、沿岸国の領域管轄の及ばない海の各分野を簡潔に叙述している。図で、海洋の区分と分類、直線基線、公海などが示され理解を助けている。
(1992.3)

ディヴィド・エドワード／ロバート・レイン（庄司克宏訳）
EU法の手引き
906319-77-7　C1032　　　　A5判　287頁　3,200円

各章が簡潔で選び抜かれた言葉遣いで説明された、質の高いEU法入門書。詳細な判例、各国裁判所の判決を含んだ参照文献を項目ごとに参照することにより、読者はEU法の核心に直接ふれることができる。
(1998.1)

明石 康監訳久保田有香編訳
21世紀の国連における日本の役割
87791-119-7　C1032　　　　四六判　121頁　1,500円

マヤムード・カレム／プリンストン・ライマン／ロスタン・メイディ／大島賢三／高橋一生／ヨゲシュ・クマール・チャギ／カレル・ゼブラコフスキーの提言に耳を傾けてみたい。
(2002.12)

明石 康監修、久保田有香／ステファン・T・ヘッセ校閲
英語版・21世紀の国連における日本の役割
87791-128-6　C1032　　　　A5判　144頁　2,000円

国連論を世界的視野で討論し、その中での日本論を展開しつつ、専門家のパネリストの発言から学問的にもまた政策的にも多くの重要な論点が提示された。本書を日本語版に留めておかず、英語版として刊行した由縁である。
(2003.9)

勝野正恒／二村克彦
国連再生と日本外交
87791-102-2　C1031　　　　A5判　201頁　2,400円

国際の平和と安全、開発途上国の経済開発、国連の財政基盤の整備など重要分野で、現状を改善し国連を立て直して行く上で、我が国が果たすべき役割を国連幹部としての経験を生かして提言する。
(2000.6)

渡部茂己
国際機構の機能と組織（絶版）
―新しい世界秩序を構築するために
906319-51-3　C1032　　　　A5判　261頁　2,874円

冷戦終結後の国連の機能の重視と基本的人権擁護の視点から国際社会で必要とされる国際機構の機能と組織を考察する。国際機構について、一般的機能、一般的組織、個別的機能、個別的組織を論じ、新しい世界秩序の構築を展望する。
(1994.2)

国際法

渡部茂己
国際機構の機能と組織[第二版]
―新しい世界秩序を構築するために

906319-76-9　C1032　　　　　A5判　281頁　3,200円

第二版では、略語表及び国連平和維持活動表を付けて教材としても使いやすくなっている。今日の国際社会で「必要」であり、対応「可能」な国際機構の役割を検討し、21世紀以降を眺望する長期的展望を描く。
(1997.7)

松隈　潤
国際機構と法

87791-142-1　C1032　　　　　A5判　161頁　2,000円

国連に関してはイラク問題を素材とし、人道問題、武力行使、経済制裁などを包括的に検討する。EUについては、ECとEUの関係、防衛問題などを取り上げ、それらが国際法の発展に与えた影響を追究する。
(2005.2)

松隈　潤
人間の安全保障と国際機構

87791-176-8　C1032　　　　　A5判　187頁　2,000円

人間の安全保障をキー・ワードとして、平和構築・人権保障・開発など国際社会におけるさまざまな課題に対処している国際機構の活動とそれらをめぐる法的、政治的諸問題について解明を試みた。
(2008.2)

渡部茂己編
国際人権法

87791-194-2　C2800　　　　　A5判　289頁　2,800円

第1部で国際的な人権保護のメカニズムを、歴史、国連システム、普遍的人権条約、地域的人権条約の視点から整理し、第2部では「開発と人権」まで踏み込んで人権の具体的内容を解説した入門書である。
(2009.6)

大谷良雄編
共通利益概念と国際法

906319-42-4　C3032　　　　　A5判　401頁　3,689円

国家主権、国際機構、国際法定立の新しい動向、国家の国際犯罪、宇宙開発、領域管轄権、国際法上の不承認、国際機構の特権及び免除、持続可能な開発、個人データの国際流通などから「共通利益」概念に接近する。
(1993.11)

中川淳司
資源国有化紛争の法過程
―新たな関係を築くために

906319-15-7　C3032　　　　　A5判　328頁　4,800円

途上国の資源開発部門における外国民間直接投資を素材として、南北間で展開される私的経済活動に対する国際法の規制の実態を明らかにする。当事者の法論争過程を跡づけながら、南北格差の是正に向けての国際法の今日的役割を示す。
(1990.8)

丸山珠里
反乱と国家責任
―国家責任論における行為の国家への帰属に関する一考察

906319-36-×　C3032　　　　　A5判　331頁　7,767円

国際法上の国家責任の成立要件としての「行為の国家への帰属」の法理に関する国際慣習法の現段階での成熟度を考察する。「反乱」における国際判例・法典化草案及び学説を検討し、併せて「国家責任条文草案」の妥当性を考察する。
(1992.11)

松田幹夫編
流動する国際関係の法
―寺澤一先生古稀記念

906319-71-8　C3032　　　　　A5判　301頁　3,800円

現代国際法の課題を様々な角度から追求する。対日平和条約と「国連の安全保障」、国際法規の形成と国内管轄の概念、条約に基づく国内法の調和、国際裁判における事実認定と証拠法理、制限免除主義の確立過程、自決権の再考その他。
(1997.5)

横田洋三
国際機構の法構造

87791-109-×　C3032　　　　　A5判　467頁　5,800円

国際機構に関する一般的理論的論文、国際機構の内部法秩序に関する論文、国際金融機関の法構造に関する論文さらに国際機構と地球的課題に関する論文など国際機構の法構造に関する筆者年来の研究の軌跡を集大成。
(2001.3)

国際法

横田洋三編
国連による平和と安全の維持
―解説と資料

87791-094-8 C3032　　　　A5判　841頁　8,000円

本書は、国連による国際の平和と安全の維持の分野の活動を事例ごとに整理した資料集である。地域ごとに年代順に事例を取り上げ、①解説と地図、②資料一覧、③安保理などの主要資料の重要部分の翻訳を載せた。　　　　　　　　(2000.2)

横田洋三編
国連による平和と安全の維持
―解説と資料　第二巻

87791-166-9 C3032　　　　A5判　861頁　10,000円

本巻は、見直しを迫られている国連の活動の展開を、1997年以降2004年末までを扱い、前巻同様の解説・資料と併せて重要文書の抄訳も掲載し、この分野における全体像を理解できるように配慮した。　　　　　　　　　　　　　　(2007.2)

秋月弘子
国連法序説
―国連総会の自立的補助機関の法主体性に関する研究

906319-86-6 C3032　　　　A5判　233頁　3,200円

国連開発計画、国連難民高等弁務官事務所、国連児童基金を対象として国連という具体的な国際機構の補助機関が締結する「国際的な合意文書」の法的性格を考察することによって、補助機関の法主体性を検討する。　　　　　　　　(1998.3)

桐山孝信／杉島正秋／船尾章子編
転換期国際法の構造と機能

87791-093-X C3032　　　　A5判　601頁　8,000円

［石本泰雄先生古稀記念論文集］地球社会が直面している具体的諸課題に即して国際秩序転換の諸相を構造と機能の両面から分析する。今後の国際秩序の方向の学問的展望を通じて現代日本の国際関係研究の水準を次の世紀に示す。　(2000.5)

関野昭一
国際司法制度形成史論序説
―我が国の外交文書から見たハーグ国際司法裁判所の創設と日本の投影

87791-096-4 C3032　　　　A5判　375頁　4,800円

常設国際司法裁判所の創設に際しての我が国の対応を外交文書・関連資料に基づいて検討し、常設国際司法裁判所が欧米の「地域」国際裁判所に陥ることから救い、裁判所に「地域的普遍性」を付与したことを本書は明らかにする。　　(2000.3)

横田洋三／山村恒雄編著
現代国際法と国連・人権・裁判

87791-123-5 C3032　　　　A5判　533頁　10,000円

［波多野里望先生古稀記念論文集］「法による支配」を目指す現代国際法は21世紀に入り、危機に直面しているとともに新たなる理論的飛躍を求められている。本書は国際機構、人権、裁判の角度からの力作論文集である。　　(2003.5)

秋月弘子・中谷和弘・西海真樹　編
人類の道しるべとしての国際法
［平和、自由、繁栄をめざして］

87791-221-5 C3032　　　　A5判　703頁　10,000円

［横田洋三先生古稀記念論文集］地球共同体・人権の普遍性・正義・予防原則といった国際人権法、国際安全保障法、国際経済法、国際環境法などの国際法理論の新しい潮流を探り、21世紀国際法を展望する。　　　　　　　　(2011.10)

小澤　藍
難民保護の制度化に向けて

87791-237-6 C3031　　￥5600E　A5判　405頁　5,600円

難民保護の国際規範の形成・拡大とりわけOSCEおよびUNHCRの協力、EUの難民庇護レジームの形成・発展を跡付け、難民保護の営為が政府なき世界政治における秩序形成の一環であることを示唆する。　　　　　　　　　　(2012.10)

掛江朋子
武力不行使原則の射程
―人道目的の武力行使の観点から

87791-239-0 C3032　　￥4600E　A5判　293頁　4,600円

違法だが正当言説、妥当基盤の変容、国連集団安全保障制度、「保護する責任論」、2005年世界サミット、安保理の作業方法、学説などの分析を通して、人道目的の武力行使概念の精緻化を追究する。　　　　　　　　　　(2012.11)

国際法

東 壽太郎・松田幹夫編

国際社会における法と裁判

87791-263-5　C1032　　　　　　A5判　325頁　2,800円

尖閣諸島・竹島・北方領土問題などわが国を取り巻く諸課題解決に向けて、国際法に基づいた国際裁判は避けて通れない事態を迎えている。組織・機能・実際の判例例を示し、国際裁判の基本的知識を提供する。
(2014.11)

渡部茂己・望月康恵編著

国際機構論 [総合編]

87791-271-0　C1032　￥2,800E　　A5判　頁　2,800円

「総合編」、「活動編」「資料編」の3冊本として順次出版予定。「総合編」としての本書は、歴史的形成と発展、国際機構と国家の関係、国際機構の内部構成、国際機構の使命など第一線で活躍している専門家が詳説。
(2015.10)

波多野里望／松田幹夫編著

国際司法裁判所
―判決と意見第1巻（1946-63年）

906319-90-4　C3032　　　　　　A5判　487頁　6,400円

第1部判決、第2部勧告的意見の構成は第2巻と変わらず、付託事件リストから削除された事件についても裁判所年鑑や当事国の提出書類などを参考にして事件概要が分かるように記述されている。
(1999.2)

波多野里望／尾崎重義編著

国際司法裁判所
―判決と意見第2巻（1964-93年）

906319-65-7　C3032　　　　　　A5判　561頁　6,214円

判決及び勧告的意見の主文の紹介に主眼を置き、反対意見や分離（個別）意見は、必要に応じて言及する。事件概要、事実・判決・研究として各々の事件を紹介する。巻末に事件別裁判官名簿、総名簿を載せ読者の便宜を図る。
(1996.2)

波多野里望／廣部和也編著

国際司法裁判所
―判決と意見第3巻（1994-2004年）

87791-167-6　C3032　　　　　　A5判　621頁　8,000円

第二巻を承けて2004年までの判決および意見を集約し、解説を加えた。事件概要・事実・判決・主文・研究・参考文献という叙述はこれまでの形式を踏襲し、索引もまた読者の理解を助ける努力が施されている。
(2007.2)

横田洋三／廣部和也編著

国際司法裁判所
―判決と意見第4巻（2005-2010年）

87791-276-5　C3032　￥6000E　　A5判　頁　6,000円

1999年刊行を開始し、いまや国際法研究者必読の書として親しまれている。第4巻は2005-2010年までの国際司法裁判所の判決および勧告的意見を取上げ、事件概要・事実・判決・研究を紹介する
(2016.8)

横田洋三訳・編

国際社会における法の支配と市民生活

87791-182-9　C1032　　　　　　四六判　131頁　1,400円

[jfUNUレクチャー・シリーズ①]　東京の国際連合大学でおこなわれたシンポジウム「より良い世界に向かって－国際社会と法の支配」の記録である。本書は国際法、国際司法裁判所が市民の日常生活に深いかかわりがあることを知る機会を提供する。
(2008.3)

内田孟男編

平和と開発のための教育
―アジアの視点から

87791-205-5　C1032　　　　　　A5判　155頁　1,400円

[jfUNUレクチャー・シリーズ②]　地球規模の課題を調査研究、世界に提言し、それに携わる若い人材の育成に尽力する国連大学の活動を支援する国連大学協力会(jfUNU)のレクチャー・シリーズ②はアジアの視点からの「平和と開発のための教育」
(2010.2)

井村秀文編

資源としての生物多様性

87791-211-6　C1032　　　　　　A5判　181頁　1,400円

[jfUNUレクチャー・シリーズ③]　気候変動枠組み条約との関連を視野にいれた「遺伝資源としての生物多様性」をさまざまな角度から論じており、地球の生態から人類が学ぶことの広さおよび深さを知らされる。
(2010.8)

国際法

加来恒壽編
グローバル化した保健と医療
——アジアの発展と疾病の変化
87791-222-2　C3032　　　　A5判　177頁　1,400円

[*jf*UNU レクチャー・シリーズ④] 地球規模で解決が求められている緊急課題である保健・医療の問題を実践的な視点から、地域における人々の生活と疾病・保健の現状に焦点を当て社会的な問題にも光を当てる。　　　　　　　　　　　　(2011.11)

武内和彦・勝間　靖編
サステイナビリティと平和
——国連大学新大学院創設記念シンポジウム
87791-224-6　C3021　　　　四六判　175頁　1,470円

[*jf*UNU レクチャー・シリーズ⑤] エネルギー問題、生物多様性、環境保護、国際法といった視点から、人間活動が生態系のなかで将来にわたって継続されることは、平和の実現と統一されていることを示唆する。　　　　　　　　　　　　(2012.4)

武内和彦・佐土原聡編
持続可能性とリスクマネジメント
——地球環境・防災を融合したアプローチ
87791-240-6　C3032　¥4600E　四六判　203頁　2,000円

[*jf*UNU レクチャー・シリーズ⑥] 生態系が持っている多機能性・回復力とともに、異常気象、東日本大震災・フクシマ原発事故など災害リスクの高まりを踏まえ、かつグローバル経済の進展をも考慮しつつ自然共生社会の方向性と課題を考える。
　　　　　　　　　　　　(2012.12)

武内和彦・中静　透編
震災復興と生態適応
——国連生物多様性の10年とRIO＋20に向けて
87791-248-2　C1036　　　　四六判　192頁　2,000円

[*jf*UNU レクチャーシリーズ⑦] 三陸復興国立公園(仮称)の活かし方、生態適応の課題、地域資源経営、海と田からのグリーン復興プロジェクトなど、創造的復興を目指した提言を展開する。
　　　　　　　　　　　　(2013.8)

武内和彦・松隈潤編
人間の安全保障
——新たな展開を目指して
87791-254-3　C3031　　　　A5判　133頁　2,000円

[*jf*UNU レクチャー・シリーズ⑧] 人間の安全保障概念の国際法に与える影響をベースに、平和構築、自然災害、教育開発の視点から、市民社会を形成していく人間そのものに焦点を当てた人材を育てていく必要性を論ずる。　　　　　　　(2013.11)

武内和彦編
環境と平和
——より包括的なサステイナビリティを目指して
87791-261-1　C3036　　　　四六判　153頁　2,000円

[*jf*UNU レクチャー・シリーズ⑨] 「環境・開発」と「平和」を「未来共生」の観点から現在、地球上に存在する重大な課題を統合的に捉え、未来へバトンタッチするため人類と地球環境の持続可能性を総合的に探究する。　　　　　　　　(2014.10)

日本国際連合学会編
21世紀における国連システムの役割と展望
87791-097-2　C3031　　　　A5判　241頁　2,800円

[国連研究①] 平和・人権・開発問題等における国連の果たす役割、最近の国連の動きと日本外交のゆくへなど「21世紀の世界における国連の役割と展望」を日本国際連合学会に集う研究者たちが縦横に提言する。　　　　　　　　　　(2000.3)

日本国際連合学会編
人道的介入と国連
87791-106-5　C3031　　　　A5判　265頁　2,800円

[国連研究②] ソマリア、ボスニア・ヘルツェゴビナ、東ティモールなどの事例研究を通じ、現代国際政治が変容する過程での「人道的介入」の可否、基準、法的評価などを論じ、国連の果たすべき役割そして改革と強化の可能性を探る。
　　　　　　　　　　　　(2001.3)

日本国際連合学会編
グローバル・アクターとしての国連事務局
87791-115-4　C3032　　　　A5判　315頁　2,800円

[国連研究③] 国連システム内で勤務経験を持つ専門家の論文と、研究者としてシステムの外から観察した論文によって、国際公務員制度の辿ってきた道筋を振り返り、国連事務局が直面する数々の挑戦と課題とに光を当てる。　　　　(2001.5)